台湾研究

大陆沿海与台湾地区竞争力比较研究

张玉冰 著

九州出版社
JIUZHOUPRESS

图书在版编目(CIP)数据

大陆沿海与台湾地区竞争力比较研究 / 张玉冰著.
—北京:九州出版社,2007. 10
ISBN 978-7-80195-731-3

Ⅰ. 大… Ⅱ. 张… Ⅲ. 地区经济-经济发展-研究-中国
Ⅳ. F127

中国版本图书馆 CIP 数据核字(2007)第 159278 号

大陆沿海与台湾地区竞争力比较研究

作　　者	张玉冰　著
出版发行	九州出版社
地　　址	北京市西城区阜外大街甲 35 号(100037)
发行电话	(010)68992190/2/3/5/6
网　　址	www. jiuzhoupress. com
电子信箱	jiuzhou@ jiuzhoupress. com
印　　刷	三河市东方印刷厂
开　　本	720 × 1020 毫米　　16 开
印　　张	19. 125
字　　数	210 千
版　　次	2007 年 11 月第 1 版
印　　次	2007 年 11 月第 1 版　第 1 次印刷
书　　号	ISBN 978-7-80195-731-3/F · 127
定　　价	38. 00 元

序　言

一部有关台湾地区与大陆沿海地区经济竞争力比较和整合效应的学术论著，在国台办九州出版社的大力支持下，终于面世了。它给关注台湾经济发展与两岸经济合作关系的人们提供了一个全新的阅读视角。

该书出自一位年轻而有为的博士之手。本科在华中科技大学锤炼的她，具备了初步数理分析的研究基础，汕头大学台湾经济研究所的历练，又将她引入台湾经济研究的学术殿堂，而厦门大学台湾研究院的进一步深造，铺就了她走向学术研究的漫漫道路。这本书作为她的处女作，相信将增强这位积极向上、永不服输的青年学者的信心和能力，成就一位崭露头角的明日学术之星。

曾经作为导师执导她三年的我，是除她之外，对它最了解的。这本书形成、撰写、定稿以至出版，我都给予较大程度的关注，因为它不失为一部两岸经济关系量化研究的尝试之作。作者在通晓大量有关两岸经济关系论著的基础上，针对以往定性分析偏多而定量分析相对缺乏的实际状况，试图开辟一条新的研究道路，给满天星空增加一处璨烂的亮点。这本书的出版肯定了作者在这一方面的努力，也印证了这一研究方向的广阔前景，至少也说明了它是一次有效的尝试。

通览本书可以发现，它主要从历史沿革、现状比较以及未来走向三个方面探索两岸经济合作对大陆以及台湾经济发展的影响和效应，不仅对纵向发展历程作进一步的梳理和预测，而且对横向发展情势进行更深入的对比和分析。实际上，它是对已有的有关两岸经济关系的定性研究进行量化论证，试图为其中的某些重要命题找到量化依据，并探寻两岸经济关系的发展规律。探讨的主要议题包括：两岸间经济差距的大小以及主要存在于哪些方面，目前台湾与大陆最发达地区经济竞争力的比较，两岸经济合作分别对两岸经济发展产生的效用，两岸经济各自发展趋势以及彼此间的经济实力的消长对比，两岸经济合作的走向如何，等等。这本书的实证分析范式和定量化结论，将有助于充实和丰富两岸经济关系研究领域乃至区域经济学的研究方法与内容，并具有一定的理论意义和现实意义。

作者以台湾地区和大陆沿海三大经济区域作为研究对象，对这四个区域的经济竞争力定量化评价后进行比较分析，并在两岸经济合作与经济增长关系检验中，选取大陆东部沿海地区中的江苏省作为代表进入模型，即试图采用“案例分析”的研究范式；而对于两岸经济趋势预测的研究对象，则主要为台湾、大陆整体以及大陆沿海三大经济区域。另外，为使预测结果更具参考性，这本书还分别对大陆三大区域中经济发展最为热络、外向性相对最高、经济整体规模与台湾较为接近的四个省份（即南部沿海地区的广东省、东部沿海地区的江苏及浙江两省，以及北部沿海地区的山东省）的经济发展趋势做出预测分析。已有研究的视点多从宏观区域角度切入，主要偏重于对大陆整体与台湾经济关系的分析。作者试图将研究对象的区域范围缩小至大陆沿海三大经济区域与台湾地区，以及对三大区域中的部分省份与台湾经济关系的研究，即更侧重于从中观的维度出发，对两岸经济整合问题做更具针对性的研究。

这本书的研究方法主要包括：运用历史分析法，论述两岸经济关系的发展进程；结合规范分析法与实证分析法，阐释两岸经济关系的发展形式、内在规律与模式特征；采用计量分析法，通过构建评估体系，比较两岸经济竞争力差异，通过确立协作和整合模型，揭示两岸经济合作与经济增长的关系，并通过建立预测模型，预测两岸经济发展走向，探寻两岸经济整合发展趋势。

这本书内容丰富、资料翔实、方法科学、论证充分，是探讨两岸经济合作关系的一部力作，其主要特点有：通过建立结构较为完整、涵盖较为全面的经济竞争力综合评价指标体系，运用大量翔实数据，对各区域的经济竞争力进行系统评价比较，试图找到区域间发展差异，以及各区域的经济竞争力优劣势和互补关系；采用相关分析、单位根检验、协整分析、误差修正模型以及 Granger 因果关系检验等一系列方法，并借助于“案例研究”的示范效应，对两岸经济合作与经济增长间关系做出定量化检视；运用宏观经济平稳性预测方法，建立分析两岸经济联系的时间序列回归分析模型，对两岸在未来五年中的经济发展趋势及整合方向做出定量化预测，阐明经济发展主要变量在两岸经济合作中的作用。

当然，这部论著也有其局限之处或需要改进的地方。由于两岸统计制度存在一定差异，统计指标含义、统计口径以及统计数据都有所不同，且大陆各省市乃至各部门间的统计方法也存在一定差异，因而从两岸多套统计体系中采集到的数据，即使要经过进一步的比较筛选，仍然有可能对分析计算过程的稳定性产生干扰，进而在一定程度上影响到研究结果的客观性和准确性。两岸投资和贸易关系起步于 20 世纪 80 年代，到目前为止，仅有 20 多年的发展时间跨度，这就不可避免地带来时间序列样本容量不足的问题。这一方面使得某些需要大样本的实证研究无法进行，另一方面也会影响到基于时间序列回归模型预测值的准确性。此外，这本书的研究时间范围仅针对2004年当年的四个区域间的横向的、静态的比较，未能从纵向角度对四个区域的经济竞争力做出发展的、动态的比较，研究对象范围则仅包括大陆沿海三大区域及其中部分省市与台湾，对大陆其它区域则未涉及。这几年，海峡两岸经济发展速度明显不同，统计数据也出现较大变化，这些都应在以后的研究中需要反映的。由于研究条件的限制，文中的实证分析几乎全部建基于已有并可查的量化、客观性统计数据，而没有结合问卷调查或访谈等方法获得一手、原始的主观性定性数据。

探索之路，充满荆棘和艰辛。初出茅庐的求索者，在漫长的学术道路上，难免会遇到各种困难、障碍甚至挫折，但是，只要秉承一颗执着、虔诚的心，不懈努力后的成功，一定会属于她的。

李非

2007年10月9日

目　录

导 论

第一节 研究背景和目的

一、研究背景

两岸经济合作问题是区域经济学的一个特殊的研究课题。一方面，它在性质上属于一个国家内区域经济合作的范畴，是中国主体同其尚待统一的特殊地区之间的经济关系；另一方面，由于两岸在政治上还暂时处于分离状态，在运行方式上又带有一定的特点，基本上按照国际经济惯例和对外经贸制度的模式进行运作①。江泽民同志在《为促进祖国统一大业的完成而继续奋斗》中指出："面向二十一世纪世界经济的发展，要大力发展两岸经济交流与合作，以利于两岸经济共同繁荣，造福整个中华民族。"②两岸经济合作的不断发展、两岸经济交互融合的持续深入，不仅具有重要的经济意义，而且具有深远的政治意义。两岸自20世纪70年代末开始进入经济交流与合作的全新阶段，经过20多年的迅

① 李非：《海峡两岸经济合作问题研究》，北京：九州出版社，2000年7月，第1页。

② 江泽民：《为促进祖国统一大业的完成而继续奋斗》，《人民日报》，1995年1月31日，第1版。

速发展，已经形成相互交融、密不可分的利益共同体。目前，大陆已在台湾对外贸易关系中占据最为重要的位置，是台湾最大的贸易伙伴和出口市场；而台湾也成为大陆第二大的外资来源地区。两岸经济的紧密合作，为两岸各自的经济发展做出了不可忽视的重要贡献。

国内外学者对两岸经济合作问题的研究最早始于20世纪80年代初期，目前研究成果已颇为丰富。从现有研究的方法来看，虽然部分研究对两岸经济关系的分析具有一定的深度，但多停留在现象分析，侧重于对历史或现状的分析，局限于静态的研究，对具体模式和动态走向着墨不多，且较少从计量模型上进行技术分析，或者仅运用简单的计量模型，很少运用更为科学、严谨的计量分析工具，也无从理论上进行系统总结和全面论述。从现有研究的对象来看，对于“两岸经济竞争力的对比现状如何，两岸经济合作与经济增长之间是否存在长期的动态均衡关系，这种均衡关系能否进一步量化，大陆各区域与台湾经济合作对区域经济发展的作用影响有多大，未来两岸经济发展趋势及整合方向又将如何”，诸如此类问题的实证研究则更加少见。因此，有必要采用计量分析的方法，对两岸经济合作中的有关重要问题进行深入、系统、全面的理论研究与技术分析。

二、研究目的

本书的研究目的旨在揭示两岸经济合作对大陆以及台湾经济发展的影响效应，从历史沿革、现状比较以及未来走向三个方面，对纵向发展历程做出进一步的梳理和预测，对横向发展情势进行更深入的对比和分析。本研究实际上是对已有的有关两岸经济关系的定性研究进行定量论证，试图为其中的某些重要命题找到量化依据，并探寻两岸经济关系的发展规律。研究需要解决的主要问题包括：两岸间经济差距的大小以及主要存在于哪些方面，目前台湾与大陆最发达地区经济竞争力的比较，两岸经济合作分别对两岸经济发展产生的效用，两岸经济各自发展趋势以及彼此间的经济实力的消长对比，两岸经济合作的走向如何等等。因此，本研究的实证分析范式和定量化结论，将有助于充实和丰富两岸经济关系研究领域乃至区域经济学的研究方法与内容，并具有一定的理论意义和现实意义。

第二节　研究对象和方法

一、研究对象

本书首先以台湾和大陆沿海三大经济区域作为研究对象，对这四个区域的经济竞争力定量化评价后进行比较分析。其中，大陆沿海三大经济区域界定，以2003年4月国务院发展研究中心发展战略和区域经济研究部所提出的大陆“八大经济区域划分法”为依据①。该经济区域划分方法主要遵循如下原则：（1）空间上相互毗邻；（2）自然条件、资源禀赋结构相近；（3）经济发展水平接近；（4）经济上相互联系密切或面临相似的发展问题；（5）社会结构相仿；（6）区块规模适度；（7）适当考虑历史延续性；（8）保持行政区划的完整性；（9）便于进行区域研究和区域

① 该种划分方法能够相对较好地遵循区域经济发展的一般规律，同时又较有利于对区域发展问题的研究和区域政策的分析。

政策分析。依据《中国统计年鉴》及其他相关资料和数据，该方法在对中国大陆的社会经济发展状况做出分析的基础上，将大陆划分为八大经济区域，如表1所示：

表1　中国大陆八大经济区域划分

区域名称	所含省份
南部沿海地区	广东、福建、海南
东部沿海地区	上海、江苏、浙江
北部沿海地区	山东、河北、北京、天津
东北地区	辽宁、吉林、黑龙江
长江中游地区	湖南、湖北、江西、安徽
黄河中游地区	陕西、河南、山西、内蒙古
西南地区	广西、云南、贵州、四川、重庆
西北地区	甘肃、青海、宁夏、西藏、新疆

资料来源：国务院发展研究中心发展战略和区域经济研究部：《权威报告：中国大陆，划分八大社会经济区域》，http：//past.people.com.cn/GB/jinji/36/20030402/960888.html，2003－04－02。

根据以上划分，本书研究对象中，大陆北部沿海地区包括山东省、河北省、北京市以及天津市，东部沿海地区包括上海市、江苏省以及浙江省，南部沿海地区则包括广东省、福建省以及海南省，几乎包含了大陆临海一线的全部主要省份及城市。这些省份及城市是大陆改革开放的最前沿，市场经济制度建立相对较为完善，其经济总量与台湾接近，同时也是台商投资最为集中、与台湾经济往来最为密切的几个区域。

从表2数据可以看到，2004年大陆南部沿海、东部沿海以及北部沿海三大经济区域的经济总量，占大陆经济总量的64.75%，而进出口总额更高占大陆进出口贸易总额的89.66%，显示这三大

表 2 大陆沿海三大区域与台湾经济规模比较与经贸往来情况（2004 年）

单位：亿美元;%

地区	GDP	占大陆GDP 的比重	进出口总额	占大陆外贸总额比重	台商实际投资金额	占大陆实际利用台资总额的比重	与台湾贸易金额	占两岸贸易总额的比重
南部沿海地区	2766. 96	16. 72	4080. 82	35. 35	18. 59	26. 79	346. 37	44. 22
东部沿海地区	4230. 44	24. 99	4160. 65	36. 04	43. 52	62. 70	360. 52	46. 03
北部沿海地区	3814. 12	23. 04	2109. 90	18. 27	3. 01	4. 33	33. 66	4. 30
三地区合计	10811. 52	64. 75	10351. 37	89. 66	65. 12	93. 82	740. 55	94. 55
台湾地区	3242. 72	19. 59*	3511. 30	30. 42**	—	—	783. 30***	22. 91****

注：（1）受资料搜集限制，大陆北部沿海地区“与台湾贸易金额”内不包括北京市的有关数据，但应该不会对比较结果产生影响；（2）“*”为台湾 GDP 与大陆 GDP 的比例，“**”为台湾进出口总额与大陆外贸总额的比例，“***”为两岸贸易金额，“****”为两岸贸易额占台湾外贸总额的比重。

资料来源：大陆 GDP 及进出口总额数据根据各省市《2005 年统计年鉴》及《2004 年国民经济发展统计公报》计算得到；台湾及两岸投资贸易数据根据台湾“经济部投资审议委员会”、祖国大陆海关总署及各省市海关 2004 年统计数据计算得到。

区域对大陆经济发展所起的举足轻重的作用。除大陆南部沿海区域 GDP 总量稍落后于台湾之外，其他两个区域的经济规模均已较大幅度超过台湾，其中东部沿海地区经济总量已达 34985. 73 亿元人民币，约为台湾经济总规模的 1. 30 倍。此外，大陆沿海三大区域是台湾与大陆经济合作的最主要区域，2004 年台商对三大区域实际投资总额达 65. 12 亿美元，占台商对大陆投资总金额的 93. 82%；台湾与三大区域贸易总额达 740 多亿美元，占两岸贸易总额的近 95%①。可见，对该三区域与台湾经济竞争力的比较，以及与台湾经济合作关系的研究，具有强烈的理论意义和现实意

① 根据台湾“经济部投资审议委员会”及祖国大陆海关总署对外公布的统计数据，2004 年台湾对大陆投资实际到资总金额为 69. 40 亿美元，两岸贸易总金额为 783. 3 亿美元。

义，对于整个大陆及大陆其他区域与台湾的经济竞争力比较和经济合作关系的研究，具有典型的示范作用。同时，大陆沿海三大区域无论是经济社会发展结构，还是市场经济体制建设，均处于相近或相似的水平和阶段，从而能够保证本书比较研究的可行性。

接下来的两岸经济合作与经济增长关系检验中，我们选取大陆东部沿海地区中的江苏省作为两岸经济合作双方中，大陆方面的代表性地区进入模型，即试图采用“案例分析”的研究范式。这一方面是由于江苏省是大陆与台湾经贸交流开展相对最早、规模最大、发展最快、经济合作形式相对成熟的区域；另一方面也能够较好地克服大陆经济发展的区域性差异对实证分析过程造成的波动性干扰，从而增强模型输出结果的解释能力。因此，对“苏台经济合作与江苏省经济增长关系”这一命题的研究，应该具有更加典型的示范效应。

两岸经济趋势预测的研究对象，则主要为台湾、大陆整体以及大陆沿海三大经济区域。另外，为使预测结果更具参考性，我们还将分别对大陆三大区域中经济发展最为热络、外向性相对最高、经济整体规模与台湾较为接近的四个省份（即南部沿海地区的广东省、东部沿海地区的江苏及浙江两省，以及北部沿海地区的山东省）的经济发展趋势做出预测。

二、研究方法

（一）研究方法

本书以马克思主义政治经济学理论为指导，综合运用区域经济学、发展经济学、产业经济学以及比较经济学等理论，结合计量经济学的研究方法，沿循归纳与演绎并重的思路，对两岸经济竞争力、两岸经济合作与经济增长关系以及经济发展与整合趋势等问题进行综合、系统的分析。具体研究方法包括：运用历史分析法，论述两岸经济关系的发展进程；结合规范分析法与实证分析法，阐释两岸经济关系的发展形势、内在规律与模式特征；采用计量分析法，通过构建评估体系，比较两岸经济竞争力差异，通过确立协整模型，揭示两岸经济合作与经济增长间关系，并通过建立预测模型，预测两岸经济发展走向，探寻两岸经济整合发展趋势。

（二）研究内容

本书综合运用区域经济学、西方经济学、制度经济学、经济竞争理论、国际经济学、比较经济学、计量经济学以及统计学等经济学理论，采用理论与实证相结合、定量与定性相结合、主观与客观相结合的研究方法，在建立区域经济竞争力评价指标体系的基础上，对大陆沿海三大经济区域与台湾的经济竞争力进行评估与比较，进而以案例分析的形式，对两岸经济合作与两岸经济增长的关系做出实证分析，最后预测和对比大陆、大陆沿海经济区域以及大陆四省与台湾至2010年的经济发展趋势，并做出两岸经济整合方向的初步判断。主要内容如下：

导论：包括研究背景和目的、对象和方法以及创新和局限。

第一章：理论与文献回顾。对区域经济学、区域优势理论、区域竞争理论、比较经济学等相关理论进行简要回顾，并对国内外学者在相关领域的研究进行归纳评述。

第二章：区域经济竞争力评价指标体系的建构及计量方法说明。对区域经济竞争力的内涵、指标体系建构方法、数据采集原则和主要来源，以及区域经济竞争力计量程序做出背景式的阐述。

第三章：运用区域经济竞争力评价指标体系，对大陆沿海三大区域与台湾的经济竞争力做出综合评价，并在此基础上，比较分析区域间竞争力及经济发展差距，包括经济规模、经济结构、产业相对优势与劣势、主导产业差异等内容。这一部分主要采用2004年的经济统计数据，从横向角度展开分析比较。

第四章：以江苏省与台湾为例，对两岸经济合作与经济增长关系进行实证分析。这一部分主要选取台湾（江苏）GDP及产业结构作为因变量，台商对大陆（江苏）投资额以及两岸贸易额（苏台贸易额）作为自变量，采用1980－2005年各项指标历年统计数据，运用协整检验以及Granger因果关系检验等计量分析方法，由纵向维度切入实证研究。

第五章：在前两章分析的基础上，将实证研究进一步拓展至对未来趋势的预测。通过建立宏观经济的时间序列预测模型，对经济规模、产业结构及两岸贸易额到2010年的发展趋势做出预测，分析对象包括台湾、大陆整体、大陆沿海三大区域，大陆经济最为发达、与台湾规模相近的广东、江苏、浙江和山东四省。结合实证结果，分析比较两岸经济实力及经济竞争力的对比消长，对两岸经济整合的发展趋势做出初步判断。

结论：归纳总结全文主要观点结论，并提出后续研究方向。

第三节　研究创新和局限

一、研究创新

（一）对象创新

已有研究的视点多从宏观区域角度切入，主要偏重于对大陆整体与台湾经济关系的分析。本书试图将研究对象的区域范围缩小至大陆沿海三大经济区域与台湾地区，以及对三大区域中的部分省份与台湾经济关系的研究，即更侧重于从中观的维度出发，对两岸经济整合问题做更具针对性的研究。

（二）方法创新

一是通过建立结构较为完整、涵盖较为全面的经济竞争力综合评价指标体系，运用大量翔实数据，对各区域的经济竞争力进行系统评价比较，试图找到区域间发展差异，以及各区域的经济竞争力优劣势和互补关系；

二是采用相关分析、单位根检验、协整分析、误差修正模型以及 Granger 因果关系检验等一系列方法，并借助于“案例研究”的示范效应，对两岸经济合作与经济增长间关系做出定量化检视；

三是运用宏观经济平稳性预测方法，建立分析两岸经济联系的时间序列回归分析模型，对两岸在未来五年中的经济发展趋势及整合方向做出定量化预测，阐明经济发展主要变量在两岸经济合作中的作用。

二、研究局限

（一）统计数据的局限

一是数据可比性方面的局限。两岸统计制度的差异，带来统计指标含义、统计口径以及统计数据值的不同；而大陆各省市间、乃至各部门间的统计方法也存在一定差异。因此，从两岸的多套统计体系中采集到的数据，即使要经过进一步的比较筛选，仍然有可能对分析计算过程的稳定性产生干扰，进而在一定程度上影响到研究结果的客观性和准确性。

二是数据容量方面的局限。两岸间正式的投资与贸易关系最早起步于20世纪80年代初，到目前为止，仅有25年的发展时间跨度，这就不可避免地带来时间序列样本容量不足的问题。这一方面使得某些需要大样本的实证研究无法进行，另一方面也会影响到基于时间序列回归模型预测值的准确性。

（二）研究方法的局限

一是研究范围不够全面。研究时间范围方面的局限主要为：对经济竞争力的比较，仅针对2004年当年的四个区域间的横向的、静态的比较，而未能从纵向角度，对四个区域的经济竞争力做出发展的、动态的比较。研究对象范围则仅包括大陆沿海三大区域及其中部分省市与台湾，对大陆其他区域则未涉及。

二是缺乏定性调查。由于研究条件的限制，文中的实证分析几乎全部建基于已有并可查的量化、客观性统计数据，而没有结合问卷调查或访谈等方法获得一手、原始的主观性定性数据。

第一章　理论与文献回顾

第一节　区域经济学相关理论

一、区域经济学的演进及其理论

（一）区域经济学理论的形成与发展

区域经济学作为一门研究关于资源在空间的配置以及经济活动区位问题的学科，以区域为着眼点，运用以经济学为主的理论与方法，研究和探索区域经济发展和变化的规律，因此又被称为“空间经济学”。作为一门新兴学科，区域经济学是在近半个多世纪以来形成与发展起来的。20 世纪 20 年代后的 20 多年时间里，全球性的经济危机和世界大战的冲击，使得西方一些原本经济繁荣或较为发达国家和地区的区域经济问题变得十分突出。局部区域经济状况的恶化，导致区域间经济发展出现严重的两极分化，促使一些学者开始关注区域经济问题，探讨区域差异的形成，并开始对市场机制的缺陷进行反思，提出实行国家干预的主张。1957 年瑞典经济学家 G·缪尔达尔（Myrdal, G.）针对区域经济发展中出现的两极分化现象所提出的“循环累积因果论”，以及 1958 年德国经济学家 A·赫希曼（Hirschman, A.）在其《经济发展战略》一书中所创立的“核心与边缘区理论”，均认为“市场力的作用倾向于扩大而不是缩小地区间的差别”①。其后，美国经济学家、区域经济学的创始人W·艾萨尔德（Isard, W.）根据自身参加多个区域规划与开发工作的经验，在其于1960年出版的《区域分析方法》一书中，系统地阐述了区域开发的理论与方法，为区域经济学科的建立奠定了基础。

20世纪60年代以后，西方许多发达国家战后高速发展时期宣告结束。美国、日本和法国等国家开始逐渐认识到，过去那种将自身的繁荣建立在其他地区的贫困之上的传统发展模式已不再适用。地区发展的不平衡，促使这些国家的政府纷纷开始采取干预措施，以促进落后地区的经济发展，协调区域间的经济关系。正是为适应这一时期的地区发展的客观需要，区域经济学研究在对传统生产布局理论在解决区域经济发展与布局上的局限性进行反思的同时，通过参加区域开发与规划实践，借鉴和吸收了古典区位理论以及西方经济学的最新成果，进而比较系统的建立了区域经济学的理论基础。在这一发展阶段，区域经济学把其研究对象从单个企业的最优区位选择，调整到以区域为基础的整体优化和长远利益上，从而完成了从传统区位理论学说的蜕变，并建立起有明确研究对象的区域经济学体系。同时，该阶段的区域经济学家们在凯恩斯主义的影响下，开始运用宏观经济的分析方法，研究具体的经济问题，包括不同区域的资本积累、劳动就业增加与国民收入增长的关系，投资率、失业率、通货膨胀率与区域经济增长率的区际差异，区域内各地区最佳产业结构和地区间合理分工格局如何形成，以及如何采用行政手段援助衰退和落后地区的

---

① 周起业等著：《区域经济学》，北京：中国人民大学出版社，1989年12月，第6页。

发展，控制大城市的过度集聚和改善生态环境，实现各地区的均衡发展目标等①。在研究方法上，则吸收和借鉴了发展经济学、产业经济学、城市经济学、社会学等新兴经济学科的研究成果与方法，运用计算机技术、网络技术以及系统理论等，建立区域经济计量模型以及区域政策效应的评价和测度等系统，从而开拓了区域经济理论的系统性、宏观性和动态性，使区域经济学这一经济学科的新分支得以正式形成。80年代之后，伴随西方发达国家经济的复苏与发展中国家经济的启动，世界经济迈入区域化、集团化和一体化进程，区域经济学研究也呈现出新的特征。其领域逐渐扩展至区域增长极理论、区域经济发展梯度转移理论、特殊地区（如贫困地区、民族地区、经济开发区、经济特区等）研究、区域可持续发展战略研究、区域发展的不平稳及经济增长与居民生活质量提高的协调研究、区域竞争力研究，以及运用计算机信息技术对区域经济进行动态监测、预警、预测研究等更为广阔的方面。

（二）区域经济学的理论基础与研究内容

区域经济学的基本理论主要侧重于从经济地理和生产布局的角度，从区位、空间结构、集聚经济、地域生产综合体以及区域经济发展梯度等方面，剖析区域经济发展的基本条件，揭示区域产业布局与组织的一般规律。不同国家或地区经济之间会出现地域空间上的分异、形成不同的专业化产业和分工以及经济结构和水平的相异，有其内在本质的必然原因，主要包括：（1）自然禀赋的差异性，包括自然条件的差异性、资源的稀缺性、生产要素分布的不均衡性和不完全流动性，是区域经济分异的前提和必要

① 陈栋生主编：《区域经济学》，郑州：河南人民出版社，1993年4月，第11－12页。

条件，也是区域经济多样性、互补性和区域分工的基础；（2）经济活动的极化性，表现为规模经济和集聚经济，是由经济本身的趋利性和节约性导致的，即在经济规律作用下，要素的流向总是趋向于使其增值或提高效率的方向；（3）空间距离的不可灭性，即由于地域空间的存在，人类进行经济活动时必然要付出为克服空间距离限制的距离成本。显然，自然禀赋的差异和空间距离的不可灭性是自然形成的，靠人力难以改变或消除，人类只能顺其自然，趋利避害，加以利用，这是区域经济研究的中心内容；而经济活动的极化性则是人类经济活动对区域条件的利用、改造，对区域经济差异既可能有扩大的影响，也可能产生缩小的作用，而如何使所有区域在发挥各自优势、尽可能获得进一步健康发展的条件下，走向更高层次的均衡，使人类物质生活条件区域均等化，则是区域经济学研究的目的与任务。上述三方面原因，构成了区域经济学产生和发展赖以存在的逻辑前提和客观基础，也是其重要的理论支柱（张敦富，2001）。

区域经济学横跨多学科且与多学科紧密联系的特征，决定了其“典型边缘学科”的学科性质，其学科渊源主要为经济学、生产布局学和经济地理学。早期的以微观分析为主的古典区位理论，以及后来的以宏观和计量分析为主的现代增长理论、发展经济学、国民经济计划学、数量经济学以及城市经济学等，均为区域经济学的发展做出重要贡献。概括来讲，其主要理论基础包括：

1. 区位理论。早期的古典区位理论以李嘉图（Ricardo，1821）[①]、冯·杜能（Von Thünen，1926）[②] 以及阿尔弗雷德·韦伯

① 大卫·李嘉图：《政治经济学及赋税原理》，北京：商务印书馆，1965 年。

② 冯·杜能：《孤立国同农业和国民经济的关系》，北京：商务印书馆，1997 年。

(Alfred Weber, 1909)[①] 所提出的非战略性区位理论为代表，继而有克里斯泰勒（Walter Christaller, 1932)[②] 的中心地理论以及廖什(August Losch, 1940)[③] 的市场区位理论。这些理论均以单个或某一方面的经济客体的空间分布和空间关系为研究对象，通过对区域发展条件的分析，寻求经济客体的最优区位。其中，区域发展条件的分析主要包括原料与运输费用、劳动力、集聚力、市场因素、成本－市场综合因素以及区域发展的宏观经济条件等（王秉安等，2000)。

2. 集聚经济理论。该理论主要由韦伯（Alfred Weber, 1909)提出，涉及区域内不同规模、不同性质企业的组合及其在地理上集中与分散的经济合理性问题。继而现代经济增长理论与发展经济学将其对集聚经济因素的分析，引申为“规模经济”与“集聚经济”两个重要概念，即将因产业在地域上的集中，使得社会分工深化、企业联系加强和区域资源利用率提高所产生的成本节约，称为外部规模经济或集聚经济效益。

3. 区域增长极理论。区域增长极（Growth Pole）理论最初由法国经济学家弗朗索斯·佩鲁（Francios Perroux）于20世纪50年代中期提出，之后法国经济学家布代维尔（Boudeville, J. B.)、美国经济学家弗里德曼（John. Friedman)、瑞典经济学家缪尔达尔(Myrdal, G.)、美国经济学家赫希曼（Hischman, A. O.）分别在不同程度上进一步丰富和发展了这一理论。该理论认为，一个国家要实现平衡发展只是一种非现实性的理想，经济增长通常是从

① 阿尔弗雷德·韦伯：《工业区位论》，北京：商务印书馆，1997年。
② 沃尔特·克里斯泰勒：《德国南部中心地原理》，北京：商务印书馆，1998年。
③ 奥格斯特·廖什：《经济空间秩序》，北京：商务印书馆，1995年。

一个或数个“增长中心”逐渐向其他部门或地区传导。因此，应选择特定的地理空间作为增长极，以带动经济发展。

增长极对地区经济增长产生的巨大作用主要表现为区位经济、规模经济以及外部经济，因此在运用到解决一国内部不同区域发展和规划问题时，具有其他区域经济理论无法比拟的优点。但其明显的缺陷在于，由于积累性因果循环的作用，增长极的出现对周围地区会产生两方面的影响：一是回波效应，即发达地区日益发达，不发达地区日益落后，经济不平衡状态日益突出，甚至形成一国内的二元经济局面；二是扩散效应，即通过建立增长极带动周边落后地区经济迅速发展，从而逐步缩小与先进地区的差距。如果增长极扩散效应大于回波效应，就会带动周边地区经济共同发展。然而由于积累性因果循环的关系，回波效应往往大于扩散效应，导致地区经济差距扩大的二元经济，甚至形成独立于周边地区的“飞地”。

4. 区域经济发展梯度理论。区域经济发展梯度指地区间经济发展水平的差异，即通过多项经济发展指数来综合客观地反映一个地区的经济发展状况。该理论主要包括：区域经济发展梯度推移理论，认为区域经济的盛衰主要取决于其产业结构的优劣，特别是主导产业在产品生命周期中所处的发展阶段；创新活动大都发源于高梯度地区，之后会随着时间的推移及产品生命周期阶段的变化，按顺序逐步由高梯度地区向低梯度地区推移；经济发展的梯度推移主要通过多层次的城市系统传递。与之相对应的是区域经济发展的反梯度推移理论，认为现代技术除按现有生产力发展水平的“由高到低”的常规梯度转移之外，还有可能超越现有生产力的发展水平进行推移，即落后的低梯度地区可以根据自身实际情况，通过直接引进先进技术实现生产力的跳跃式发展，然后向高梯度地区进行反梯度推移。

区域经济学作为研究和揭示各类区域经济运行的特点和发展变化规律，以及区域与经济之间的相互作用和相互关系的一门学科，其中心任务是研究区域发展应具备的基本条件、区域发展战略选择以及区域经济持续稳定增长与发展的基本政策措施等。对其基本研究领域的界定，中外许多学者基于不同理解、不同角度、不同侧重点进行了不同的表述，但多较为片面，尚未形成公认、统一的论述，这主要是由于区域经济学的发展演变是伴随区域经济发展中的实际问题和现象的变化而变化的。在目前的发展阶段，区域经济学的主要研究内容包括（张敦富，2001；王秉安等，2000）：（1）研究区域经济演变规律，尤其是探索在市场经济条件下生产力的空间分布和发展变化规律，以及如何运用现代科技手段和相关学科成果，完善区域经济研究方法和开拓其研究领域；（2）国民经济总体利益与地区利益、区际利益的协调以及区际均衡发展问题；（3）如何根据大区域的总体发展目标，结合各地区的具体情况，制定各地区的发展战略目标和发展模式，以及如何在国家范围内建立多层经济区域体系、在发挥各地区优势的基础上，实现资源优化配置和整体经济效益最佳的途径；（4）研究区域经济增长、产业结构转换升级、区域政策和效应规律，如何分析和确定区域发展的优劣势，并据以确定区域产业结构的优化方向和模式，选择和建立主导产业和优势产业群；（5）研究区际经济关系发展变动规律，主要包括区际均衡与国民经济总效率的关系、区域分工与经济技术协作、区域差异与区际关系的调整等，以及如何依据区域经济发展的梯度推移理论、增长极理论等，建立与培育区域的经济增长点等。

二、经济区域理论

经济区域是区域经济学研究的空间载体，其规模根据所研究问题的范围与类型而变幅极大。因此，对于“经济区域”的定义历来颇为含糊，也难以有准确的、被普遍接受的概念界定。古典区位论关于经济区域的认识多源自于杜能的最初构想，将区位理论所考察的区域归结为三大要素的统一体，即中心地或城市、广阔腹地的多层次产业布局以及交通运输纽带。20 世纪 40、50 年代现代区域经济学兴起以后，国内外区域经济学家就一直在探索和讨论经济区域的划分及其标准问题。H · 西伯特（Siebert，H.）（1969）认为，一个区域[①]概念是一个中间性概念，它介于无空间维的总量经济与定义为一系列空间的高度分散的经济体系之间。这一新概念是一个类似于部门的中间概念，它使得人们可以对众多单个企业做某种程度的总量分析，而无需对整个国民经济做全面的总量分析[②]。根据他的定义，区域划分带有极大随意性，但其定义仅指出划分区域的部分目的，而未讨论区域划分标准。E · M · 胡佛（Hoover，E. M.）（1992）认为，区域是基于描述、分析、管理、计划或制定政策等目的而作为应用性整体加以考察的一片地区。最实用的区域划分应当符合行政区划的疆界。标准的区域属性是基于对区域共同利益的一般认识，而共同利益的最基本反映在于区域的各个分区以及利益集团间关系的相关程度。根

---

① 若无特别说明，文中的“区域”一词均指“经济区域”。

② 译引自 H · Siebert，Regional Economic Growth：Theory and Policy，Sranton，1969；转引自张可云：《区域经济政策——理论基础与欧盟国家实践》，北京：中国轻工业出版社，2001 年 6 月，第 9 页。

据这一标准，可以把区域划分为同质区域（即区域内部具有某种一致性），以及功能区域（即区域内部具有前后向联系的垂直关系或空间竞争的水平关系，还可以是互补产品供应者之间及附带供给品使用者之间的相互吸引的互补关系）。

另外，国外的其他一些经济学家也对“经济区域”的定义与划分进行了研究，比较有代表性的主要有H·S·佩洛夫（Perloff，H. S.）、E·S·邓恩（Dunn，E. S.）、E·E·兰帕德（Lampard，E. E.）与R·F·穆特（Muth，R. F.）（1960）、J·R·布代维尔（Bouldeville，J. R.）（1966）、L·H·克拉森（Klaassen，L. H.）（1965）、N·汉森（Hansen，N.）（1968）、A·H·契斯巴耶夫（1990）等。国内就这方面问题的讨论中，某些学者将经济区域定义为由社会分工和经济联系决定而形成的区域，但似乎并未清晰地体现和界定出经济区域的核心本质（陈鸿宇，1998）；而一些学者则认为经济区域是一种经济地理区域，是拥有某些生产要素，分布着农业、工业等产业，拥有城镇、道路等客体的具有整体化（即连成一片）的空间（张金锁等，1998）。张敦富（2001）将经济区域表述为经济活动相对独立、内部联系紧密而较为完整、具备特定功能的地域空间。程必定等（1989）则认为，经济区域是人的经济活动所造就的、具有特定区域构成要素、不可无限分割的经济社会综合体，其三大构成要素为：经济中心、经济腹地和经济网络。相对来看，这一界定是相对较为全面系统的。

三、区域优势理论

古典区位论者无一例外地将区域优势作为区位问题研究立论的基本因素之一。他们分别考察了农业、工业、商业及一般经济区的经济主体区位布局问题，对区域优势的认识大体可分为强调成本优势和注重纯利润优势两类，其分析重点在于经济效率优势，研究主要从微观角度进行。随后的现代区域经济学家们（主要代表人物有E·M·胡佛和W·艾萨德等）一方面承袭了区位论者的区域优势理论，并进一步利用科学方法如成本比较法对之加以完善深化，另一方面又考察了区域条件优势如自然条件、人文因素等，使得区域优势理论的研究范围得到进一步扩展。当代区域经济研究则更多地从宏观经济角度综合考察区域优势问题，从而形成了一系列相近而又有所区别的有关区域优势的界定①。但其基本一致的观点是：区域优势是指某一区域具有的、在区域差异基础上对该地区生产或生活部门发展有促进作用的各种有利条件，包括自然、经济、人文和技术等条件，区域以这些条件优势为基础，能够取得某些特定产业的相对经济效率（周起业等，1989；韦伟等，1992；邓伟根，1993；孟庆红，2000）。

根据不同研究目的，学者们继而从不同角度对区域优势进行了若干种分类，主要为（程必定等，1989；韦伟等，1992；周起业等，1989；邓伟根，1993）：

1. 条件优势，即区域在地理位置、自然条件、自然资源和历史所形成的社会经济基础等方面的优势；生产优势，即区域可能进行某种生产的优势，是对条件优势某种程度的改造和利用后形成的一种可资利用的优势；产品优势，即生产优势的实现，是对生产优势合理利用的结果，是一种现实的优势。

---

① 孟庆红：《区域优势的经济学分析》，成都：西南财经大学出版社，2000年8月，第38页。

2. 赋存优势，包括自然条件和自然资源赋存优势、人文资源赋存优势及生产要素赋存优势；经济结构优势，包括产业结构、产品结构、市场供求结构、规模结构、技术结构、消费结构等方面的优势，其好坏对经济效率有重大影响；政策体制优势，包括倾斜政策独享优势、国家政策体制的地区效应优势以及地区自主发展政策、体制优势等。

3. 绝对优势，即一个地区（区域）从事某种产品的生产或服务，其某一要素在一定范围内占据绝对支配地位（或绝对成本比其他地区低）；相对优势（或比较优势），即某一地区（区域）生产某种产品（或劳务输出）处于相对有利地位。

4. 有形优势，即一个地区（区域）发展的有形的物质基础中具有优势的那些因素，物质基础主要包括地理位置、自然环境、资源状况、经济发展水平、产业结构、交通运输和邮电网络、基础设施等；无形优势，即影响一个区域发展的政策趋向、居民意识、文化水平、经营传统、劳动者技艺水平以及信息传递的方便程度等非物质的无形成分中，具有优势的那些因素。

5. 现实优势，即处于现实状态的区域优势；潜在优势，即尚未转化为现实状态的区域优势。

孟庆红（2000）进一步分析了区域优势的影响因素，认为区域优势是一系列因素的函数，是由各种经济、社会、政治的因素共同作用的结果，这些因素包括：自然资源、经济要素、区域位置的空间经济联系、人文传统的经济优化能力、区域竞争力、政策因素以及区域条件优势要素结构等。在不同经济发展阶段，这些因素对区域优势形成的影响程度会有所差异。

第二节　竞争理论

一、区域竞争力主要理论

（一）区域竞争力涵义综述

关于竞争力方面的理论在西方经济学界早有论述，但多集中于对以“国家”为区域界限的“国际竞争力”的研究。如果将“国家”视为一个特殊区域的概念，则这些研究论述对区域竞争力理论仍然是有所启发和借鉴的。亦即“国际竞争力”是区域竞争力的一种，国际竞争力的表现形式同样也适用于一国内部或不同经济体系下不同区域的竞争力研究。关于国际/区域竞争力概念的界定，各国研究机构和学者从不同载体、不同角度出发做出了各异的表述，其中较具代表性的几种如表1-1所示。

表1-1　国际/区域竞争力的概念界定

研究机构或学者	界定	竞争力载体
世界经济论坛 WEF	一国能获得经济（人均国民生产总值或国民财富）持续高增长的能力。	国家
瑞士洛桑国际管理学院 IMD	一国或一企业在世界市场上均衡的生产出比其他竞争对手更多财富的能力，是竞争力资产与竞争力过程的统一，即：国际竞争力=竞争力资产×竞争力过程。	国家或企业
迈克尔·E·波特	一国国家竞争力受该国社会、经济结构、价值观、文化、制度等多种因素综合作用，并在此过程中得以创造和维持。区域竞争力集中体现在区域产业竞争力上。	国家或产业
美国产业竞争力总统委员会	在自由良好的市场条件下，能够在国际市场上提供好的产品、好的服务，同时又能提高本国人民生活水平的能力。	国家
任海平等	一个国家在国际社会中与他国竞争所具有的相对优势，它实质上反映了综合国力发展的速度。	国家

续表

研究机构或学者	界定	竞争力载体
《中国国际竞争力发展报告（1996）》联合研究组	在一定经济体制下的国民经济在国际竞争中表现出来的综合国力的强弱程度，实际上也就是企业或企业家们在各种环境下成功地从事经营活动的能力。	企业
金碚	在国际间生产贸易条件下，一国某特定产业的产品所具有的开拓市场、占据市场并以此获得利润的能力。	产业或产品
张金昌	国家间在国际竞争中表现出的力量，是一国对竞争对象的吸引力、强于他国的竞争优势以及提高其居民生活水平的能力。	国家
王秉安等	一个区域在其从属的大区域中的资源优化配置能力，也就是区域在大区域中的资源吸引力和市场争夺力。	区域
倪鹏飞	城市竞争力指一个城市在竞争和发展过程中，与其他城市相比较所具有的吸引、争夺、拥有、控制和转化资源，争夺、占领和控制市场，以创造价值，为其居民提供福利的能力。由硬力和软力构成，硬力包括劳动力、资本力、科技力、环境力、区位力、设施力、结构力以及聚集力，软力包括文化力、制度力、管理力、开放力以及秩序力。	城市区域

资料来源：（1）WEF, Growth Competitiveness Index and Methodology, http：//www.weforum. org/pdf/Gcr/GCR_ 2003_ 2004/GCI_ Chapter. pdf, 2004－08－13；（2）IMD, The World Competitiveness Yearbook, Methodology, http：//www02. imd. ch/wcc/methodolo-gy/, 2005－05－12；(3) 迈克尔·E·波特：《国家竞争优势》，北京：华夏出版社，2002 年；(4) 狄昂照等：《国际竞争力》，北京：改革出版社，1992 年；(5) 任海平等：《各国综合国力排行榜》，北京：中国经济出版社，1998 年；（6）国家体改委经济体制改革研究院，中国人民大学，深圳综合开发院联合研究组：《中国国际竞争力发展报告（1996）》，北京：中国人民大学出版社，1997 年；(7) 金碚主编：《中国工业国际竞争力——理论、方法与实证研究》，北京：经济管理出版社，1997 年；（8）张金昌：《国际竞争力评价的理论和方法》，北京：经济科学出版社，2002 年；(9) 王秉安等：《区域竞争力理论与实证》，北京：航空工业出版社，2000 年；(10) 倪鹏飞：《中国城市竞争力理论研究与实证分析》，北京：中国经济出版社，2001 年。

由上述各种国际/区域竞争力的涵义表述可以发现，学者对某区域的区域竞争力研究，实际上均是从反映该区域的经济竞争力强弱的角度来分析的，包括该区域中的区域经济竞争力、产业经济竞争力、企业经济竞争力或产品经济竞争力的强弱。因此我们可以认为，区域经济学中的区域竞争力即为区域经济竞争力，可以通过反映区域经济运行中的存量、流量、结构等若干经济指标进行衡量和评价。孟庆红（2000）指出，一定区域的竞争力是相对于其他区域的整体性概念。区域间市场竞争力涉及供给与需求的各个方面，是多因素的集合。其中，对区域竞争力产生主要影响的因素包括区域市场容量及市场拓展能力、区域经济发展水平及规模、区域产业集聚程度和区域品牌效应①。该论述一定程度上为衡量区域经济竞争力提供了可以量化的、更为具体的维度。国内有关区域竞争力的其他较具代表性的研究还包括“财富创造论”（郝寿义等，1998；王国贞等，2001；曹远征等，1997）、“经济实力论”（牛慧恩和米切尔·盖勒格，2000，转引自汪明峰，2002；苏晓红，2002）、“资源配置论”（朱铁臻，2001；汪明峰，2002；王秉安等，1999）、“产品提供论”（姚士谋等，2002；张为付等，2002）以及“综合论”（徐康宁，2001；刘春敏，2002；王秉安等，2004）等。

（二）波特的竞争理论

美国哈佛商学院教授迈克尔·E·波特（Michael E. Porter）所著的《竞争战略》（1980）、《竞争优势》（1985）和《国家竞争优势》（1990），是目前经济学领域中将“竞争”作为专门研究

① 孟庆红：《区域优势的经济学分析》，成都：西南财经大学出版社，2000年，第115页。

对象的最为系统、完整的著述。波特（1990）提出了一套全新的分析框架来解释一国产业的竞争优势来源，并运用该方法对十个国家的产业竞争力进行了分析。其关于一国如何在全球范围内取得竞争优势的观点主要包括：

1. 竞争核心：国家间经济竞争实际上是各国相同产业间的竞争。

2. 战略要素：产业竞争战略的选择主要应考虑产业结构和产业定位两个要素。不同产业竞争结构的不同使其盈利性表现不同；同一产业中因企业选择的位置不同，盈利表现也有所不同。

3. 产业结构：构成产业结构的五种竞争力量——新进入者、替代业者、供应者、购买者和同业者，共同决定了产业的竞争性质。不同产业结构对要在该产业中取得成功的要求不同，不同国家环境适合不同产业。

4. 产业定位：即一国企业在产业中选择的位置，是竞争的总方针，其核心是竞争优势。基本竞争优势包括低成本和差异化，两者都能为企业带来较竞争对手更高的生产力——成本优势带来低投入，而差异化优势则产生高产出。

5. 竞争领域：即企业所选择的产品规格、品种范围、流通渠道、顾客类型以及销售区域等。同一产业的不同部分对竞争优势的要求往往不同，一个国家的企业若将其竞争领域集中于一个产业的某一部分，就可能在其中获得竞争优势。

6. 一般竞争战略：企业可通过以下三方面获得竞争优势——低成本、差异化和专一化。

7. 价值链：企业价值链是一系列企业活动，包括主价值链（内部储运、制造、外部储运、营销销售和售后服务）和辅价值链

（企业结构、人力资源、技术开发、采购等）。竞争优势来源于企业价值链的优势聚集，企业要取得竞争优势，就必须比竞争对手更有效率地提供相近价值产品（低成本优势），或以独特方式创造高的购买者价值以取得高价格（差异化优势）。

8. 竞争优势的获取：企业通过创新取得竞争优势。

9. 竞争优势的维系：竞争优势的可持续性取决于优势层次的高低、优势种类的多少以及优势的更新。

在对许多国家特定产业发展和参与国际竞争历史的研究基础上，波特（1990）还创造性地提出了“竞争优势的发展阶段”理论，认为一国产业参与国际竞争的过程大致可以分为四个依次递进（也可能发生折返）的阶段：

1. 要素驱动阶段（Factor-driven）。该阶段的竞争优势主要取决于一国在生产要素上所拥有的优势，如劳动力、土地等基本资源。按该标准，几乎所有发展中国家以及一些资源特别丰富的发达国家，如加拿大、澳大利亚等，都处于这一阶段。

2. 投资驱动阶段（Investment-driven）。该阶段的竞争优势以国家或企业的积极投资意愿和能力为基础，主要取决于资本要素。这一阶段的企业仍保持在基本要素成本方面的优势，但竞争优势从低成本要素扩展到更先进的要素（如高素质的人力资源）以及要素的良好创造机制（如健全合理的教育体制）。同时，大量投资可以更新设备、扩大规模和增强产品竞争能力。按该标准，目前只有少数发展中国家进入这一阶段。

3. 创新驱动阶段（Innovation-driven）。此阶段的竞争优势主要取决于研究与开发。企业能够在广泛的领域成功地进行市场竞争，并实现不断的技术升级和产业细化，占据行业领先地位并获取创新利润；在国家层面，高水平的服务业占据越来越重要的国际地位。按该标准，英国在19世纪上半叶就进入该阶段，美国、德国和瑞典在20世纪上半叶进入，而日本、意大利则到20世纪70年代才开始进入。

4. 财富驱动阶段（Wealth-driven）。此阶段中，创新和竞争意识明显下降，经济发展缺乏强有力的推动。该阶段是最终导致产业竞争力衰弱的时期，其驱动力是已获得的财富，但企业失去竞争优势，国内产业缩小规模并一味进行价格竞争。按波特的标准，英国已进入这一阶段，美国、德国等国家在20世纪80年代也开始接近该阶段。

根据波特的这一理论，处于不同发展阶段的国家建立竞争优势的途径也有所不同。因此，一国应在对自身经济发展情况以及在国际竞争中所处地位做出正确评价之后，才能规划本国经济发展前景。然而波特的竞争优势理论也存在明显的不足，例如，既没有用规范的经济学语言表达，也缺乏规范的数学推导证明，并且过于强调国内市场和企业，理论只适用于解释如美国、日本及欧盟等发达国家和经济体的情况，在用来分析如加拿大这样的外向型经济体时则会出现大量错误结论，其经济发展四阶段理论也过于简单和片面等。

二、区域竞争力的几个评价指标

区域竞争力的评价是一个十分复杂的系统工程，是涉及定性和定量、静态和动态、结构和质量、横向和纵向等多维度的综合体系。到目前为止，国内外学者对如何全面、准确评价一个区域的经济竞争力的研究并不多，且多是自成一说，至今没有一个统

一、公认并具权威性的指标体系和研究范式。有些研究同时采用了如GDP值、三次产业产值及比例、进出口额等反映经济总量水平的直接、静态的评价指标，以及如GDP增长率、产业增长率、相对投资效果等反映经济发展质量的间接、动态的评价指标。在现有研究文献以及借鉴国际贸易学、产业经济学等相关学科的理论基础上，可以初步对反映区域经济发展质量的部分具有代表性的竞争力评价指标①做出大致的归纳分类：

（一）总体经济

1. $区域GDP增长率弹性系数=\frac{区域GDP增长率}{整体区域GDP增长率}$

如该系数大于1，则说明区域与整体区域②中的其他区域相比较具有较好的发展态势，系数值越大，区域竞争力相对越大；如该系数小于1，则说明该区域发展态势欠佳，系数值越小，区域竞争力相对越小。

2. $区域就业增长率弹性系数=\frac{区域就业增长率}{整体区域就业增长率}$

如该系数大于1，则说明区域与整体区域中的其他区域相比较具有较好发展态势，系数值越大，区域竞争力相对越大；如该系数小于1，则说明该区域发展态势欠佳，系数值越小，区域竞争力相对越小。

（二）产业发展

1. $R_{ij}=\frac{e_{ij}/e_j}{E_i/E}$

---

① 这里所列出的几个指标在以往学者研究中较少使用，但作者认为采用这些指标能够较好地反映区域竞争力的实际水平。

② 文中经济竞争力指标体系中的“整体区域”特指由中国大陆北部沿海、东部沿海和南部沿海以及台湾地区四块区域构成的整体区域。

式中，R_{ij}表示 j 区域 i 产业的区域专业化率，又称为区位商，是指 j 区域 i 产业或产品生产在整体区域该产业或产品生产中所占的比重，与该区域某项指标（产值、人口等）占整体区域该项指标的比重之比[①]。e_{ij}为 j 区域 i 产业的经济水平（如产值），e_j 为 j 区域所有产业的经济总水平（如总产值），E_i 为整体区域 i 产业的经济水平，E 为整体区域经济总水平。当 $R_{ij}>1$ 时，说明 j 区域 i 产业有一部分为区外服务，该产业具有明显区域优势，一定程度上显示出该产业的经济竞争力较强，R_{ij}越大，则说明生产的区域化程度越高，区域竞争力越大。当 $R_{ij}=1$ 时，说明 j 区域 i 产业生产处于均势，竞争力不明显；若 $R_{ij}<1$，则说明 j 区域 i 产业竞争优势尚未显露，竞争力相对不足。

2. $RL_{ij}=\dfrac{I_i/I}{L_i/L}$

RL_{ij}为 j 区域 i 产业的比较劳动生产率，I_i 为 j 区域 i 产业的国民收入水平，i 为整体区域该产业的国民收入水平，L_i 为 j 区域 i 产业的劳动力投入水平，L 为整体区域该产业的劳动力投入水平。通过对某区域特定产业的比较劳动生产率的动态测算，可以测定该区域该产业的生产效率是否高于其他区域或整体区域水平。如 $RL_{ij}>1$ 且呈上升趋势，则说明该区域该产业具有良好成长性，竞争力较强；反之则竞争力水平较低。

3. $RI_{ij}=\dfrac{\Delta Y_{ij}/\Delta I_{ij}}{\Delta Y/\Delta I}$

RI_{ij}为 j 区域 i 产业的相对投资效果系数，ΔY_{ij}和 ΔI_{ij}分别表示 j 区域 i 产业的国民生产总值增量和投资增量，$\Delta Y/\Delta I$ 表示整体区

① 胡兆量等：《经济地理学导论》，北京：商务印书馆，1987，第 291 页。

域各产业平均单位投资所增加的国民生产总值，即该系数反映了区域某产业的投资收益与整体区域全部产业平均投资收益的比例。若 $RI_{ij}>1$ 则表示该区域该产业竞争力较强。

4. $\text{区域产业 GDP 增长率弹性系数}=\dfrac{\text{区域某产业 GDP 增长率}}{\text{区域 GDP 增长率}}$

5. $\text{区域产业就业增长率弹性系数}=\dfrac{\text{区域某产业就业增长率}}{\text{区域就业增长率}}$

4、5 两种系数均为动态指标，用弹性来反映区域某产业的发展态势和竞争力变化趋势。如系数大于 1，则说明该区域该产业具有较好发展态势，系数越大，竞争力越强；相反，如该系数小于 1，则说明该产业在此区域发展态势欠佳，竞争力会逐渐衰弱。

6. $\text{区域产业贡献率}=\dfrac{\text{区域某产业增加值增量}}{\text{区域 GDP 增量}}$

7. $\text{区域产业比重}=\dfrac{\text{区域某产业增加值}}{\text{区域 GDP}}$

8. $\text{区域产业发展质量}=\dfrac{\text{区域某产业贡献率}}{\text{区域产业比重}}$

6、7、8 三项指标反映了区域产业的发展质量。若该产业发展质量比值大于 1，则说明该产业在这一区域内的增长质量高于各产业平均增长质量，较具发展优势，竞争力较强；反之则属于会被逐渐淘汰的产业，竞争力处于下降趋势。

（三）经济国际化程度

1. $P_i=X_i/M_i$

P_i 为某区域产品 i 在另一区域市场上的渗透率，X_i 为 i 产品在该区域的出口额，M_i 为 i 产品在另一区域的总进口额。该指标从出口区域的角度反映 i 产品在进口区域市场上的占有率。

2. $C_i = X_i / X$

C_i 为 i 产品的出口贡献率，即 i 产品占该区域总出口的比例，X_i 为 i 产品的出口额，X 为该区域总出口额。该指标值越大，表示 i 产品或产业在该地区出口贡献越大。

3. $D_i = (g_i / g_t) \times 100$

D_i 为 i 产品的出口增长优势指数，g_i 为 i 产品或产业的出口增长率，g_t 为该区域总出口的增长率。该指数反映产品或产业出口优势的变化情况，指数越大，说明 i 产品或产业的出口增长越快。

4. $SI_i = \frac{X_i - M_i}{X_i + M_i}$

SI_i（Specialization Index）为分析两个贸易伙伴（设定为 A 区域与 B 区域）之间贸易分工情况的贸易分工指数，X_i 为 A 区域对 B 区域 i 产品的出口额，M_i 为 A 区域对 B 区域 i 产品的进口额。该指数为正，表示相对于 B 区域来说，A 区域是出口专业化，为负则是进口专业化；该指数为 +1 或 -1，表示两区域间为该产品产业内的完全垂直分工；为 0，则表示两区域间为 i 产品的完全交换及该产业内的水平分工。

5. $RCA_{ia} = \frac{X_{ia} / X_{it}}{X_{wa} / X_{wt}}$

RCA_{ia}（Revealed Comparative Advantage）为反映某区域在进出口贸易中的比较优势的显示性比较优势指数。X_{ia} 是 i 区域 a 产品的出口，X_{wa} 是 a 产品在世界市场上的出口，X_{it} 是 i 区域在 t 时期的总出口，X_{wt} 是世界市场 t 时期的总出口。该指标反映了某区域的某种产品出口与世界平均出口水平相比较的相对优势，若 $RCA_{ia} < 1$，则该区域该产品或产业处于比较劣势；若 $RCA_{ia} > 1$，则该产品或产业处于比较优势，且取值越大比较优势越大。

6. $CA = RCA_{ia} - \frac{M_{ia}/M_{it}}{M_{wa}/M_{wt}}$

从出口比较优势 RCA_{ia} 中减去该产业进口的比较优势，则消除了进口情况的影响，得到反映 i 区域 a 产业或产品的真正竞争优势，即显示性竞争优势指数 CA。

7. $R_i = \frac{Q_i/C_i}{\sum Q_i/\sum C_i}$

R_i 为相对区域竞争力指数,即将区域内生产和消费与区际贸易情况相联系,进而评价某产业或产品的竞争力。Q_i 为 i 产品区域内生产额,C_i 为其区域内消费额; $\sum Q_i$ 为区域内所有产品的生产之和, $\sum C_i$ 为区域内所有产品的消费之和, $\sum Q_i/\sum C_i > 1$,则表示该区域存在 i 产品的净出口。$R_i > 1$,说明产品 i 不但满足了区域内市场需求,而且有净出口,相对竞争力较强;$R_i < 1$,则说明该产品生产不能满足区域内消费,相对竞争力较弱;R_i 越大,说明该产品在区域内和区域外市场的地位越重要。

三、比较经济学理论

比较经济学是区域经济竞争力研究的重要方法和理论基础，最初起源于 20 世纪 30 年代。当时的一些经济学家对社会主义与资本主义两种经济制度的分析比较，逐渐形成了比较经济学的雏形。20 世纪 90 年代“东南亚金融危机”的发生以及“欧洲联盟”的成立，催生了新比较经济学，即将研究相同经济制度在不同国家或地区的绩效，或不同制度在同一个国家或地区实施的绩效作为主要研究任务，通过对不同经济体制下的经济现象和问题进行比较研究，探讨实行不同经济体制国家或地区的经济发展规律，包括比较经济发展、经济体制和经济政策等。对于“经济体制”这一概念，当代西方经济学家的定义主要有两种倾向。一种是结构主义倾向，把经济体制理解为实现资源有效配置和均衡的组织方式；另一种是历史主义倾向，强调历史地、动态地把握经济体制，不是关注构成一定经济体制的要素及各要素间的组织联系，而是更关注导致体制变化的社会历史因素的发展[①]。王秉安等（2000）认为，经济体制是一种人们生产活动的社会运作形式，这种形式以社会生产力为依据，依生产力性质的变化而变化，是特定生产力条件下人们运用经济资源进行生产的各种社会关系的集合，是人们社会地利用资源，历史地实现发展目标的制度手段。

新比较经济学比较的对象与旧比较经济学相比发生了变化，其分析对象是经济体制内部具体经济制度的差异，比较的是“制度（institutions）”，而不再是“体制（systems）”。美国斯坦福大学的学者从1990年起便开始研究“比较制度分析（Comparative Institutional Analysis，简称CIA）”，并发展出一系列新的方法和内容。青木昌彦等（1999）认为，比较制度分析是通过将经济体制看作各种制度的集合来分析市场经济体制的多样性和活力的。早期的旧比较经济学由于缺乏具备自身特色的研究方法，而未能被主流经济学界所接受，而新比较经济学在研究方法上则有了重大创新。从青木昌彦等（2001）的比较制度分析来看，其采用的方法几乎涉及了主流经济学发展出来的所有新理论，包括博弈论、不完全信息经济学以及委托－代理理论等。这些方法的采用，也使得新比较经济学具有一套系统而完整的理论。

① 王秉安等：《区域竞争力理论与实证》，北京：航空工业出版社，2000年1月，第32、34页。

第三节 国内外经济竞争力评价指标体系研究综述

一、IMD 区域竞争力模型

（一）体系构造

瑞士洛桑国际管理学院（IMD，The International Institute for Management Development）从 1989 年就开始对国际竞争力的评价理论与方法进行研究，在其每年 6 月提交的包括世界工业化国家和主要发展中国家在内的《世界竞争力年鉴》（The World Competitiveness Yearbook，以下简称 WCY）中，提出了一套国际竞争力评价理论、评价方法和评价指标体系，并且随经济和社会的发展不断做出调整，其研究成果、评价方法和评价指标体系已被许多国家广泛采用。IMD 认为，国家竞争力不能简单归纳为 GDP 和生产率，因为企业不仅要面对经济方面的竞争环境，还必须面对政治、社会以及文化等多方面因素，因此国家必须向企业提供最有效率的结构、制度和政策环境，以保持企业竞争力。WCY 实际上是通过评价提升产（企）业的环境因素来评价国家的竞争力，其具体内容包括社会、政治、经济、文化、技术、产业结构、政策、法律、制度等。IMD（2005）指出，四对基本力量创造了一个区域的竞争环境，即：吸引力与渗透力（Attraction Versus Aggressiveness）、本地化与全球化（Proximity Versus Globality）、资源与工艺过程（Assets Versus Processes）、个人冒险精神与社会协调发展（Individual Risk-Taking Versus Social Cohesiveness）。这四对力量通过经济绩效、政府效率、商业效率及基础条件等四个评价要素反映出来，四个评价要素下细分为 20 个子要素，20 个子要素又包含314个评价指标，其具体内容如表1－2所示：

表1－2　IMD国际竞争力评价要素及指标分布（2005年）

要素	内容	指标数（个）	子要素及所含指标数（个）
经济绩效	国内经济总体状况及效率	77	国内经济（28）、国际贸易（20）、国际投资（17）、就业（8）、价格（4）
政府效率	导致有竞争力的社会、法律、政策以及制度框架运行的有效性	73	公共财政（11）、财政政策（15）、制度框架（16）、商业立法（20）、社会结构（11）
商业效率	商业组织、金融服务、劳动力素质、管理效率、企业创新和盈利能力以及负责任的行为方式	69	生产率（9）、劳动力市场（21）、金融（21）、管理实践（11）、态度与价值（7）
基础设施	基础设施存量与满足企业发展的科技实力以及人力资源	95	基本状况（22）、技术基础（20）、科研基础（22）、健康与环境（17）、教育（14）

资料来源：IMD，World Competitiveness Center，List of Criteria，http：//www01. imd. ch/wcc/criteria/，2005－05－12.

（二）评价方法

1. 指标及权重

WCY（2005）涵盖世界经济体中关键的60个国家或地区。在314个评价指标中，191个为统计数据，即硬指标，包括128个用于总体排名的指标，约占全部排名指标的2/3，以及73个提供有用背景信息但不用于计算排名的指标，指标数据来源于国际或地区组织、私人机构、国家研究所，以及IMD独有的、拥有57个合作机构的全球网络；113个为调查指标，通过IMD指定的各国或地区的中高层经理主管人员问卷调查得到，作为个人评价指标，在竞争力年鉴中用于计算总体排名，约占全部排名指标的1/3。问卷调查每年分别在各个国家或地区进行，由113个深入问题构成，答卷者只需回答自己长期工作国家或地区的状况，并采用“德尔菲法（Delphi Method）①”处理。由于问卷调查试图量化不易测度的问题，如管理实践、劳动关系、腐败、环境问题或生活质量等，其回答更接近于实际而不受时滞影响，某种程度上能够反映对竞争力的感知和对未来的预示。

IMD 每年会根据国家或地区环境的结构性变化以及新理论和新研究的出现，对评价指标做出调整。但为确保与以往结果的高度相容性以及不受所包含指标数变化的影响，WCY 对 20 个子要素的权重均设定为 5%，硬指标的权重则设为 1，调查指标的权重设为 0. 64。IMD 认为，这样的设定方式可能会像任何其他权重设定一样有些武断，但从 1994 年一直沿用至今的权重比例，能够保障评估结果的连续性和可比性。

2. 计算方法

WCY 使用能够消除各指标量纲、衡量国家或地区表现之间相对差别的标准离差方法（Standard Deviation Method，SDM）计算竞争力排名，其关键是标准化尺度，即 STD 值的计算。基于 STD 值的计算结果，WCY 对 60 个国家或地区分别按 241 个指标进行排名②，然后通过计算每个子要素所包含的全部指标的 STD 值的平均值③，得到每个子要素的排名，子要素排名加总得到竞争力要素排名。

① 即依靠某领域专家的知识和经验，在掌握了一定客观情况和实际资料的基础上，对询问项目进行数轮评分，根据评分进行数理统计并得出结果。WCY 将问卷问题答案设定为按照“1～6”进行评分（一般来说，“1”表示负印象，“6”表示最强的正印象），继而计算出每个国家和地区的平均得分值，然后将数据从 1～6 的计算尺度转换为 0～10 的计算尺度，并进行标准差处理。

② 一个比较高的 STD 值可以反映较好或较坏的表现，这取决于数据测度的目的和指标属于哪个竞争要素，如 GDP 的 STD 值较高者排名较前，而 CPI 的 STD 值较高者则排名较后。

③ 这个平均值是通过每个子要素的所有指标的 STD 值总和除以该子要素的排名指标数得到，并且需排除背景指标。

只有排名指标用于计算加总排名，剩下的 73 个背景指标不包括在任何决定排名的数据加总之中。计算流程如图 1－1 所示：

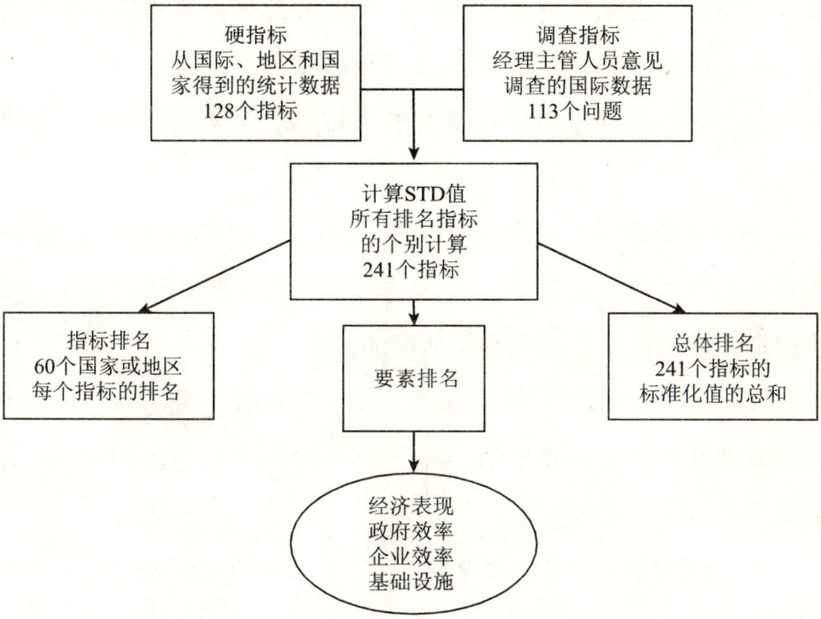

图 1－1　WCY 竞争力排名计算流程

资料来源：IMD，The World Competitiveness Center，Methodology. http：//www02. imd. ch/wcc/methodology/，2005－05－12.

3. 评价结果

WCY 评价的主要结果包括：

（1）世界竞争力得分表。给出每年 WCY 包含的国家或地区的总体排名，按照最具有竞争力到最不具有竞争力的顺序排列。

（2）定制排名。即根据总人口数，将 60 个国家或地区分为 2000 万人以上的 30 个和 2000 万人以下的 30 个两组，根据人均 GDP 分为 1 万美元以上和 1 万美元以下两组，以及根据地理位置分为欧洲－中东非、亚太和美洲地区三块，并在不同分组里进行竞争力排名。

(3) 总体排名的演变和竞争力要素的排名。这一部分给出了过去5年的总体排名和每个竞争力要素的排名，因此能够反映一个经济体在过去几年里相对于其他国家或地区而言绩效的演变情况。同时还给出每个竞争力要素当年的排名，国家或地区同样按照最具有竞争力到最不具竞争力顺序排列，并给出每个要素的指数值或“得分”。

(4) 子要素排名。即国家或地区20个子要素的排名情况，这些排名提供了具体竞争力问题的更详细分析，并能够依此确定某国或地区领先或弱势方面及与他国的比较。

(5) 国家或地区竞争力结构。该部分使用“雷达图”来比较各国或地区的竞争力要素值与排名第一的国家或地区的相应竞争力要素值。

(6) 国家或地区剖析。WCY对每个国家或地区都进行了5项单独分析，包括：

①国家或地区竞争力趋势——总体。即一个国家或地区总体表现的演变和单独结果，包括：世界竞争力得分表（过去五年）、国家或地区竞争力结构（当年）、国家或地区竞争力的挑战（当年）以及基本事实/该国或地区统计数据。

②国家或地区竞争力趋势——要素分解。这一部分给出了一个国家或地区每个要素在过去五年的表现和当年的排名。

③国家或地区竞争力资产负债表。这一部分强调了一个国家或地区世界竞争力的具体强项和弱项，给出其排名最好的10个指标（即强项）和表现最差的10个指标（即弱项）。

④20个最强指标。这20个指标分别由硬指标中STD值最高的13个和调查指标中STD值最高的7个指标组成，分别占2/3和

1/3（也即硬指标和调查指标在总体排名中的比重）。这20个指标可以认为是一个国家或地区从定量和定性角度出发的最重要资产。

⑤20个最弱指标和“如果”模拟。通过第④项的方法选出20个最弱指标①，（WCY将它们视作一个国家或地区的负债），并对其进行模拟，即让20个最弱指标值达到参评国家或地区的平均值，然后重新计算该国家或地区的竞争力排名。这一研究提供了决策者应当注意改进的地方以及改进后的结果模拟。

（7）统计表格。这一部分给出所有国家或地区所有指标的数据。

（三）主要缺陷

1. 竞争力评价内涵界定缺乏操作性

IMD的“支持企业竞争力的环境”的国家竞争力内涵界定过于宽泛，使得评价的操作层次上缺乏明确的指导性，“国家竞争力”评价也变成几乎包含所有经济因素的综合评价，从这一层面上来看似乎更像对“国家综合实力”的评价。

2. 评价指标设置和处理缺乏合理性

采用的评价指标重复性较大，并且没有对关键指标和相关指标的分析和筛选，使得指标多的评价要素在排名中所起作用大于指标少的要素。权重设定上，一方面没有说明权重确定的依据，缺乏透明性，另一方面对不同层次、不同重要性的指标赋予统一权重，使计算结果缺乏合理性和说服力。

3. 评价对象不全面

对软指标进行评分的中高层经营管理人员数量虽然庞大，但

---

① 这些指标是指一个国家或地区具有一定控制能力的指标，而排除如“可耕地数量”这样的不可控制指标。

代表性仍然有限，并且评价体系只包括全世界的部分关键经济体，影响了评价结果的客观公正性，对未参加评价的国家和地区也不公平。

二、WEF 区域竞争力模型

（一）体系构造

总部设在瑞士日内瓦的民间组织“世界经济论坛（World Economic Forum，WEF）”从 1979 年起便开始进行工业化国家竞争力指数的排名，并从 1985 年开始与 IMF 合作每年出版《世界竞争力年鉴》，对工业化国家和重要发展中国家的竞争力进行综合评价。1995 年，WEF 与 IMD 因为各自对国家竞争力概念及评估方法的歧见而分道扬镳，之后各自出版其国际竞争力报告。2004 年 WEF 的《全球竞争力报告》（The Global Competitiveness Report，GCR）调查范围已经覆盖全球 104 个国家或地区。WEF 认为，竞争力是一套支持经济持续繁荣的制度与经济政策，并据此用两大指标合成竞争力评估体系框架。一是“成长竞争力指标”（Growth Competitiveness Index，GCI），由哥伦比亚大学 Jeffrey D. Sachs 教授和地球研究所的 John W. McArthur 教授在 GCR（2001—2002）中首次提出，作为主要评价指标；另一个是“企业竞争力指标”（Business Competitiveness Index，BCI），由哈佛大学 Michael E. Porter 教授在 GCR（2000）中首次提出，是辅助评价指标。

GCI 由三个指标构成，即：技术指标（the technology index）、公共法规制度指标（the public institutions index）以及宏观环境指标（the macroeconomic environment index），三个指标又分别由不同子指标进行评价。BCI 则从两方面进行衡量，即：企业营运与策略的成熟程度（the sophistication of company operations and strategy）以及国家商业环境品质（the quality of national business environment）。该评价体系结构如图 1 -2 所示：

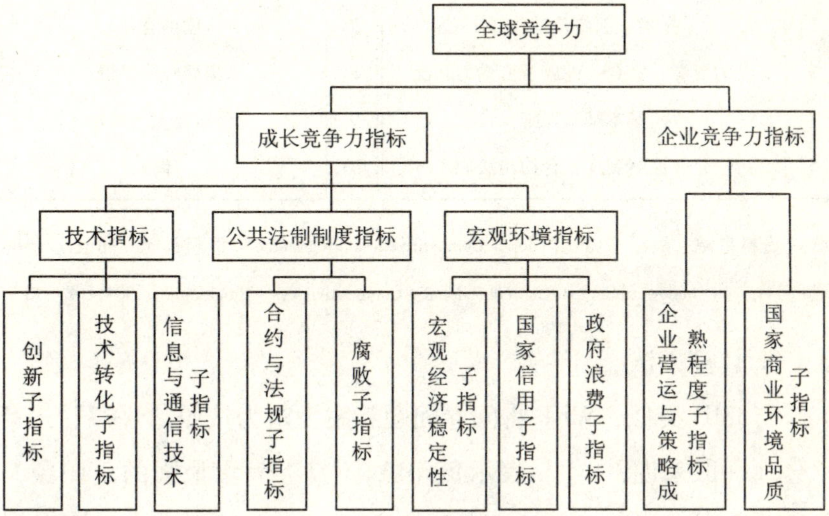

图 1 -2　GCR 评价体系结构

资料来源：根据 WEF，"Global Competitiveness Report 2003 -2004，Executive Summary"整理得到，http：//www. weforum. org/pdf/Gcr/GCR_ 2003_ 2004/Executive_ Summary. pdf，2004 -08 -13.

（二）评价方法

1. 指标数据来源

由于侧重经济的动态增长，WEF 相对于 IMD 更加强调企业家的意见，因此大约使用到 3/4 的调查数据以及 1/4 的统计数据（即硬数据）。统计数据主要来源于国际货币基金组织、世界银行以及联合国等国际机构公布的数据，调查数据则通过 WEF 每年上半年与其全球合作机构①共同进行的企业家问卷调查（Executive Opinion Survey，EOS）得到。EOS 主要针对全球超过 1000 家商业

① WEF 的全球合作机构主要是各个经济体的重要学术研究机构，2004 年已达 104 个。

机构的领导或企业家，其问题主要集中领域如表1－3所示：

表1－3 《全球竞争力报告》EOS主要涵盖领域

1	宏观经济环境	6	公共法制制度：腐败
2	技术、创新及其传播	7	国内竞争
3	人力资源：教育、健康及劳动力状况	8	集聚经济发展
4	基本基础设施	9	公司运营与策略
5	公共法制制度：合约与法规	10	环境

资料来源：根据WEF，“Global Competitiveness Programme”整理得到，http：//www.weform.org/site/home-public.nsf/Content/Global + Competitiveness + Programme，2004－08－13.

2. 计算方法

与IMD类似，WEF将问卷问题答案设定为按照“1～7”进行评分（一般来说，“1”表示负印象，“7”表示最强的正印象），对硬数据则进行标准化处理，转化为“1～7”分的结果，具体计算过程如下：

$$s_i = 6 \times \left(\frac{x_i - x_{\min}}{x_{\max} - x_{\min}} \right)$$

式中，s_i = 统计数据标准值

x_i = 统计数据原始值

$x_{\min}$ = 同一指标全部数据中的最小值

$x_{\max}$ = 同一指标全部数据中的最大值

WEF将参评国家或地区分为两组：核心创新者和非核心创新者。2004年的分组标准是，每一百万人口比例中是否具有超过15项在美国注册的有效专利。对于核心创新者，WEF在技术与创新指标上赋予了相对更大的权重。其中，GCI的计算过程如下表所示：

表 1－4　《全球竞争力报告》GCI 计算方法

<table>
<tr><td rowspan="2"></td><td colspan="3">核心创新者</td><td colspan="3">非核心创新者</td></tr>
<tr><td>权重</td><td colspan="2">子指标及权重</td><td>权重</td><td colspan="2">子指标及权重</td></tr>
<tr><td rowspan="6">技术指标</td><td rowspan="6">1/2</td><td rowspan="2">创新子指标，1/2</td><td>调查数据，1/4</td><td rowspan="6">1/3</td><td rowspan="2">创新子指标，1/8</td><td>调查数据，1/4</td></tr>
<tr><td>硬数据，3/4</td><td>硬数据，3/4</td></tr>
<tr><td rowspan="4">信息与通信技术子指标，1/2</td><td rowspan="2">调查数据，1/3</td><td rowspan="2">技术转化子指标，3/8</td><td>调查数据，1/2</td></tr>
<tr><td>硬数据，1/2</td></tr>
<tr><td rowspan="2">硬数据，2/3</td><td rowspan="2">信息与通信技术子指标，1/2</td><td>调查数据，1/3</td></tr>
<tr><td>硬数据，2/3</td></tr>
<tr><td rowspan="2">公共法制制度指标</td><td rowspan="2">1/4</td><td colspan="2">合约与法规子指标，1/2，调查数据</td><td rowspan="2">1/3</td><td colspan="2">合约与法规子指标，1/2，调查数据</td></tr>
<tr><td colspan="2">腐败子指标，1/2，调查数据</td><td colspan="2">腐败子指标，1/2，调查数据</td></tr>
<tr><td rowspan="4">宏观环境指标</td><td rowspan="4">1/4</td><td rowspan="2">宏观经济稳定性子指标</td><td>调查数据，2/7</td><td rowspan="4">1/3</td><td rowspan="2">宏观经济稳定性子指标</td><td>调查数据，2/7</td></tr>
<tr><td>硬数据，5/7</td><td>硬数据，5/7</td></tr>
<tr><td colspan="2">国家信用子指标，1/4，调查数据</td><td colspan="2">国家信用子指标，1/4，调查数据</td></tr>
<tr><td colspan="2">政府浪费子指标，1/4，调查数据</td><td colspan="2">政府浪费子指标，1/4，调查数据</td></tr>
</table>

资料来源：WEF，“Composition of the Growth Competitiveness Index”，http：//www. weform. org/pdf/Gcr/Composition_ of_ Growth_ Competitiveness_ Index，2004－08－13.

对于 GCR 的另一组成部分 BCI 的两个子指标——企业营运与策略成熟程度子指标和国家商业环境子指标，主要采用调查数据，而各自权重则根据子指标值对该经济体人均 GDP 的复回归系数确定。

3. 评价结果

WEF 的 GCR 所公布的指标和内容每年均有较大变化。2004—2005 年报告的评价结果包括 104 个国家或地区的总体竞争力排名、成长竞争力及子指标排名以及与 2003 年排名比较、企业竞争力及子指标排名以及与 2003 年排名比较、各国竞争力发展走势等。在排名基础上，GCR 还做出了经济可持续增长的关键因素、如何建立经济繁荣的微观基础、发展中国家的经济实践、国家创新能力及政府行为以及生产力、投资和创新中的五大难题等一系列专题研究报告。另外，GCR 还包括大量预测数据，如基于过去 8 年数据对未来 8 年经济增长的预测、问卷调查中对各项目的预测等。

（三）主要缺陷

由于 WEF 对于竞争力评价更多的是注重机制上的问题以及实际运营方面的效果，并且采用 WEF 的学者们所认为的最新理论，使用大量的调查问卷进行定性指标考察，其调查结果难免主要取决于评价者或调查对象的主观看法，其准确性也严重依赖于所收回的调查问卷的准确性和代表性。同时，问卷所涉及问题的多样性和竞争力指标的多变，也会影响到评价结果的正确性和可靠性。另外，在指标的权重设计上与 IMF 具有同样的不足，即未说明必要的设定依据，导致计算结果缺乏合理性和说服力。因此，从某种意义上来说，WEF 的《全球竞争力报告》更像是一份全球竞争力的研究报告。

三、波特区域竞争力模型

波特（2002）指出，“在国家层面上，‘竞争力’的唯一意义就是国家生产力①”，因此国家或地区是否具有竞争力就在于是否拥有高生产力的产业或企业。波特（1980）认为驱动产业竞争有五种力量，即供方砍价实力、求方砍价实力、新进入者的威胁、替代产品或服务的威胁以及现有公司之间的争夺。企业若想在竞争中取得成功，就必须围绕成本领先战略、差异化战略和目标集聚战略这三种基本战略来组织资源和进行生产。在进行产（企）业竞争力分析时，波特（1985，1990）提出了著名的价值链（产

① 迈克尔·E·波特：《国家竞争优势》，北京：华夏出版社，2002 年 1 月，第 6 页。

业链）分析法和钻石模型分析法。价值链分析法主要用来分析企业竞争力，认为企业在生产经营活动的各个环节都创造价值，通过对各个环节价值增值的纵向与横向比较来确定各个环节本身的价值以及与其他企业之间的差异，这种差异就决定了企业的竞争优势。产业链分析法则是产业竞争力的一种分析工具，认为每个产业都可以与其上游产业、下游产业和相关支持产业形成一种产业链，如果产业链每一节点上的产业在某方面都具有相对竞争优势，那么所研究的产业也具有一定竞争优势。

钻石模型（Diamonds Framework）从企业所处的内外部环境出发来分析影响企业国际竞争力的各相关因素，并试图解释国际竞争力的来源以及国际竞争力形成的条件和不足。钻石模型包括生产要素、需求条件、相关与支持产业（产业链）、政府、机会等五个企业外部的环境因素要素（即企业竞争力的宏观决定条件），以及企业的结构与战略、同业竞争这两个企业内部的条件要素（即企业竞争力的微观基础），各要素，并相互促进从不同方面对企业竞争力产生不同的影响。钻石模型为企业竞争力分析提供了一个较为全面的框架，但不足之处是没有提供具体的评价方法和评价指标。波特将竞争力定义为生产率并否定了其他定义，但在进行产业竞争力评价时却使用了“出口份额”这一指标。同时其提倡的大力开发高级要素、发展高级产业，以及主张政府不是通过直接经营产业，而是通过激励和刺激竞争来推动产业升级、提高竞争力等观点，决定了钻石模型更适合于解释发达国家或地区的竞争优势，而并不适用于对发展中国家或地区竞争优势的评价。

四、国内外其他相关研究

从 20 世纪 80 年代开始，国外一些著名学者、研究机构、政府组织和企业就在国际竞争力产生的基础、评价方法和理论等方面进行了较为系统的研究。在竞争力评价指标选择方面，大多使用竞争结果指标或显示性指标，并使用相对购买力平价（Purchasing Power Parity，PPP）方法克服指标的可比性问题。Kravis 等（1978）采用 153 种商品组的购买力平价计算各国 GDP 和人均 GDP，以反映各国真实经济水平。Hill（1986）则用某一年各国购买力平价汇率除以当年其相对于美元的汇率，即相对购买力平价来计算和比较 GDP。荷兰格林根大学（University of Groningen）的“产出和生产率国际比较”（International Comparison of Output and Productivity Project，简称 ICOP）研究组的“生产法”（Approach of Origin），则是利用产业来源法计算各国产业产出的购买力平价数据，进而进行产业间的国际比较。Carmichael，E. A.（1978）使用“贸易竞争指数”作为国家竞争力变化的评价指标，而 Lundberg，Lars（1988）则使用了更为准确的“相对国际竞争力指数”对国家竞争力进行评价比较。

大陆关于区域竞争力的研究从 20 世纪 90 年代初开始，实证及案例研究从 1995 年之后逐渐增多。在指标体系研究方面，原国家体改委经济体制改革研究院、深圳综合开发研究院及中国人民大学联合组成的中国国际竞争力研究课题组，运用 WEF、IMD《世界竞争力报告》的方法，使用了 361 个指标数据，做出《中国国际竞争力发展报告，1996》，内容涉及宏观经济、工业、科学技术、企业管理、金融体系以及政府管理等多个方面。狄昂照等（1992）设立了经济活力、工业效能、财政活力、人力资源、自然资源、对外经济活动活力、创新能力以及国家干预等八个方面的评价指标，对亚太 15 国（地区）国际竞争能力进行了比较。金碚等（1997）进行了中国工业国际竞争力的理论、方法及实证研究，其产业评价方法近年来被许多学者所借鉴。任若恩（1996，1998）运用“生产法”获得时间序列和产出数据，就中国和美国制造业各行业的生产率及其决定因素进行了分析比较。张金昌（2002）的国际竞争力评价建立在对出口数据、价格、成本以及生产率的评价基础上，并且将管理学理论中的“标杆测定方法”引入国际竞争力评价中。王秉安等（2000）从区域的直接竞争力和间接竞争力两方面出发，设立了三级评价指标体系，对福建省的区域经济竞争力进行了实证研究。但该体系并未设置权重差异，而是采取简单的算术平均法进行评分计算以及“突变评价法”① 进行区域竞争力排序，一定程度上影响到最终结论的客观性。大陆其他较具代表性的相关研究学者还包括裴长洪（1998）、邹薇（1999）、朱庆芳等（2001）、郭克莎（2001）、彭丽红（2000）以及韩中和（2000）等。

在对地区经济的实证分析方面，大陆学者的研究多集中在2000年以后。吕书正（2003）、岳兵等（2000）以及白志刚等（2001）主要致力于对中国地区经济发展水平的综合评价与分析，倪鹏飞（2001）运用“弓弦理论”，用主成分分析法（Principal Component Analysis）构造中国城市竞争力指数，对中国24个样本城市综合竞争力进行了计算排名，并进一步从综合市场占有率、综合长期经济增长率、综合地均GDP② 以及综合人均收入水平四个方面，对中国200个城市竞争力进行了综合评价和排名（倪鹏

---

① 即根据最后得分高低进行排序，最后得分不同者视为处于不同竞争力位置。

② 倪鹏飞（2003，2004，2005）将其定义为“地均财富产出率”，认为它是城市创造价值的投入产出效率的集中表现。

飞，2003，2004，2005）。樊纲等（2003）用主成分分析法，对政府与市场的关系、非国有经济的发展、产品市场的发育程度、要素市场的发育程度以及市场中介组织的发育和法律制度环境等5个方面的25个指标进行处理，构建了“中国各地区市场化进程相对指数”这一“制度变量”，并认为其可以作为分析各地区发展差距的有效工具。张旺峰等（2004）、付海丰（2002）、宋光辉等（2004）、王斌等（2004）、彭建等（2001）以及福建省委政策研究室课题组（2002）则分别从更具体的角度，比较了国内不同地域间的区域差异与经济竞争力，包括西北部分省市、广东、福建、珠三角以及长三角等地区。

从可获取的文献资料来看，国内外有部分学者曾进行过两岸区域性经济竞争力的相关研究，但鲜有对该问题的专门论述。大陆学者方面，王建民（1997）从经济增长速度与经济规模、基础与支柱工业、三次产业、对外贸易、国际竞争力以及社会生活发展水平等方面，对两岸社会经济发展综合实力进行了比较。刘立菁（2005）从要素禀赋、工业化水平、产业结构、产业国际竞争力等方面对闽台的竞争优势进行了比较，并探讨了闽台经济整合的内部驱动力。张传国（2005）通过建立港口竞争力多层次评价体系，对厦门港与高雄港综合竞争力进行了定量化比较研究。郝望（2003）则对两岸经济发展速度、工业生产能力、新经济以及经济发展战略做出了对比。张向前（2004）构建了人力资源发展与经济发展的综合评价体系，并对两岸四地进行了相应分析。

台湾学者方面，吴进泰（1993）从成本面因素、人力供给因素、市场机会因素、经济安定性因素、生活与基础建设以及政治风险等因素，对台湾、大陆以及东协四国投资环境加以了比较。

韦端（2002）将地方竞争力评估指标分为六个方面，即社会安全、社会福利、医疗保健、教育文化、环境保护以及政府行政，并初步构建了竞争力评估指标体系，对台湾23个县市1999年的地区竞争力做出了评估。吴迎春（2003）用经济竞争指标、政府效能指标、生活品质指标以及社会活力指标四个方面的共约60个细分指标，对台湾25个县市进行了竞争力评比。赖钰城等（2005）从劳动力结构角度，对台湾以及两岸竞争优势与经济整合发展进行了论述。宋玉珍（2005）初步探讨了包括经济表现、教育及人力素质、创新与技术、基础设施、政府效能以及生活品质等六种指标类型的地方竞争力评比指标架构。任耀廷（2005）从经济竞争力结构演变的角度，对两岸、日美以及东亚国家的经济发展关系进行了评析，而练有为（2005）则更侧重于对两岸工业生产效率的比较。“台湾区电机电子工业同业工会”2000－2005年连续六年所做的《中国大陆地区投资环境与风险调查》的调查报告，采用多因素加权分析法，以问卷形式，针对大陆台商进行系统性分析调查，并以“两力两度”（即竞争力、环境力、风险度和推荐度）的评估模式为研究理论基础，对大陆65个县级以上城市进行竞争力和风险度评比。台湾“工商建研会”和《远见》杂志于2005年10月所做的两岸四地城市竞争力调查，从市场与消费、产业与国际化、政府与建设三个主要指标以及30个分项指标，对台湾、大陆、香港及澳门的42个主要城市的竞争力进行了评比。

第二章　区域经济竞争力评价指标体系的建构及计量方法

第一节　区域经济竞争力评价指标体系的建构

区域经济发展是一个综合性过程，其竞争力作为一个复杂的、具有特定组织结构的范畴，是体现区域比较优势及竞争优势的价值体系。本章试图在对区域经济竞争力内涵分析的基础上，选取从不同方面表现经济收益，或对经济收益有所贡献的要素指标①，并按照要素与经济发展价值收益的逻辑联系，对要素指标进行筛选、归纳和分类，建立区域经济竞争力的评价指标体系。

一、区域经济竞争力内涵

区域经济竞争力是一个内涵十分丰富、涉及面极为广泛的概念，是由众多以不同方式存在、处于不同维度和层次上的要素和系统构成的复杂体系。首先，作为一个经济学概念，区域经济竞争力几乎涵盖一个经济区域宏观、中观以及微观经济的各个层次，

① 这些要素对经济增长和市场占有的贡献，大都已被经济研究与实践给予了大量的、具有说服力的经验验证。

涉及国民经济、产业及企业等诸多领域。其次，作为社会生产力的一种重要体现形式，区域经济竞争力还包含了直接影响经济发展的教育、科研、人力资源以及政府管理等社会发展维度的多项要素。再次，区域经济竞争力不断发展变化的特性，决定其是一个由当前竞争力与未来竞争力组成的综合体，即区域的当前经济表现决定了其竞争实力，而区域竞争环境则是竞争力发展变化的潜在决定因素，当其有利于经济的持续稳定发展时，会成为竞争力的推动力，反之则会阻碍竞争力的正向提升。从这一层面上来看，衡量区域经济竞争力，应更多地着重于对经济发展的质量与效率、环境与潜力的评估。区域经济竞争力作为一种动态、发展、增量的概念，不仅强调创造财富的能力，更强调创造财富的可持续性，因此应明显区别于强调静态、现状、存量的区域经济综合实力。最后，一个区域仅仅从自身角度进行纵向、历史的经济竞争力比较是不全面的，应更多的同其他区域进行横向比较，才能得到竞争力相对全面准确的体现。因此，区域经济竞争力还是一个比较性概念。

二、区域经济竞争力评价指标体系的建构

由于区域经济竞争力是一个涵盖区域经济本身以及相关要素、关系和行为等多方面的综合体系，对其评价分析应从多维度、多视角着眼，从系统的角度进行全面考察。依据以上内涵，本书在借鉴国内外区域经济竞争力相关研究的主流研究方法的基础上，结合中国大陆与台湾经济社会发展特点，遵循科学性、系统性和可操作性的原则，将目标层、要素层、子要素层、分要素层以及基本指标层五个层次，纳入所构建的区域经济竞争力评价指标体

系中，其结构设计如表2－1所示：

表2－1　区域经济竞争力评价体系结构

<table>
<tr><th>目标层</th><th>要素层</th><th>子要素层</th><th>分要素层</th><th>基本指标层</th></tr>
<tr><td rowspan="15">区域经济竞争力</td><td rowspan="9">经济发展实力</td><td rowspan="5">宏观经济竞争力</td><td>总体经济规模</td><td>22</td></tr>
<tr><td>财政金融环境</td><td>24</td></tr>
<tr><td>劳动力和就业</td><td>13</td></tr>
<tr><td>物价稳定性</td><td>3</td></tr>
<tr><td>经济外向性</td><td>13</td></tr>
<tr><td rowspan="3">产业竞争力</td><td>农业发展质量</td><td>10</td></tr>
<tr><td>工业发展质量</td><td>12</td></tr>
<tr><td>服务业发展质量</td><td>9</td></tr>
<tr><td>企业竞争力</td><td>企业规模结构</td><td>7</td></tr>
<tr><td rowspan="5">经济发展潜力</td><td rowspan="2">硬环境竞争力</td><td>基本基础设施</td><td>22</td></tr>
<tr><td>技术基础设施</td><td>8</td></tr>
<tr><td rowspan="3">软环境竞争力</td><td>体制和调控环境</td><td>8</td></tr>
<tr><td>科研和教育环境</td><td>20</td></tr>
<tr><td>社会基础设施</td><td>9</td></tr>
</table>

注：这里的“工业”，大陆是指包括工业和建筑业在内的“第二产业”，台湾则为包括工业、营造业以及水电燃气业的“工业”，下文同。

经济发展实力要素所包含的是表现区域经济体的直接性、显在性以及物质性的竞争力要素，从宏观经济、产业经济和企业经济三方面，对区域整体经济质量进行评估。其中，人均可支配收入、就业与劳动生产力的成长，代表着区域经济与市场的持续扩张性，失业状况和物价波动关系到社会和谐稳定以及商业投资环境的质量，财政金融体系影响到区域内经济活动的资金成本、信用机制以及生产增值的便利性，区域在国际贸易中的表现反映其在国际市场中的竞争能力、产业结构及技术密集程度，企业投资与收入成长则反映产业技术层次、企业竞争能力、产业集聚效果，以及区域适应经济环境变化的能力。基本指标层是对分要素层的进一步细化，指标取值力求涵盖体现各个分要素的基本内容，经济发展实力分要素的具体指标选择如表 2－2 所示：

表 2－2　经济发展实力要素基本指标

分要素层	基本指标层
总体经济规模	GDP[1]、GDP 增长率、区域 GDP 增长率弹性系数、人均 GDP、人均 GDP 增长率[2]、个人可支配收入[3]、个人可支配收入增长率、基尼系数、人均最终消费支出[4]、人均最终消费支出增长率、恩格尔系数[5]、政府最终消费支出、政府最终消费支出占 GDP 的比重、政府最终消费支出增长率、固定资产投资额、固定资产投资额占 GDP 的比重、固定资产投资额增长率、储蓄存款总余额、储蓄存款总余额占 GDP 的比重、储蓄存款总余额增长率、资本形成总额、边际资本－产出比率[6]
财政金融环境	财政收入、财政收入占 GDP 的比重、财政收入增长率、税性收入、税性收入占财政收入的比重、税性收入增长率、财政支出、财政支出占 GDP 的比重、财政支出增长率、人均财政收入、人均财政收入增长率、人均税性收入、人均税性收入增长率、人均财政支出、人均财政支出增长率、金融机构年末存款余额、金融机构年末存款余额增长率、金融机构年末贷款余额、金融机构年末贷款余额增长率、金融机构现金净投放、金融机构现金净投放增长率、国内外上市公司数、上市公司总资产、股票市场人均交易额
劳动力和就业	人口自然增长率、劳动年龄人口[7] 比例、受中等以上教育劳动力占劳动人口的比例、技术密集型产业从业人员占总从业人员的比重[8]、制造业人均报酬水平、总就业人口、就业率、就业增长率、区域就业增长率弹性系数、工业就业增长率弹性系数、服务业就业增长率弹性系数、国有单位就业人口比例、失业率
物价稳定性	消费价格指数[9] 上涨率、工业品出厂价格指数[10] 上涨率、房地产价格指数[11] 上涨率
经济外向性	进出口总额、进出口总额增长率、出口总额、出口总额增长率、进口总额、进口总额增长率、净出口增长率、外贸依存度、实际利用外资流量、实际利用外资流量增长率、实际利用外资存量、实际利用外资存量增长率、实际利用外资流量占资本形成总额的比重
农业发展质量	农业产值[12]、农业产值占 GDP 的比重、农业产值增长率、农业产值增长率弹性系数、人均农业产值、人均农业产值增长率、农业出口总额、农业出口总额占出口总额的比重、劳动生产率、农业贡献率

续表

分要素层	基本指标层
工业发展质量	工业产值、工业产值占 GDP 的比重、工业产值增长率、工业产值增长率弹性系数、人均工业产值、人均工业产值增长率、工业出口总额、工业出口总额占出口总额的比重、高新技术产品产值、高新技术产品产值占工业产值的比重、劳动生产率、工业贡献率
服务业发展质量	服务业产值、服务业产值占 GDP 的比重、服务业产值增长率、服务业产值增长率弹性系数、人均服务业产值、服务业从业人员比重、服务业从业人员数增长率、服务业劳动生产率、服务业贡献率
企业规模结构[13]	企业总数、企业总数增长率、企业从业人员占总从业人员的比重、企业平均资产、企业平均规模[14]、企业产品产销率、企业经济效益指数[15]

注：(1) 按照国家要求，从2004年1月起，大陆各省（市、区）GDP的中文名称统一更改为“某省（市、区）生产总值”，但为便于进行比较，文中统一称之为“GDP”；(2) 这里的“某指标增长率”是由区域内各省市该项指标2003到2004年增长值之总和，除以2003年该项指标值总和得到；(3) 按“城镇居民人均可支配收入”计算；(4) 按“城镇居民人均最终消费支出”计算；(5) 指“城市居民恩格尔系数”；(6) 边际资本-产出比率=资本形成总额/GDP增量，是衡量投资效率的重要指标；(7)“劳动年龄人口”为15~64岁人口总数；(8) 技术密集型产业指科技服务、金融服务、交通通讯、文化教育以及卫生事业等产业；(9) 即大陆统计体系中的“居民消费价格指数”，台湾统计体系中的“消费者物价指数”；(10) 由于大陆统计体系中没有“批发物价指数”这一指标，本书改用“工业品出厂价格指数”代替，相应的台湾数据亦采用其“批发物价指数”中的“工业产品价格指数”代替；(11)“房地产价格指数”是反映一定时期内房地产价格变动趋势和程度的相对数，由房屋销售价格指数、房屋租赁价格指数和土地交易价格指数综合构成；(12) 文中“某产业产值”均指该产业当年“增加值”；(13) 这里选取工业企业作为分析对象；(14) 企业平均规模=工业总产值/工业企业数；(15) 企业经济效益指数综合反映工业企业管理效率，由百元资金利税、百元资金总产值、百元固定资产实现利税三项指标综合构成。

经济发展潜力要素则体现了区域经济的间接性、潜在性以及精神性的竞争力。基本基础设施与技术性基础设施作为物质形态存在的基础结构系统，是指区域可利用的各种设施，包括交通、通讯、能源、动力、住房设施系统等，是区域内产业运行的载体，其个体质量、空间匹配状况对区域内产品生产成本和竞争能力具有重要影响，为区域经济的发展潜力提供硬环境基础。体制和调控环境分要素对区域产权制度、行政管理体制、经济安全与均衡性，以及政府对经济活动的规划、组织、协调、监控行为的有效性等做出评价，反映经济运行交易成本的降低能力；教育投资与资源分布、研发软硬环境、公私部门的研发创新机制与人力、技术引进与传播、科技转化能力等，从根本上影响到区域价值体系和价值创造能力，是经济竞争力的潜在决定性力量；而文化休闲、医疗卫生、生活环境品质等社会基础设施，则是反映区域吸引企业投资、专业人才移入和增进居民生活福祉等能力的重要因素，同时能够通过提升民众和企业对公共服务的广泛参与，促进社会和谐发展，间接提高区域生产力和综合竞争能力。其具体指标选择如表 2－3 所示：

表 2－3 经济发展潜力要素基本指标

分要素层	基本指标层
基本基础设施	人口—市场规模[1]、人口赡养率[2]、城市人口密度、城市化率、人均居住面积、城市用水普及率、百人汽车拥有量、人均年水资源总量、能源强度[3]、能源产量、能源引进量占能源消耗量的比重[4]、工业用户电力成本、铁路日均货运量、港口日均货运量、公路日均货运量、机场日均货运量、铁路日均客运量、港口日均客运量、公路日均客运量、机场日均客运量、百万人星级酒店个数、年接待境外游客人数
技术基础设施	邮电通信业从业人员占总从业人员的比重、万户拥有邮政局所数、邮路总长度、万人固定电话数、万人移动电话数、万人上网人数、每人每年电信业务平均费用支出[5]、每人每年电信业务平均费用支出比例[6]
体制和调控环境	经济增长率波动系数[7]、非公有制经济产值占 GDP 的比重、非国有企业从业人员占总从业人员的比重、基本建设投资占固定资产总投资的比重、地方税收收入占地方财政收入的比重、财政支出对 GDP 增长拉动[8]、人均政府消费增长率、政府消费对民间消费拉动[9]、百人公共管理和社会组织从业人员

续表

分要素层	基本指标层
科研和教育环境	R&D 支出、R&D 支出占 GDP 的比重、R&D 支出增长率、人均 R&D 支出、百万人 R&D 人员、百万人发明专利持有数、教育经费支出、教育经费支出占 GDP 的比重、人均教育经费支出、人均教育经费支出占个人消费的比重、文盲率、高等教育毛入学率、百万人小学学校数、小学师生比例、百万人初中高中数、初中高中师生比例、百万人高等学校数、高等学校师生比例、百万人在读研究生数
社会基础设施	公共图书馆个数、百万人拥有公共图书馆个数、文化场所[10]个数、百万人拥有文化场所个数、卫生机构[11]个数、万人拥有卫生机构个数、医生及护理人员数、万人拥有医生及护理人员数、万人病床位数

注：(1) 人口－市场规模＝15～64 岁人口数×人均可支配收入×平均消费倾向；(2) 人口赡养率＝15 岁以下和 64 岁以上人口总量/15～64 岁人口总量；(3) 能源强度即每万元 GDP 消耗的商业能源数量，这里将各类能源消耗总量统一换算为以“吨标准煤”为计量单位；(4) 能源引进包括从外省市调入能源及进口能源总量，台湾则仅指进口能源总量；(5) 每人每年电信业务平均费用支出＝电信业务年收入总额/电信业务使用总人数，其中电信业务包括固定电话、移动电话以及互联网业务；(6) 每人每年电信业务平均费用支出比例＝每人每年电信业务平均费用支出/人均年消费支出；(7) 即 GDP 实际增长率标准偏差，这里选取 1984－2004 年 21 年的 GDP 实际增长率进行计算；(8) 财政支出对 GDP 拉动＝GDP/财政支出，反映每增加一单位货币的财政支出引致的 GDP 增加值；(9) 政府消费对民间消费拉动＝民间消费/政府消费，反映每增加一单位货币的政府消费引致的民间消费增加值；(10) 文化场所一般指艺术馆、文化馆、博物馆以及纪念馆等场所；(11) 卫生机构一般指医院、诊所、卫生室、卫生防疫站、专科疾病防治机构以及农村乡（镇）卫生院等机构。

第二节　区域经济竞争力的计量方法

一、数据采集

（一）采集原则

区域经济竞争力评价体系是一个结构复杂的系统，具有变量多而庞杂、不确定指标作用明显等特点，故单独选出几个指标不足以反映系统的总体特征，而选出全部指标，又会因指标过细过多而增加资料获取的难度，进而影响最终结果的可信度和准确性。为使指标体系的构建结构适宜，又不失反映经济竞争力目标的主体本质特征，指标数据的选择将遵循如下四项原则：

1. 全面性原则。单一或少量指标往往难以准确反映区域经济竞争力。因此，本书在指标选取范围上力求全面，在采集上力求抓住根本，同时兼顾重点与核心；在指标数据的选择方面，力求具备典型性、导向性、完备性，以及广泛的涵盖性和高度的概括性。指标体系的各个指标之间并非简单相加，而是保持各自的独立性，从而形成相互间的有机联系，组成层次分明的系统整体。

2. 动态性原则。静态指标数据一般来讲是区域以往经济表现的价值体现，而增长率、增长弹性等指标数据则是反映经济体未来的发展潜力与趋势的关键要素，因此本书较偏重于对动态性指标数据的选择。

3. 变通性原则。为因应统计体系不完善和统计数据不完整等因素的限制，对某些采用直接指标难以获得数据的要素，采取变通方法，运用间接指标或估算指标予以替代。

4. 综合性原则。即为简化问题、突出重点，将影响某一方面因素的一系列指标数据综合成一个指标，同时，指标体系必须适用于不同区域。因此，各项指标涵义、统计口径和适用范围对不同区域必须保持一致①，以具有可比性；所有指标要能够根据测

① 本书中，台湾统计指标值均经过币值、指标涵义及统计口径的换算与调整，以与大陆相一致。下章中，汇率统一按照如下标准换算：1 元人民币 =4 元新台币，1 美元 =8.2765 元人民币（2004 年年平均汇价）。

量标准进行量度，以利于量化。

（二）数据来源

1. 大陆统计数据来源。大陆统计数据主要从国家统计局编撰的《中国统计年鉴 2004》、《中国统计年鉴 2005》，以及国家统计局下属各司、国家各部委编撰的专业统计年鉴获取，并利用各省市统计年鉴及其 2004 年国民经济发展统计公报的数据加以补充。

2. 台湾统计数据来源。台湾统计数据主要取自台湾“Council for Economic Planning and Development”编撰的“Taiwan Statistical Data Book, 2005”，及各部“统计处”2005 年统计年鉴及月报。台湾数据相较于大陆来讲，具有统计更及时、范围更全面、口径更细致以及时序更紧密等优点。

3. 对于年鉴中缺乏的部分数据，则主要借助于网络搜寻、根据往年数据进行估算或采用相关数据进行替代等方式获取。

二、区域经济竞争力的计量程序

（一）数据处理

区域经济竞争力大部分指标数据量纲各不相同，因此，在对各项指标进行综合评估之前，需要对所有数据做无量纲化处理。本书将在借鉴 IMD《世界竞争力年鉴》的标准离差法（SDM）的基础上，采用标准归一化处理方法，具体测算程序如下：

1. 首先从基本指标层入手，计算出用不同量纲表示的各项指标原始数据的平均值$\bar{x}_i$；

2. 其次计算每项指标的标准差 S_i，即：

$$S_i = \sqrt{\frac{\sum (x_i - \bar{x}_i)^2}{N}}$$

式中：$S_i = i$ 指标标准差

$x_i = i$ 指标原始值

$\bar{x}_i = i$ 指标平均值

$N = 4$

3. 接下来对每个指标进行标准化处理，即计算 4 个区域的 180 个指标的量纲一致的标准化数值：

$$STD_i = \frac{x_i - \bar{x}_i}{S_i}$$

式中：$STD_i = i$ 指标标准化数值

$x_i = i$ 指标原始值

$\bar{x}_i = i$ 指标平均值

$S_i = i$ 指标标准差

4. 在确定每一指标标准化处理结果的最大值、最小值后，进行归一化处理，得出该指标的归一化数值，即：

$$UNI_i = \frac{STD_i - (STD_i)_{min}}{(STD_i)_{max} - (STD_i)_{min}}$$

式中：$UNI_i = i$ 指标归一化数值

$STD_i = i$ 指标标准化数值

$(STD_i)_{min} = i$ 指标最小标准化数值

$(STD_i)_{max} = i$ 指标最大标准化数值

（二）权重设定

在指标权重设计上，为消除指标体系各构成部分在指标数量配置上的不均匀性对计算结果的影响，这里并不采用所有指标直接相加求和的计算方法，而是在各个层次上，采用“等权计算”的方法，即：基本指标层每项指标所获得的权重，等于分要素层下所含指标个数的倒数；分要素层上每项指标所获得的权重，等于子要素层下所含指标个数的倒数；子要素层上每项指标所获得的权重，等于要素层下所含指标个数的倒数；要素层上每项指标所获得的权重，等于目标层下所含指标个数的倒数①。

（三）计算排名

在对数据进行处理以及确定权重之后，便可以逐层计算各区域各类指标及要素的竞争力得分及排名。从基本指标层开始，将各指标标准归一化值加权后相加，再求其平均数，即得到分要素层上的分值；分要素层上各项指标分值加权后相加，再求其平均数，即得到子要素层上的分值；子要素层上各项指标分值加权后相加，再求其平均数，即得到要素层上分值；要素层上各项指标分值加权后相加，再求其平均数，即得到目标层分值，也即各区域经济竞争力的最后综合得分；最后根据各层得分，从高到低得到各区域排名，便可在此基础上进行比较分析。

---

① 等权计算方法还能够较好避免层次分析法（AHP 法）或德尔菲法（Delphi Technique）设定权重的主观影响。同时，由于本书所设计的指标体系选用的基本指标数量较为庞大，如果运用主成分分析法（Principle Components Analysis）确定权重，会产生较大的不稳定性，并会影响计算结果的合理性和准确性，故该种方法也不予采用。

第三章 大陆三大区域与台湾经济竞争力比较

第一节 大陆三大区域与台湾经济竞争力指标体系评价结果分析

对大陆三大区域与台湾的经济竞争力的比较分析，我们将遵循指标体系的递进结构，按照“基本指标层⇒分要素层⇒子要素层⇒要素层⇒目标层”五个层次的依次上升顺序逐层进行。首先，是对基本指标层和分要素层的比较分析。

一、经济发展实力评价结果

经济发展实力是对区域以往经济运行效率及产出的立体反映，对其评价主要从总体面、采用动态与静态相结合的角度，对区域的整体经济发展质量进行评估。其中，宏观经济竞争力偏重于对整体经济规模、经济结构构成、经济增长稳定性以及经济对外依赖性等方面的综合评估；产业竞争力着重于考察区域三次产业的结构构成及发展质量；企业竞争力则侧重于对“企业”这一区域经济构成基本分子的运营效益的评价。因此，经济发展实力的比较，是通过对区域宏观、中观以及微观经济表现评价的有机结合来得以体现的。

（一）宏观经济竞争力

宏观经济竞争力主要从五个方面进行评价，包括总体经济规模、财政金融环境、劳动力和就业、物价稳定性和经济外向性等。

1. 总体经济规模

（1）指标涵义说明

GDP 相关指标：GDP 总值用以衡量区域间经济发展规模水平的绝对差距；GDP 总值增长率及增长率弹性系数则衡量区域经济增长速度及发展态势；人均 GDP 及其增长率反映一定时期内，区域收入的初次分配结果、人均财富水平及其增长效率；基尼系数则是通过比较区域内收入分配与贫富差距的离散程度，测度区域间经济社会结构及均富水平的差异。

消费相关指标：人均最终消费和政府最终消费及其增长率反映区域内部消费的规模水平和内在潜能；恩格尔系数则是衡量区域内人民生活水平的指标，恩格尔系数值越低，表示人民生活水平越高。

资本相关指标：固定资产投资额及其增长率反映经济建设的投入水平及持续积累规模；储蓄存款余额提供社会经济发展的主要资金来源，从侧面反映社会总财富规模及居民金融资产结构；资本形成总额以及边际资本 - 产出比率，则是衡量资本积累及资本投资效率的重要指标。

表 3 -1　大陆三大区域与台湾总体经济规模比较

指标	南部沿海地区		东部沿海地区		北部沿海地区		台湾地区	
	UNI 值	排名	UNI 值	排名	UNI 值	排名	UNI 值	排名
GDP	0	4	100	1	76.48	2	34.75	3
GDP 增长率	100	1	95.28	2	88.16	3	0	4
区域 GDP 增长率弹性系数	100	1	95.28	2	88.15	3	0	4
人均 GDP	1.05	3	7.41	2	0	4	100	1

续表

指标	南部沿海地区		东部沿海地区		北部沿海地区		台湾地区	
	UNI 值	排名	UNI 值	排名	UNI 值	排名	UNI 值	排名
个人可支配收入	0	4	5. 79	2	0. 52	3	100	1
个人可支配收入增长率	80. 52	3	90	2	100	1	0	4
基尼系数	100	1	93. 28	2	0	4	78. 36	3
人均最终消费支出	0	4	3. 16	2	0. 25	3	100	1
人均最终消费支出增长率	75. 91	3	100	1	78. 48	2	0	4
恩格尔系数	0	4	28. 57	3	32. 97	2	100	1
政府最终消费支出	44. 74	3	75. 51	2	100	1	0	4
政府最终消费支出占 GDP 的比重	100	1	18. 13	3	63. 16	2	0	4
政府最终消费支出增长率	40. 44	3	99. 48	2	100	1	0	4
固定投资总额	26. 48	3	100	1	86. 57	2	0	4
固定投资总额占 GDP 的比重	58. 96	3	100	1	97. 87	2	0	4
固定投资总额增长率	14. 65	3	59. 12	2	100	1	0	4
国内总储蓄额	84. 57	3	100	1	96. 39	2	0	4
国内总储蓄额占 GDP 的比重	100	1	72. 33	3	77. 07	2	0	4
国内总储蓄额增长率	93. 41	3	100	1	95. 03	2	0	4
资本形成总额	37. 16	3	100	1	88. 94	2	0	4
边际资本 - 产出比率	100	1	17. 58	3	0	4	57. 14	2
UNI 加权值	56. 26	3	70. 95	1	66. 48	2	25. 92	4

注：(1) 为便于计算和比较分析，表中 UNI 值 = UNI 原值 ×100，下同；(2) 由于 UNI 值反映的是相对数，其数值并不代表指标原始值的大小，仅反映指标值在该指标值组中的相对位置，“0”表示原始指标值相对最小，而“100”则代表原始指标值相对最大，UNI 数值差距反映指标值差异；(3) 基尼系数、恩格尔系数以及边际资本 - 产出比率的标准化值与其所反映的竞争力成反比，即标准化值越低，竞争力越强，因此相应的 UNI 值为经过反比换算的数值。

资料来源：根据中华人民共和国国家统计局《中国统计年鉴 2005》、各省市 2005 年统计年鉴及统计公报、台湾“Council for Economic Planning and Development”“Taiwan Statistical Data Book，2005”等相关数据计算整理得到。

（2）评价结果

在GDP相关指标的评价结果方面：从经济总量来看，大陆东部沿海地区GDP总规模最大，达34986亿元，其次为北部沿海地区，为31543亿元，台湾和大陆南部沿海地区则分别以26817亿元和22883亿元的总规模分列第三、四位。从经济增长速度来看，南部沿海地区GDP增长率达到16.1%，GDP增长率弹性系数也达1.2347，略高于东部沿海地区而位列第一，北部沿海地区居第三，而台湾则排名第四。UNI值进一步显示，大陆三大区域经济增长的速度和态势均十分接近，且远远超过台湾，这说明这三个区域都具有经济总量规模大、经济增长速度快的特点，而台湾经济增长后劲已明显落后于大陆沿海地区。但从人均水平来看，台湾则体现出相当大的领先优势，人均GDP高达119274元，是排名第二的大陆东部沿海地区的4.84倍，排名第三的南部沿海地区的6.32倍，以及排名第四的北部沿海地区的7倍。这主要是由于台湾人口基数远低于大陆，且相较于目前仍处于工业化发展阶段的大陆沿海地区，台湾已步入后工业化时期的服务经济时代，国民财富实现已达到相当水平。

反映社会收入分配差距的基尼系数，南部沿海地区为0.3264，东部沿海地区为0.33，台湾为0.338，北部沿海地区则为0.38，显示在社会贫富平均差序格局方面，大陆南部的广东、福建及海南三省、东部的上海、江苏及浙江三省市较台湾更为合理，而包括山东、河北、北京和天津在内的北部沿海地区则相对稍逊一筹。

在消费相关指标的评价结果方面：台湾在个人可支配收入及人均消费支出这两项人均指标上仍占显著优势，绝对值达到大陆三大区域的6~7倍之多。形成如此大差距的主要原因，一为台湾高水平的人均收入，二为高昂的岛内消费物价水平所引致的高额消费支出。但从两项指标的增长幅度来看，大陆沿海三大区域均分别有10%左右的提高，而台湾仅分别提高了2%和4.04%。政府消费方面，南部沿海地区政府最终消费支出占GDP的比重最大，北部沿海地区政府最终消费支出及其增长率排名第一，台湾三项指标均敬陪末座，其中“政府”消费支出2004年甚至出现0.58%的负增长，显示出近年来台湾“政府”对拉动内部需求贡献作用的萎缩趋势。

反映居民生活水平高低的恩格尔系数，大陆东部沿海地区为0.356，北部沿海地区为0.348，均已达到富裕标准，台湾则为0.226，已进入最富裕阶段。大陆南部沿海地区的广东省恩格尔系数为0.37，也已步入富裕阶段，但福建及海南的恩格尔系数则分别为0.416和0.466，仍处于小康阶段①。

在资本相关指标的评价结果方面：大陆东部沿海地区固定投资总额及其占GDP的比重分别为16019亿元和46.83%，均排名第一，北部沿海地区紧随其后，南部沿海地区以8205亿元和35.86%的固定投资规模列第三位，台湾则最少。北部沿海地区固定投资总额增长率达30.15%，超过东部沿海地区而排名第一，南部沿海地区和台湾则分列第三、四位。这三项排名说明大陆北部及东部沿海地区经济建设的基本投资规模在不断扩张，相比之下，南部沿海地区和台湾的全社会固定资本投入成长则较为缓慢，这也从侧面部分印证了这两个区域近年来经济发展的调整回落态势。

金融机构年末储蓄存款余额，大陆东部沿海地区达23145亿元，为该项指标绝对值的第一位，其次为北部沿海地区和南部沿海地区，

---

①　根据联合国粮农组织提出的衡量一国或地区居民生活水平高低的标准，恩格尔系数在59%以上为贫困，50%～59%为温饱，40%～50%为小康，30%～40%为富裕，低于30%为最富裕。

台湾仅为3807亿元，排名最后；南部沿海地区年末储蓄存款总余额占当年GDP总额的88.11%，其次为北部沿海地区和东部沿海地区，台湾仍排名第四，仅为14.19%。这一方面反映出大陆三大区域拥有的充足资金储备，另一方面也说明这三个地区的社会保障体制还不够健全，居民对就业及未来收入的预期相对偏低，仍处于“高储蓄低消费”的财富积累阶段，从而会直接影响到内部需求的扩张。相比之下，台湾近年来的经济增长有相当大一部分是由内部需求所贡献的。

在资本形成方面，东部沿海地区达到17382亿元，北部沿海地区也有16004亿元的规模，南部沿海地区则不足1万亿元，而台湾则仅为4928亿元。但从边际资本－产出比率上来看，南部沿海地区则跃居第一，台湾紧随其后，接下来为东部沿海和北部沿海地区。这说明虽然大陆东部沿海和北部沿海地区的资本投入量非常庞大，但资本的投资效率目前仍落后于大陆南部沿海地区以及台湾。目前，台湾已完成资本密集型主导产业向技术密集型主导产业的过渡，并已基本具备有效配置资本要素的集约化生产能力，而大陆东部沿海及北部沿海地区的资本形成主要集中于公共及国有部门，是导致其资本投资效率较低的主要原因①。

总体经济规模的综合评估显示，大陆东部沿海地区在四个区域中

---

① 根据张军（2005）的研究，在通常情况下，如果投资是有效率的，或者没有经历资本深化的过程，边际资本－产出比率（ICOR）将保持基本稳定。中国大陆的ICOR在1994年以前基本呈现该项特征，但在1994年以后则开始经历急剧上升的阶段，即投资的效率在此期间显著恶化了。此阶段大陆的固定资本形成中，制造业的比重非常高，已经超过了韩国和新加坡，而由韩国和新加坡的经验可知，固定资本形成中，过高的制造业比重对投资效率的下降是负有责任的。另外，根据该研究测算的结果，大陆私人部门投资的比重不超过24%，这说明大陆的资本形成主要还是发生在公共和国有部门中，这样的投资分配格局也是导致投资低效的主要原因之一。同时其在对大陆资本形成率与固定资产投资率的关系的研究中还发现，在国内需求增长减缓的条件下，生产能力却在继续加速形成，这也足以暴露出大陆投资体制的“非效率缺陷”。

表现最为突出，UNI加权值达到70.95；北部沿海地区紧随其后，UNI加权值为66.48；而南部沿海地区与前两位差距较大，UNI加权值为56.26；台湾则排名最末，UNI加权值仅为25.92。这一方面反映出大陆近年来经济发展最活跃区域的分布，正逐渐由南部地区向东部和北部地区转移，另一方面也在一定程度上揭示出台湾经济目前正处于低迷和徘徊时期，发展动能不足，并且已经落后于大陆沿海经济地带。

2. 财政金融环境

（1）指标涵义说明

财政相关指标：财政作为促进经济社会发展的重要杠杆，是政府通过资源的重新配置对市场经济进行宏观调控的重要手段。其中，财政收入从侧面反映经济运行产出成效，其占GDP的比重综合反映政府与微观经济主体之间占有和支配社会资源的关系，以及政府调控经济运行和影响社会资源配置的程度和地位；税性收入及其占财政收入的比重反映财政收入结构是否合理、稳定；财政支出规模及结构则是政府对市场调控力度、资源分配方式的直接体现。

金融体系相关指标：金融体系发育的完善程度和运行的稳定与否，会对区域经济的资本可供性、有效性和安全性产生决定性作用；金融机构年末存贷款余额及其增长率既反映民间资金的存量规模，也体现经济活动的信用机制、资金成本的高低，以及生产增值的便利性；金融机构现金净投放则间接衡量全社会产能扩张的资金潜力和金融市场的活跃程度。

资本市场相关指标：资本市场走向是经济发展态势的风向标和晴雨表；国内上市公司数及上市公司总资产反映资本市场的融资力度，以及经济发展的资金支持能力；股票市场人均交易额则体现资本市场的活跃程度及其与经济活动的融合深度。

表 3-2　大陆三大区域与台湾财政金融环境比较

指标	南部沿海地区		东部沿海地区		北部沿海地区		台湾地区	
	UNI 值	排名	UNI 值	排名	UNI 值	排名	UNI 值	排名
财政收入	0	4	100	1	16.70	3	76.70	2
财政收入占 GDP 的比重	33.94	3	56.91	2	0	4	100	1
财政收入增长率	23.74	3	73.08	2	100	1	0	4
税性收入	0	4	100	1	45.68	3	61.24	2
税性收入占财政收入的比重	0	4	78.1	2	100	1	34.68	3
税性收入增长率	16.41	3	79.33	2	100	1	0	4
财政支出	0	4	30.03	2	20.28	3	100	1
财政支出占 GDP 的比重	1.99	3	2.37	2	0	4	100	1
财政支出增长率	29.76	3	100	1	85.99	2	0	4
人均财政收入	3.06	3	9.94	2	0	4	100	1
人均财政收入增长率	13.57	3	96.01	2	100	1	0	4
人均税性收入	0	4	11.47	2	0.63	3	100	1
人均税性收入增长率	12.87	3	100	1	0	4	13.13	2
人均财政支出	0.61	3	3.22	2	0	4	100	1
人均财政支出增长率	10.07	3	100	1	85.07	2	0	4
金融机构年末存款余额	0	4	88.3	2	57.20	3	100	1
金融机构年末存款余额增长率	53.94	3	91.35	2	100	1	0	4
金融机构年末贷款余额	0	4	91.88	2	42.34	3	100	1
金融机构年末贷款余额增长率	19.44	2	100	1	17.77	3	0	4
金融机构现金净投放	99.48	2	100	1	94.76	3	0	4
金融机构现金净投放增长率	85.95	2	100	1	0	4	74.46	3
国内外上市公司数	0	4	32.56	2	13.95	3	100	1
上市公司总资产	0	4	61.23	2	100	1	54.61	3
股票市场人均交易额	0	4	1.36	2	0.12	3	100	1
UNI 加权值	16.87	4	66.96	1	45.03	3	54.78	2

资料来源：根据国家统计局《中国统计年鉴 2005》、各省市 2005 年统计年鉴及统计公报、财政部《中国财政年鉴 2004》、《中国税务年鉴 2004》、中国证券监督管理委员会《中国证券期货统计年鉴 2005》、台湾“Council for Economic Planning and Development”“Taiwan Statistical Data Book, 2005”、台湾“财政部统计处”《台湾地区财政统计月报 2005 年 9 月》、台湾“中央银行经济研究处”《金融统计月报 2005 年 9 月》等相关数据计算整理得到。

（2）评价结果

在财政相关指标的评价结果方面：东部沿海地区2004年财政总收入达7232亿元，位居第一，台湾则为6546亿元，紧随其后，接下来为北部沿海地区及南部沿海地区。人均财政收入方面，台湾以28945元排名第一，第二位的东部沿海地区为5205元，仅为台湾的18%，南部沿海和北部沿海也仅占台湾人均水平的12%和9%左右。台湾财政收入占GDP的比重为26.19%，大陆三区域则均不及11%，显示台湾财力分布更为集中，“政府”的宏观调控能力和社会管理职能更强。值得注意的是，广东省财政总收入已达3540亿元，规模居大陆首位，其占GDP的比重达到22%，略低于台湾，但已接近世界平均水平，财政收入增长已进入相对稳定的成熟阶段。

税性收入及其占GDP的比重两项指标的第一位分别为大陆东部沿海地区及北部沿海地区，台湾分列第二和第三，南部沿海地区由于福建和海南两省总量水平较差而均排名末位。台湾财政支出及其占GDP的比重、人均财政支出分别高达6684亿元、26.19%和29553元，均大幅领先于大陆三大区域。大陆东部沿海地区的财政支出及人均财政支出的增长率均超过20%，北部沿海地区也达到18%左右的水平，南部沿海地区及台湾则较为缓慢，仅为个位数的增长。这显示台湾“政府”对经济社会资源的调配功能已趋成熟，但大陆沿海地区以政府主导型投资为主的经济建设支出和公共行政管理支出比例在不断增大。

在金融体系相关指标的评价结果方面：台湾金融机构年末存贷款余额分别为58141亿元和44871亿元，排名第一，东部沿海地区紧跟其后，三、四位为北部沿海和南部沿海地区，但彼此间差距不大。在存贷款余额的增长率方面，北部沿海和东部沿海地区分别达到17.34%和18.63%，台湾增长则最为缓慢。东部沿海和南部沿海地区金融机构现金净投放额，无论从绝对量，还是从增长率来看，都明显超过北部沿海地区（252亿元和－22.24%）和台湾（16428亿元和－2.42%）。这一方面反映出大陆东部沿海及南部沿海地区金融市场的运行活跃，另一方面也说明，大陆目前正处于工业消费型经济结构阶段，而台湾已进入综合消费型经济结构阶段。

在资本市场相关指标评价结果方面：截至2004年，台湾在海内外上市公司达697家，数量上远超过大陆三大区域，但其上市公司总资产仅为12645亿元，少于东部沿海地区的13662亿元，与排名第一的北部沿海地区的19615亿元相差近7000亿元，显示其上市公司规模普遍较小，资本市场融资力度也不大。2004年，台湾股票市场人均交易额达267276元，是排名第二的大陆东部沿海地区的近38倍。这一方面是由于台湾目前正处在2000—2001年股市剧烈震荡之后的恢复阶段，2004年股市较2003年有较大幅度回升①；另一方面，大陆国务院在2004年伊始提出的刺激证券市场进一步发展的“九条意见”并未收到预期成效，原本低迷的股市仍徘徊于“冰点”边缘。从某种程度上说，大陆并不健全的资本市场运行与总体经济走势是相背离的，甚至有可能成为制约经济发展的软肋。

财政金融环境的综合评估显示，大陆东部沿海地区UNI加权

---

① 根据台湾“行政院金融监督管理委员会”的统计，台湾年平均加权股价指数，由2003年的5161.90点，回升至2004年的6033.78点；全年总成交金额也由205122亿元新台币，扩大到2004年的241778亿元新台币。

值为66.96，略优于台湾的54.78，第三为北部沿海地区，南部沿海地区由于福建和海南竞争力相对较弱而排名最后，UNI值仅为16.87。离岸金融中心的加速形成和资本市场的逐步开放，使上海正逐渐向“亚太地区国际金融中心”这一重要角色靠拢，并对大陆其他地区和周边国家产生日益强大的磁吸作用。相形之下，台湾内部政治乱象导致的金融管理和资本市场的动荡失调，则正在加速台湾财政金融竞争力的下滑趋势。

3. 劳动力和就业

（1）指标涵义说明

人口相关指标。人口自然增长率和劳动年龄人口比例反映劳动力市场供给潜力，受中等以上教育劳动力占劳动人口比例则显示劳动力平均素质，是区域劳动生产率的间接影响因素。

就业相关指标。就业率和失业率反映区域劳动力参与水平，技术密集型产业从业人口占总从业人口比重反映区域就业结构是劳动力密集型还是技术密集型，国有单位就业人口比例间接体现区域非国有经济成分对劳动力的吸收能力，制造业人均报酬水平作为替代指标，能够衡量区域劳动力成本的高低，而区域及各产业就业增长率弹性系数则测度区域及各产业发展态势。

表3-3　大陆三大区域与台湾劳动力和就业比较

指标	南部沿海地区		东部沿海地区		北部沿海地区		台湾地区	
	UNI值	排名	UNI值	排名	UNI值	排名	UNI值	排名
人口自然增长率	100	1	0	4	51.19	2	15.18	3
劳动年龄人口比例	0	4	91.79	2	100	1	52.98	3
受中等以上教育劳动力占劳动人口比例	0	4	7.43	2	5.66	3	100	1
技术密集型产业从业人员占总从业人员的比重	0	4	5.20	3	19.76	2	100	1

续表

指标	南部沿海地区		东部沿海地区		北部沿海地区		台湾地区	
	UNI 值	排名	UNI 值	排名	UNI 值	排名	UNI 值	排名
制造业人均报酬水平	96.64	2	95.17	3	100	1	0	4
总就业人口	60.96	3	75.45	2	100	1	0	4
就业率	68.50	3	100	1	87.62	2	0	4
就业增长率	58.64	2	0	4	100	1	18.06	3
区域就业增长率弹性系数	58.69	2	0	4	100	1	18.10	3
工业就业增长率弹性系数	100	1	28.2	3	41.33	2	0	4
服务业就业增长率弹性系数	92.38	2	43.50	3	100	1	0	4
国有单位就业人口比例	30.46	3	0	4	100	1	81.23	2
失业率	100	1	21.97	3	73.48	2	0	4
UNI 加权值	58.94	2	36.05	3	75.31	1	29.66	4

注：制造业人均报酬水平反映劳动成本高低，失业率反映劳动就业实现水平，与区域劳动力竞争力均成反比关系，即标准化值越低，则竞争力越强，因此相应的UNI值为经过反比换算的数值。

资料来源：根据国家统计局《中国统计年鉴2005》、各省市2005年统计年鉴及统计公报、台湾“Council for Economic Planning and Development”“Taiwan Statistical Data Book, 2005”等相关数据计算整理得到。

（2）评价结果

在人口相关指标方面：大陆南部沿海地区人口自然增长率为7.5‰，北部沿海地区为5.25‰，台湾为3.59‰，东部沿海地区最低，为2.89‰，显示劳动力资源充足仍是南部及北部沿海地区的主要区位优势之一，而台湾与大陆东部沿海地区近年来人口增长则较为缓慢，甚至出现“老龄化社会”的发展趋势。四个区域的劳动年龄人口比例较为接近，均为70%左右。台湾由于整体教育水平已十分发达，受中等以上教育劳动力占劳动人口比例已达79.48%，远远高于大陆沿海三大区域，显示台湾在人力资源方面具备相当有利的竞争优势。

在就业相关指标方面：大陆东部沿海地区就业率指标绝对值最高，达 59.45%；南部沿海地区失业率指标绝对值最低，为 3.12%；台湾则均排名最末，分别为 43.13% 和 4.4%。从区域就业增长率弹性系数来看，北部沿海区域和南部区域分列一、二位，东部沿海地区和台湾则排名三、四位。各产业就业方面，南部沿海地区工业及服务业就业增长率弹性系数分居第一和第二，而东部沿海区域的服务业就业增长率弹性系数则排名第一，台湾该两项指标值分别仅为 0.66% 和 0.22%，均以较大差距落后，位居末座。劳动力成本的比较进一步显示，台湾人均报酬水平达 127620 元，为大陆三区域中报酬水平最高的东部沿海地区的 6.18 倍。大陆南部沿海地区经济发展正从以工业为主导逐步转向以服务业为主导，而东部沿海地区服务业已开始呈现高速发展的态势；台湾近年经济景气的低迷引致了就业状况的不佳，主要产业链的大量外移和服务产业对象的空洞化，使得工业与服务业发展欲振乏力，而高昂的劳动力成本也成为其竞争劣势。

劳动力和就业的综合评估显示，大陆东部沿海地区竞争力最强，UNI 加权值达到 75.31，其次是南部沿海地区和北部沿海地区，台湾则以 29.66 的分值排名第四。台湾劳动力素质之高虽然是大陆无法比拟的，但劳动力整体规模及就业水平却十分有限。同时，劳动力成本过高、岛内产业发展缺乏后劲引起劳动力需求不足等因素，也极大制约着台湾劳动力竞争力的有效提高。

4. 物价稳定性

（1）指标涵义说明

消费价格指数作为居民消费品及服务价格变动趋势和变动程

度的综合相对指数，能够对一定时期区域内消费市场的供需平衡关系以及通货膨胀程度做出衡量；工业品出厂价格指数作为区域内全部工业产品出厂价格总水平变动趋势和变动程度的综合相对指数，是反映一定时期该区域生产领域价格变动情况的重要经济指标；而房地产价格指数作为反映区域内房地产价格水平变动趋势和变动程度的综合相对指数，是衡量区域内“土地”这一重要生产要素交易成本的关键指标。

表 3-4　大陆三大区域与台湾物价稳定性比较

指标	南部沿海地区		东部沿海地区		北部沿海地区		台湾地区	
	UNI 值	排名	UNI 值	排名	UNI 值	排名	UNI 值	排名
消费价格指数上涨率	0	4	15.14	3	48.17	2	100	1
工业品出厂价格指数上涨率	100	1	22.91	2	4.28	3	0	4
房地产价格指数上涨率	66.57	2	0	4	19.86	3	100	1
UNI 加权值	55.52	2	12.68	4	24.10	3	66.67	1

注：物价指数上涨率高低与物价稳定性成反向关系，因此这里的 UNI 值均为经过反比换算的数值。

资料来源：根据国家统计局《中国统计年鉴 2005》、各省市 2005 年统计年鉴及统计公报、台湾“Council for Economic Planning and Development”“Taiwan Statistical Data Book, 2005”、台湾“行政院主计处”《物价统计月报 2005 年 9 月》等相关数据计算整理得到。

（2）评价结果

从物价稳定性的分指标评估结果来看，南部沿海地区消费价格指数同比上涨 3.8%，东部沿海地区紧随其后，上涨了 3.47%，第三是北部沿海地区的 2.75%，台湾仅小幅上涨 1.62%。相对于温和上扬的消费价格指数，台湾工业产品价格指数年增率达到 6.1%，涨幅最大，大陆北部沿海地区也上涨了 5.9%，东部沿海地区上涨 5.03%，而南部沿海地区最为稳定，仅微幅上涨

1.43%。房地产价格指数方面，大陆东部沿海地区大幅上涨了10.07%，北部沿海地区也上扬了8.05个百分点，南部沿海地区上涨3.3%，而台湾反而微幅下降了0.1个百分点。

物价波动走势的综合评估显示，大陆高经济增长下的通货膨胀预期并未应验。大陆近年来较低的利率水平引致市场对资本品旺盛的需求，加上受到国际市场原材料价格上扬的影响，工业品出厂价格上涨幅度较大，但消费价格指数并未受到工业品出厂价格的传导作用影响，相反，在整体经济形态已由短缺经济转变为过剩经济的大环境下，却形成上游产品和服务价格高涨、下游价格平稳的高增长、低价格态势。内部需求仍然十分活络，2004年南部沿海、东部沿海及北部沿海区域最终消费分别同比增加了15.01%、16.08%和15.97%。相比之下，台湾自2000年以来内部需求持续萎缩，2004年仅比上年增加2.85%，消费者物价指数连连下降，反映出其整体经济形势的“外温内冷”。

从绝对水平来看，尽管大陆三大区域物价上涨率高于台湾，但整体价格水平仍然远低于台湾，价格优势依然存在。需要进一步指出的是，以大陆东部沿海地区为代表的房地产价格指数正偏离经济正常发展轨道，快速飙升，如果不对此加以有效控制调整，则极有可能产生泡沫，一旦受到外部冲击，泡沫破灭，必定会削弱价格水平的竞争优势。

5. 经济外向性

(1) 指标涵义说明

进出口相关指标。进出口总额及外贸依存度既可以反映区域与国际市场间商品及劳务交流的广度和深度，也能够衡量区域经济发展对国际市场的依赖程度，是区域参与国际分工程度的价值体现。其中，进口总额及其增长率一般来说能够反映区域对其他国家或地区商品和劳务的需求和吸收能力，而出口总额及其增长率则反映区域内生产的商品和劳务对国际市场的渗透和占领作用。

利用外资相关指标。实际利用外资流量及增长率显示区域当年对外资的吸引力度，实际利用外资存量及增长率体现区域经济发展对外资的总体依赖程度，是利用外资的规模指标；实际利用外资流量占资本形成总额的比重则反映外资在区域资本生产要素形成中的贡献程度，是利用外资的结构指标。

表 3－5　大陆三大区域与台湾经济外向性比较

指标	南部沿海地区		东部沿海地区		北部沿海地区		台湾地区	
	UNI 值	排名	UNI 值	排名	UNI 值	排名	UNI 值	排名
进出口总额	96.11	2	100	1	0	4	63.84	3
进出口总额增长率	5.85	3	100	1	70.94	2	0	4
出口总额	100	1	97.92	2	0	4	64.52	3
出口总额增长率	23.94	3	100	1	58.14	2	0	4
进口总额	85.11	2	100	1	0	4	60.08	3
进口总额增长率	0	4	100	1	95.72	2	31.42	3
净出口增长率	53.25	2	100	1	4.06	3	0	4
外贸依存度	100	1	49.12	3	0	4	55.12	2
实际利用外资流量	66.19	2	100	1	54.83	3	0	4
实际利用外资流量增长率	100	1	26.73	3	80.66	2	0	4
实际利用外资存量	100	1	84.32	2	43.39	3	0	4
实际利用外资存量增长率	12.83	3	100	1	85.13	2	0	4
实际利用外资流量占资本形成总额的比重	100	1	63.76	2	21.69	3	0	4
UNI 加权值	64.87	2	86.30	1	39.58	3	21.15	4

资料来源：根据国家统计局《中国统计年鉴 2005》、《中国对外经济统计年鉴 2004》、各省市 2005 年统计年鉴及统计公报、台湾“Council for Economic Planning and Development”“Taiwan Statistical Data Book, 2005”、台湾“财政部统计处”《台湾地区进出口贸易统计月报 2005 年 9 月》等相关数据计算整理得到。

（2）评价结果

在进出口相关指标方面：大陆东部沿海地区进出口总额达4161亿美元，列第一位，南部沿海地区以4081亿美元的规模紧随其后，台湾为3511亿美元，最后是北部沿海地区，总额为2110亿美元。其中，广东省进出口总额达到3571亿美元，占大陆进出口总额的30.9%，高居大陆各省首位。自2003年起广东省进出口贸易总额已开始超过台湾，两者差额呈现逐年增大的趋势。

表3-6　2002—2005年广东省与台湾进出口总额比较

单位：亿美元

	2002年	2003年	2004年	2005年
广东省	2210.96	2835.30	3571.30	4279.80
台湾	2431.27	2786.10	3511.30	3810.50
粤台差距（%）	-9.06	1.74	1.68	10.97

注：2005年数据为初步统计数。

资料来源：根据广东省统计局《广东统计年鉴2005》、台湾“Council for Economic Planning and Development”“Taiwan Statistical Data Book, 2005”以及台湾“财政部”《海关进出口贸易统计》等相关数据计算整理得到。

细分来看，东部沿海地区除出口总额略低于南部沿海地区之外，其进出口总额增长率、进口总额、进口总额增长率、出口总额增长率以及净出口增长率均排名第一，显示出其外向型经济的蓬勃发展态势。台湾出口总额仅为1740亿美元，其出口总额增长率及净出口增长率也均排名末位，其中净出口总额还出现63.83%的负增长。进一步计算可知，大陆南部沿海地区外贸依存度已达147.48%，高出台湾的106.12%超过40个百分点，东部沿海地区为100.59%，北部沿海地区最弱，仅为55.32%。

在利用外资相关指标方面：大陆东部沿海地区2004年实际利

用外资总额达283.91亿美元，居第一位，其次是南部沿海地区，为201.29亿美元，北部沿海地区也达到173.53亿美元，台湾的侨外投资总金额仅为39.53亿美元，落后较多。分省来看，广东省仍为大陆吸引外资规模最大的省份，当年外资实际到资额达到128.99亿美元，其次为江苏省的121亿美元，以及山东省的98.21亿美元。南部沿海地区在实际利用外资流量增长率、实际利用外资存量以及实际利用外资流量占资本形成总额的比重三项指标中均排名第一。东部沿海地区实际利用外资存量增长达17.81%，列第一位，北部沿海地区紧随其后，增长率也达到16.28%，南部沿海地区为8.84%，而台湾仅小幅增长7.52%。大陆南部沿海地区实际利用外资总金额累计已达2122.58亿美元，台湾仅为565.42亿美元，前者已为后者的近4倍。

经济外向性的综合评估显示，台湾无论是进出口总额、外贸依存度还是实际利用外资额在四个区域中均排名靠后，其中实际利用外资的相关指标更是全部“敬陪末座”；相反，大陆沿海三大区域在进出口贸易以及利用外资等方面均展现出强劲的发展动力。大陆三大经济区域正在加快参与国际分工的步伐，与国际市场日益融合，并对国际资本要素展现出越来越强大的磁吸作用，而台湾一向赖以生存的高度外向型的“海岛型经济”优势正在逐渐丧失，对外资吸引力越来越小。

（二）产业竞争力

产业竞争力主要针对四个区域的农业、工业以及服务业三大产业的发展质量进行考察。在指标选择上，产业产值及其增长率、增长率弹性系数能够反映产业发展规模和总体生产能力；三次产业占GDP的比重结构用以衡量区域工业化进程所处阶段；产业人均产值及劳动生产率是产业生产效率的体现；而产业出口总额及其占区域出口总额的比重，则衡量产业产品对国际市场的占有能力，是产业出口竞争力的主要体现。

从发展经济学的角度来看，农业占国民经济的比重会伴随区域经济发展而逐渐降低，但作为国民经济的战略性基础产业，其发展质量和竞争力仍然是衡量区域经济竞争力的重要因素。尽管产业结构比较显示，大陆沿海三大经济区域目前基本处于工业化阶段，工业仍为国民经济的主导产业，台湾则已进入后工业化时期，主导产业已由工业推进至服务业，但工业发展质量仍然可以成为测度区域产业竞争力的重要参考因素。根据一般工业化国家和地区经济发展的经验，产业开发的顺序大多是从农业而至工业，在工业发展达到一定水平后，再通过服务业的扩张以扩大经济发展的成果①。台湾自上世纪 80 年代中后期开始逐步进入服务经济时代，发展至今，服务业已成为其经济成长的主要来源。在大陆沿海三大区域，服务产业发展的规模和速度虽然不及工业，但也日益成为对经济发展发挥巨大推动作用的重要产业。

1. 农业发展质量

表 3－7　大陆三大区域与台湾农业发展质量比较

指标	南部沿海地区		东部沿海地区		北部沿海地区		台湾地区	
	UNI 值	排名	UNI 值	排名	UNI 值	排名	UNI 值	排名
农业产值	56.24	2	52.79	3	100	1	0	4
农业产值占 GDP 的比重	92.33	2	41.34	3	100	1	0	4
农业产值增长率	3.86	3	0	4	20.24	2	100	1
农业产值增长率弹性系数	0	4	0.08	3	13.78	2	100	1

① 李非：《台湾经济发展通论》，北京：九州出版社，2004 年 6 月，第 151 页。

续表

指标	南部沿海地区		东部沿海地区		北部沿海地区		台湾地区	
	UNI值	排名	UNI值	排名	UNI值	排名	UNI值	排名
人均农业产值	8.49	2	0	4	7.91	3	100	1
人均农业产值增长率	0	4	38.06	3	40.62	2	100	1
农业出口总额	19.78	3	20.31	2	100	1	0	4
农业出口总额占出口总额的比重	7.60	3	7.94	2	100	1	0	4
劳动生产率	0.98	3	1.08	2	0	4	100	1
农业贡献率	39.20	3	0	4	100	1	93.36	2
UNI加权值	22.85	3	16.16	4	60.26	1	59.34	2

注："农业贡献率"指农业产值增长对GDP增长的贡献。

资料来源：根据国家统计局《中国统计年鉴2005》、《中国农村统计年鉴2005》、各省市2005年统计年鉴及统计公报、台湾"Council for Economic Planning and Development""Taiwan Statistical Data Book, 2005"等相关数据计算整理得到。

（1）分项指标评价结果

农业产值相关指标显示，大陆北部沿海地区2004年农业产值为3356.38亿元，占GDP的10.64%，农业出口总额达到75.9162亿美元，占出口总额的8.76%，四项指标均排名第一。山东和河北两省为该地区农业增长的主要来源，农业总产值占GDP的比重分别达到11.48%和15.5%。南部沿海地区农业产值及占GDP的比重均列次席，而东部沿海地区农业出口总额及占GDP的比重则分别排名第二，台湾以966.3亿元的农业产值及占GDP3.6%的水平、24.625亿美元及占出口总额1.42%的农业出口规模，列四项指标的第四位。

如果从农业产值增长率及其弹性系数、人均农业产值及其增长率以及农业劳动生产率等五项指标来对各区域农业生产效率进行衡量，则台湾均较大幅度领先于大陆三大区域。其中，农业产值增长率为8%，略高于第二位的北部沿海地区的6.6%，但增长率弹性系数达到1.4，是北部沿海地区的3倍多；人均农业产值和农业劳动生产率分别高达4258.87元和150515元，分别比第二位多出1.33倍和16.52倍。农业对GDP增长的贡献率方面，北部沿海地区为5.14个百分点，略高于台湾的4.94%，南部沿海地区及东部沿海地区则分别以3.31%和2.13%的贡献率列三、四位。

（2）综合评估结果

农业发展质量的综合评估显示，大陆北部沿海地区的UNI加权值为60.26，台湾为59.34，接下来是南部沿海地区的22.85和东部沿海地区的16.16。山东和河北两省庞大的农业总体规模是北部沿海地区农业竞争力提升的重要因素，但其产业生产效率却相对落后；台湾的农业生产虽然规模有限，但农业发展已经相当成熟，集约化生产的特征十分突出，农业生产效率十分可观；在大陆南部沿海地区及东部沿海地区，农业在国民经济中的比重及对经济增长的贡献率则呈现逐步下降趋势。

2. 工业发展质量

表3－8　大陆三大区域与台湾工业发展质量比较

指标	南部沿海地区		东部沿海地区		北部沿海地区		台湾地区	
	UNI值	排名	UNI值	排名	UNI值	排名	UNI值	排名
工业产值	31.63	3	100	1	77.39	2	0	4
工业产值占GDP的比重	89.56	2	100	1	88.77	3	0	4
工业产值增长率	82.69	3	100	1	84.47	2	0	4
工业产值增长率弹性系数	75.30	3	100	1	86.77	2	0	4
人均工业产值	1.94	3	15.03	2	0	4	100	1
人均工业产值增长率	68.53	2	100	1	53.83	3	0	4
工业品出口	100	1	98	2	0	4	68.03	3

续表

指标	南部沿海地区		东部沿海地区		北部沿海地区		台湾地区	
	UNI 值	排名	UNI 值	排名	UNI 值	排名	UNI 值	排名
工业品出口占出口总额的比重	92.40	2	92.06	3	0	4	100	1
高新技术产品产值	100	1	96.20	2	0	4	34.93	3
高新技术产品产值占工业产值的比重	7.05	3	53.39	2	0	4	100	1
劳动生产率	3.23	2	2.36	3	0	4	100	1
工业贡献率	77.06	3	100	1	85.43	2	0	4
UNI 加权值	60.78	2	79.75	1	39.72	4	41.91	3

注："工业贡献率"指工业产值增长对 GDP 增长的贡献。

资料来源：根据国家统计局《中国统计年鉴 2005》、张晓松主编《中国高科技产业发展年鉴 2005》、各省市 2005 年统计年鉴及统计公报、台湾"Council for Economic Planning and Development""Taiwan Statistical Data Book, 2005"、台湾"经济部统计处"《2004 年台湾地区工业生产统计年报》等相关数据计算整理得到。

（1）分项指标评价结果

在工业产值方面，大陆东部沿海地区达 18808 亿元，占 GDP 的 53.76%，其次为北部沿海地区和南部沿海地区，第四位的台湾工业产值为 6887.52 亿元，占 GDP 的 29.54%。若分省来看，广东省工业产值高居大陆各省首位，达到 8890.29 亿元，并从 2003 年开始超过台湾，至 2005 年，两者差距进一步拉大；江苏省则以 8770.32 亿元的产值规模居大陆各省第二位，第三位的山东省工业产值规模也达到了 8724.50 亿元的水平。东部沿海地区的工业产值增长率及其弹性系数、人均工业产值增长率，以及工业对 GDP 的贡献率等四项反映产业增长速度的指标，均排名第一，其中工业产值增长率达 22.36%，比排名最后的台湾高出 20.22 个百分点，工业对 GDP 增长的贡献率更高达 65.9%，比同样排名末位的台湾高出 54.41 个百分点。

表 3-9 2002—2005 年广东省与台湾工业产值比较

单位：亿元

	2002 年	2003 年	2004 年	2005 年
广东省	5935.63	7307.08	8890.29	10747.25
台湾	7030.20	6851.69	6887.52	6858.26
粤台差距（%）	-18.44	6.23	22.53	36.19

注：2005 年数据为初步统计数。

资料来源：广东省统计局《广东统计年鉴 2005》及台湾“Council for Economic Planning and Development”“Taiwan Statistical Data Book, 2005”、《重要经社指标速报（2006 年 1 月 19 日）》等相关数据计算整理得到。

在人均工业产值、工业品出口占出口总额的比重、高新技术产品产值占工业产值的比重，以及工业劳动生产率等四项反映工业产品结构及生产效益的指标比较中，台湾均居首位。其中，人均工业产值为 34915 元，是第二位的大陆东部沿海地区的近 3 倍；工业品出口占出口总额的比重达 98.59%，显示其出口品几乎全部为工业产品；高新技术产品产值占工业产值的比重高达 79.17%，比第二位的东部沿海地区高出近 23 个百分点；而工业劳动生产率达 229951 元，为第二位的南部沿海地区的 4 倍之多。

（2）综合评估结果

UNI 加权值显示，大陆东部沿海地区以 79.75 分的综合分值列第一位，其次为南部沿海地区和北部沿海地区，台湾则排名最后。相对于大陆三大区域，尤其是处于工业化后期发展阶段、以工业为主导产业的大陆东部沿海和南部沿海地区而言，台湾工业发展弱势主要存在于总体规模、增长速度等方面。台湾经济发展的工业化进程已基本完成，生产形态以技术密集型附加价值高的策略性工业为重点，以电子资讯产业为代表的高科技产业在工业发展中占据主导地位，工业整体发展较注重于产品的研发及技术创新。因此，在工业出口产品结构及技术含量上，相对于以产业链中下游产品代工生产为主的大陆三大区域而言，台湾仍然具有较为明显的竞争优势。

3. 服务业发展质量

表3－10 大陆三大区域与台湾服务业发展质量比较

指标	南部沿海地区		东部沿海地区		北部沿海地区		台湾地区	
	UNI值	排名	UNI值	排名	UNI值	排名	UNI值	排名
服务业产值	0	4	48.93	2	30.92	3	100	1
服务业产值占GDP的比重	1.66	3	7.35	2	0	4	100	1
服务业产值增长率	38.82	3	100	1	64.78	2	0	4
服务业产值增长率弹性系数	0	4	55.89	2	32.12	3	100	1
人均服务业产值	0.65	3	4.49	2	0	4	100	1
服务业从业人员比重	15.38	3	21.01	2	0	4	100	1
服务业从业人员数增长率	92.38	2	43.68	3	100	1	0	4
服务业劳动生产率	0	4	3.15	2	0.22	3	100	1
服务业贡献率	0	4	42.30	2	10.48	3	100	1
UNI加权值	16.54	4	36.32	2	26.50	3	77.78	1

注：（1）服务业从业人员比重＝服务业从业人员数/总从业人员数×100%。

（2）“服务业贡献率”指服务业产值增长对GDP增长的贡献。

资料来源：根据国家统计局《中国统计年鉴2005》、各省市2005年统计年鉴及统计公报、台湾“Council for Economic Planning and Development”“Taiwan Statistical Data Book，2005”等相关数据计算整理得到。

（1）分项指标评价结果

分项指标显示，台湾2004年服务业产值达18429亿元，排名第一，其次为大陆东部沿海地区，产值为13374亿元，北部沿海及南部沿海地区分列三、四位。从服务业产值占GDP的比重来看，台湾为68.72%，东部沿海地区为39.1%，南部沿海地区及北部沿海地区则分别为37.28%和36.75%。服务业产值增长率方面，东部沿海地区达到15.57%，北部沿海地区和南部沿海地区也分别达12.64%和10.48%，台湾则仅为7.25%。

在服务业产值增长率弹性系数、人均服务业产值、服务业劳动生产率以及服务业产值对GDP增长的贡献率等指标的比较中，台湾均处首位，东部沿海地区均为第二，而南部沿海地区和北部沿海地区则分列三或四名。对指标绝对值的进一步比较显示，台湾人均服务业产值已达81223元，是东部沿海地区的8.44倍；产业劳动生产率达到323426元的水平，是东部沿海地区的近7倍；而服务业对GDP增长也贡献了高达86.07个百分点，远远高于东部沿海地区的39.01%的水平。

在产业从业情况方面，大陆南部沿海、东部沿海以及北部沿海区域服务业从业总人数分别为2273.5万人、2874.8万人和3037.8万人，从业人员数增长率分别达到11.38%、5.95%和12.23%；而台湾总从业人员为569.8万人，从业人员数仅微幅增长了1.06%，在产业从业规模和从业增长上远低于大陆。但台湾服务业从业人员占总从业人员比重达58.23%，比第二位的东部沿海地区高出23.43个百分点，显示出台湾服务产业劳动力结构的优势。

（2）综合评估结果

综合评估结果显示，台湾服务业发展质量的UNI加权值达到77.78，比第二位的大陆东部沿海地区高出近42分，而北部沿海地区和南部沿海地区则分别以26.50和16.54的分值分列三、四位。一方面，台湾服务产业发展无论是整体规模还是生产效率，相较于大陆沿海三大区域而言，都具有十分明显的优势，在其经济发展中处于主导产业的地位；另一方面，其产值与就业人数的低增长，又显示出产业发展的疲软态势和后劲不足。

（三）企业竞争力

企业是市场经济的重要主体，同时也是产业成长和经济运行的基本载体。从这一意义上来说，企业这一微观经济主体的经济表现，会直接影响到中观经济主体，也即产业的发展质量，继而决定区域宏观经济竞争力的大小。因此，企业竞争力是衡量区域经济竞争力的重要因素①。

1. 指标涵义说明

（1）企业规模相关指标。企业总数及其增长率反映区域企业数量规模及成长速度；企业从业人员占总从业人员的比重反映企业吸纳就业的能力，衡量企业的劳动力规模；企业平均资产及平均规模则通过资产及产值指标的比较，对企业平均规模做出直接的评价。

（2）企业效益相关指标。企业产品产销率为企业一定时期内产品总销售量与总产量的比重，产销率越高，则反映企业产品的市场接受度越高、占领市场的能力越强、企业产品和资金周转速度越快、企业竞争力越强。企业经济效益指数是企业管理效率和生产绩效的直接体现，由百元资金利税、百元资金总产值以及百元固定资产实现利税三项指标综合构成。

① 这一部分资料搜集所遇到的主要困难在于，大陆的“企业统计”往往只针对全部国有及规模以上非国有工业企业，其中规模以上非国有工业企业为年产品销售收入500万元以上的企业；台湾的“企业统计”则针对各产业所有登记在册企业。另外，两地对企业统计指标的选择及定义也存在较大差异，一定程度上增加了数据采集和处理的难度。为统一口径、便于比较，文中对大陆采用全部国有及规模以上非国有工业企业相关统计数据，对台湾则选择工业部门登记在册企业相关统计数据，这主要是出于这两部分企业均为两地企业中的代表性竞争主体的考量。

表3-11 大陆三大区域与台湾企业竞争力比较

指标	南部沿海地区		东部沿海地区		北部沿海地区		台湾地区	
	UNI值	排名	UNI值	排名	UNI值	排名	UNI值	排名
企业总数	0	4	18.99	2	0.44	3	100	1
企业总数增长率	36.89	3	100	1	67.04	2	0	4
企业从业人员占总从业人员的比重	4.51	3	100	1	0	4	92.91	2
企业平均资产	76.34	2	68	3	100	1	0	4
企业平均规模	71.72	2	55.67	3	100	1	0	4
企业产品产销率	28.30	3	89.62	2	100	1	0	4
企业经济效益指数	54.21	3	96.86	2	100	1	0	4
UNI加权值	38.85	3	75.59	1	66.78	2	27.56	4

资料来源：根据国家统计局《中国统计年鉴2005》、各省市2005年统计年鉴及统计公报、台湾"Council for Economic Planning and Development""Taiwan Statistical Data Book，2005"等相关数据计算整理得到。

2. 评价结果

（1）在企业规模相关指标方面：台湾共有219362家登记在册工业企业，数量规模最大，大陆东部沿海地区全部国有及规模以上非国有工业企业共有71567家，数量规模次之，而北部沿海地区和南部沿海地区企业总数分别为37710和36916家，分列三、四位。东部沿海地区企业总数增长率达18.32%，北部沿海地区和南部沿海地区也分别达到12.7%和7.56%的增速水平，而台湾则仅增长了1.27%。东部沿海地区企业从业人员占总从业人员的比重为35.86%，比台湾高出0.66个百分点，但较南部沿海地区及北部沿海地区高出近10个百分点。从企业平均资产和平均规模来看，北部沿海地区分别达到9719.64万元和3893.07万元，规模最为可观，其次为南部沿海地区和东部沿海地区，台湾仅为799.55万元和361.13万元，不到大陆三大区域企业平均资产及规模的十分之一。

（2）在企业效益相关指标方面：四个区域的企业产品产销率均达到98%左右的水平，其中大陆北部沿海地区最高，为98.34%，而台湾为97.28%，排名第四。北部沿海地区的企业经济效益综合指数达到176.01，东部沿海地区也达175，南部沿海地区和台湾则分列三、四位。

（3）企业竞争力的综合评估显示，大陆东部沿海地区UNI加权值为75.59，其次是北部沿海和南部沿海地区，台湾则以27.56的分值排名第四。大陆沿海三大区域近年来对非国有经济成分成长的推动举措已经取得相当成效，外资及民营企业在数量和规模上发展速度均十分可观，同时，部分关系到国计民生的国有企业在政策扶持下，仍然处于行业主导地位。相比之下，台湾2004年全部公营企业进一步缩减为29家①，中小企业是企业的主体，因此在市场占领、同质竞争等主要依靠企业规模经济效应的领域中处于相对劣势；但另一方面，台湾中小企业能够通过相互间的分工配合，建立起弹性的企业网络，在降低企业运营成本的同时，能够保持经营的灵活性，因此，其在市场开拓、调整经营等方面的优势和经验，又是大陆企业无法比拟的。需要进一步指出的是，在大陆三大区域的企业数量增速迅猛的同时，台湾企业数量却几乎陷入停滞不前的处境。企业在岛内市场萎靡不振、发展空间急剧压缩的困境下，纷纷选择“西进”、“南向”，是导致本土企业竞争力下降的主要原因。

---

① 台湾“行政院主计处”：《“国情”统计通报专题分析之近年“国营”事业经营概况》，http：//www. stat. gov. tw/ct. asp? xItem =5144&ctNode =1831，2004 -09 -14。

二、经济发展潜力评价结果

如果说经济发展实力是区域经济竞争力的外在性成效表现，则经济发展潜力可视为区域经济竞争力的内生性推动因素。经济发展潜力评价着重于对“竞争环境”这一区域经济竞争力发展变化的潜在性决定因素进行考察，分别针对“硬环境竞争力”与“软环境竞争力”两方面做出综合评估。其中，硬环境竞争力侧重衡量区域内以物质形态存在的基础性及技术性基础设施能否对经济活动提供有效支持和保障；软环境竞争力则主要集中于对经济发展稳定性、经济成分结构、政府调控市场效率、教育资源与技术研发的现状与投入，以及人民生活质量等方面因素的评价。

（一）硬环境竞争力

1. 基本基础设施

（1）指标涵义说明

资源相关指标：区域内自然资源及社会资源的占有及普及率，是衡量区域生产及生活资料密集程度的直接依据。其中，人口—市场规模、人口赡养率以及城市人口密度反映区域内部市场的现有和潜在消费能力，间接反映区域经济的活跃和开放程度；城市化率体现区域经济现代化发展进程中的内部地域分布格局，城市化程度越高，说明资源的集约化利用效率越高、产业集聚效应越明显；居住面积、水资源、汽车以及星级酒店的人均拥有量是区域经济发展的保障性要素，是基本基础设施的直接评价指标；而年接待境外游客人数则通过衡量区域对外吸引能力，间接体现区域内部基础设施的完善程度。

能源相关指标：能源强度是一次能源供应总量与 GDP 的比

率，能够反映区域经济活动中能源的利用程度，会伴随经济生产的能源利用效率的不断提高而逐步下降；能源产量的高低，关系到区域生产运行和生活活动是否会受到“能源”这一重要生产资料要素的“瓶颈”制约；能源引进量占能源消耗量的比重衡量区域能源供给的对外依赖程度；工业用户电力成本则是工业企业生产成本的重要组成部分，与企业的产能扩充潜力成反比。

运能相关指标：铁路、港口、公路以及机场的日均客货运量是运输基础设施完善程度及运营质量的直接体现，运量越大，则表明区域运输网络越便利发达、使用越充足有效、商品及人员内外流动率越高，从而区域的经济活动也越为活跃。

表 3－12　大陆三大区域与台湾基本基础设施比较

指标	南部沿海地区		东部沿海地区		北部沿海地区		台湾地区	
	UNI 值	排名	UNI 值	排名	UNI 值	排名	UNI 值	排名
人口—市场规模	0	4	76.6	3	100	1	96.93	2
人口赡养率	0	4	92.55	2	100	1	55.49	3
城市人口密度	100	1	97.84	2	73.20	3	0	4
城市化率	4.25	3	6.68	2	0	4	100	1
人均居住面积	5.69	3	8.59	2	0	4	100	1
城市用水普及率	84.71	2	100	1	0	4	50.48	3
百人汽车拥有量	0.24	3	0	4	1.94	2	100	1
人均年水资源总量	100	1	30.52	2	0	4	24.86	3
百万人星级酒店个数	37.15	3	40.4	2	0	4	100	1
年接待境外游客人数	100	1	45.75	2	17.62	3	0	4
能源强度	81.08	2	50.19	3	0	4	100	1
能源产量	17.90	2	10.14	3	100	1	0	4
能源引进量占能源消耗量的比重	14.93	3	0	4	100	1	29.82	2
工业用户电力成本	44.49	2	0	4	37.71	3	100	1
铁路日均货运量	32.39	2	24.02	3	100	1	0	4

续表

指标	南部沿海地区		东部沿海地区		北部沿海地区		台湾地区	
	UNI 值	排名	UNI 值	排名	UNI 值	排名	UNI 值	排名
港口日均货运量	33.73	2	100	1	16.28	3	0	4
公路日均货运量	42.36	3	77.14	2	100	1	0	4
机场日均货运量	6.81	3	100	1	0	4	45.42	2
铁路日均客运量	0	4	94.17	2	89.06	3	100	1
港口日均客运量	99.79	2	100	1	34.21	3	0	4
公路日均客运量	63.92	2	100	1	60.07	3	0	4
机场日均客运量	48.45	3	64.47	2	0	4	100	1
UNI 加权值	41.72	4	55.41	1	42.28	3	50.14	2

注：能源强度与能源引进量占能源消耗量比重两项指标值高低均与其所反映竞争力成反向关系，故其 UNI 值均为经过反比换算的数值。

资料来源：根据国家统计局《中国统计年鉴 2005》、《中国能源统计年鉴 2004》、各省市 2005 年统计年鉴及统计公报、台湾“Council for Economic Planning and Development”“Taiwan Statistical Data Book, 2005”、台湾“交通部统计处”《交通统计月报 2005 年 7 月》等相关数据计算整理得到。

（2）评价结果

在资源相关指标方面：大陆北部沿海地区人口 - 市场规模达 11582 人·亿元，列第一位，稍领先于台湾的 11440 人·亿元，以及东部沿海地区的 10504 人·亿元的总规模，而南部沿海地区则以 6976 人·亿元的水平位居第四。对该指标的进一步分解分析显示，台湾消费总人口规模仅为大陆三大区域的 1/8 ~ 1/5，但其产生的市场消费能力依然相当可观；相比之下，大陆三大区域的市场消费能力则主要源于庞大的人口基数，因此其市场规模仍然具有极大的提升空间。从人口赡养率来看，大陆南部沿海地区已达 0.4883 的水平，台湾紧随其后，为 0.4049，东部沿海地区和北部沿海地区分列第三、四位，凸显伴随经济发展而产生的人口增长和老龄化趋势对市场及社会的压力。

城市人口密度方面，大陆南部沿海地区、东部沿海地区及北部沿海地区分列一、二、三位，而台湾则不及前三者的1/2。较低的人口密度使得台湾城市人均居住面积高达43.86m^2，远远高于大陆三大区域。另外，台湾城市化率已达83.87%，超过世界发达国家或地区的水平①，而大陆三大区域则均略高于40%，仍不及世界平均水平和中等收入国家水平。台湾百人汽车拥有量为28.16辆，大幅领先于大陆三大区域；但在水资源占有量及城市用水普及率方面，台湾则落后于大陆三大区域，显示出自然资源优势的差距。最后，台湾百万人星级酒店个数虽然以17.63的水平位居第一，但年接待境外游客人数却仅列该项指标第一位的大陆南部沿海地区的1/6，排名最末。良好的旅游基础设施优势，并未能有效弥补台湾对外吸引力急速下滑带来的负面效应。

在能源②相关指标方面：台湾每万元GDP消耗的商业能源数量为0.5715吨标准煤，其次为大陆南部沿海地区和东部沿海地区，能源强度分别为0.6844吨标准煤/万元和0.8687吨标准煤/万元，而北部沿海地区该项指标值则高达1.1682，彰显台湾在能源利用效率和工业生产集约化程度方面，相较于大陆三大区域的明显优势。进一步，北部沿海地区能源总产量达22764.41万吨标准煤，能源引进量占能源消耗量比重仅为0.5833，能源“自产自用”率最高；南部沿海地区、北部沿海地区能源产量分别为4382.87万吨和2644.91万吨标准煤，列第二、三位，但两地区的能源引进量均超过能源消耗量，即存在能源闲置的现象；台湾能

① 根据世界银行的统计，目前世界高收入国家城市化率为75%，中等收入国家为60%，低收入国家为28%，而世界城市化率平均水平为47%。

② 受到资料搜集的限制，这里以2003年各地能源相关数据作为替代数据进行计算。

源产量为374.54万吨标准煤，仅为北部沿海地区的1.65%，列第四位，显示出自然资源的极度匮乏，这也使得台湾97.87%的能源消耗需依赖于进口。最后，大陆三大区域工业用户电力成本[①]均高于台湾，其中，东部沿海地区电力成本最高，其次为北部沿海地区和南部沿海地区。已进入后核能时代的台湾主要依靠核能、太阳能、风力以及水力等可再生能源发电，低廉的电力成本，相对于仍然以火力发电为主要发电形式、电力传输设施建设仍有待完善的大陆，具有不可忽视的竞争优势。

在运能相关指标方面：大陆东部沿海地区具有明显优势，在港口及机场日均货运量、港口及公路日均客运量四项指标中均排名第一，公路日均货运量、铁路及机场日均客运量三项指标列第二位，铁路日均货运量则排名第三。北部沿海地区铁路和公路货运运能最大，而台湾除铁路及机场日均客运量排名第一、机场日均货运量排名第二之外，其他运能指标均为末位。对比显示，大陆东部沿海地区优良的地理条件、便捷的交通网络是人员、物质高效流通的可靠保障，而台湾有限的岛内空间决定其内部运输主要依靠铁路，其独立的海岛型特征又决定其外部物流主要由航空运输来完成，一定程度上会限制整体运能的扩展。

基本基础设施的综合评估显示，大陆东部沿海地区以55.41的UNI加权值排名第一，其次为台湾的50.14，北部沿海地区和南部沿海地区则分别以42.28和41.72的分值列三、四位。台湾在有关人居环境、能源使用效率及成本等基础设施方面，相对大陆具有显著竞争优势，这与其所处的后工业化时期的经济社会发展特征是相吻合的。但在生产生活资料流通的基础设施运行绩效上，台湾与大陆

① 这里采用各地区生产性一般工业用电的平均电价。

三大区域间又存在着较大差距，尤其是机场、港口等台湾内外贸易赖以生存的运输枢纽，运量持续萎缩，频频陷入空转，显示台湾经济高速发展时期商品物质“高进高出”的活络景象已不复存在。

2. 技术基础设施

（1）指标涵义说明

人均设施相关指标：邮电通信业从业人员占总从业人员的比重以及邮路总长度，间接反映区域邮电通信产业的投入水平及建设规模；万户拥有邮政局所数、万人固定电话及移动电话数以及万人上网人数，则能够衡量区域技术性基础设施的完善及普及程度。

表3－13　大陆三大区域与台湾技术基础设施比较

指标	南部沿海地区		东部沿海地区		北部沿海地区		台湾地区	
	UNI值	排名	UNI值	排名	UNI值	排名	UNI值	排名
邮电通信业从业人员占总从业人员的比重	0.28	2	0	4	0.04	3	100	1
万户拥有邮政局所数	19.85	3	0	4	34.17	2	100	1
邮路总长度	5.18	3	0	4	13.35	2	100	1
万人固定电话数	27.47	3	38.47	2	0	4	100	1
万人移动电话数	37.14	2	21.23	3	0	4	100	1
万人上网人数	4.85	2	3.77	3	0	4	100	1
每人每年电信业务平均费用支出	67.56	3	71.29	2	100	1	0	4
每人每年电信业务平均费用支出比例	0	4	28.70	3	47.44	2	100	1
UNI加权值	23.19	2	19.25	4	21.08	3	87.5	1

注：每人每年电信业务平均费用支出及支出比例反映电信业消费成本，其UNI值为经过反比换算的数值。

资料来源：根据国家统计局《中国统计年鉴2005》、中国电信博物馆《中国电信年鉴2004》、各省市2005年统计年鉴及统计公报、台湾“Council for Economic Planning and Development”“Taiwan Statistical Data Book，2005”、台湾“交通部统计处”《交通统计月报2005年7月》等相关数据计算整理得到。

费用支出相关指标：每人每年电信业务平均费用支出反映区域内居民为使用技术性基础设施所支付成本的高低，是绝对值的比较；而该费用占人均年消费总支出的比例，则体现区域间不同消费水平下的技术性基础设施的使用成本，通过相对值进行对比。

（2）评价结果

在人均设施相关指标方面：台湾均排名第一，其中，邮电通信业从业人员达232.9万人，占总从业人员的23.8%，比重近1/4。排名第二的大陆南部沿海地区该产业从业人员仅为18.14万人，占总从业人员的0.26%，北部沿海地区和东部沿海地区则分别以0.21%和0.20%的从业比例列三、四位。另外，台湾万人固定电话数、移动电话数以及上网人数分别达到6018、9488以及6082的水平，万人上网人数更是为排名第四的大陆北部沿海地区的6.14倍之多，显示其电信设备的普及率已远远超过大陆三大区域。

在费用支出相关指标方面：从绝对值来看，大陆北部沿海地区、东部沿海地区以及南部沿海地区每人每年分别需为电信服务支付678.57元、1024.42元以及1069.39元的费用，而台湾该项费用则达到1883.27元，在四个区域中最高。但若按相对值来衡量，台湾每人每年电信业务平均费用支出占人均消费总支出额的比重仅为2.66%，而大陆三大区域该比例均达到10%左右，其中南部沿海地区最高，达到13.01%。

技术基础设施的综合评估显示，台湾UNI加权值达到87.5，以绝对优势排名第一，其次为大陆南部沿海地区，UNI值为23.19，东部沿海地区和北部沿海地区则分别以21.08和19.25的分值列三、四位。工业经济发展的积累使得台湾具备了优良成熟的技术设施，而生产的规模化、应用的普及化以及服务的全面化，又使得台湾的技术基础设施可以得到“价廉质优”的运用，在提升生活质量的同时，也为经济生产提供了有力保障。相比之下，大陆三大区域技术基础设施建设和投入仍然具有很大的成长空间，如果其整体发展不能与高速增长的经济同步，则很有可能成为阻碍经济发展的制约因素。

（二）软环境竞争力

1. 体制和调控环境

（1）指标涵义说明

体制环境指标：经济增长率波动系数指标通过计算各区域1984—2004年21年的GDP实际增长率标准偏差，来评价和比较经济增长的平稳性；非公有制经济产值占GDP的比重则能够间接衡量区域市场化程度的高低。这两项指标相结合，可以大致反映区域市场体制的建立和完善程度以及经济的自主运行能力。

调控环境指标：调控环境主要衡量政府在保障社会经济协调发展过程中所发挥的规范和调节作用。地方税收收入占地方财政收入的比重为一替代指标，反映政府的经济退出程度，即政府是更多地作为社会经济的管理者，还是国有资产的直接经营者①；财政支出对GDP拉动反映财政支出对经济增长的提升效果；人均政府消费增长率及政府消费对民间消费拉动反映政府在推动国内需求中所发挥的功效；而百人公共管理和社会组织从业人员则反映居民所享受到的社会公共服务资源丰度。

① 倪鹏飞：《中国城市竞争力理论研究与实证分析》，中国经济出版社，2001年6月，第146页。

表 3-14　大陆三大区域与台湾体制和调控环境比较

指标	南部沿海地区		东部沿海地区		北部沿海地区		台湾地区	
	UNI 值	排名	UNI 值	排名	UNI 值	排名	UNI 值	排名
经济增长率波动系数	0	4	9.61	3	37.97	2	100	1
非公有制经济产值占 GDP 的比重	25.38	2	8.48	3	0	4	100	1
基本建设投资占固定资产总投资的比重	74.37	2	0	4	100	1	28.10	3
地方税收收入占地方财政收入的比重	100	1	73.50	2	0	4	26.56	3
财政支出对 GDP 拉动	95.19	2	94.27	3	100	1	0	4
人均政府消费增长率	28.52	3	99.82	2	100	1	0	4
政府消费对民间消费拉动	5.50	3	12.62	2	0	4	100	1
百人公共管理和社会组织从业人员	12.94	3	0	4	32.94	2	100	1
UNI 加权值	42.74	3	37.29	4	46.36	2	56.83	1

注：经济增长率波动系数与其所反映的经济增长稳定性成反向关系，故其 UNI 值为经过反比换算数值。

资料来源：根据国家统计局《中国统计年鉴 2005》、各省市 2005 年统计年鉴及统计公报、台湾“Council for Economic Planning and Development”“Taiwan Statistical Data Book, 2005”等相关数据计算整理得到。

（2）评价结果

在体制环境相关指标方面：台湾 1984－2004 年的经济增长波动性系数为 2.95%，最为稳定，大陆北部沿海地区和东部沿海地区该系数分别为 7.36% 和 9.38%，南部沿海地区波动性最大，该项系数达到 10.06%。可以看到，在这二十年中，大陆三大区域国民经济几乎均实现了两位数的高速成长，但成长速度起伏较大，其中南部沿海地区最高时达到 41.49%，而东部沿海地区最低时仅为 7.30%。台湾则一直维持 6% 的经济增长速度，波动并不明显。

非公有制经济产值占 GDP 的比重，台湾达到 88%，以绝对优势列第一位，其次为大陆南部沿海地区，比重为 56.66%，东部沿海地区及北部沿海地区则以 49.56% 和 46% 的指标值分列三、四位。台湾近年来将“提升公营事业经营自主权，提高公营事业经营效率，筹措公共建设裁员并促进公营事业民营化”，作为“政府”既定政策，所采取的一系列调整转改措施取得了一定成效，至2003 年全部公营事业家数已减至 29 家，以中小企业为主的民营经济在其整体经济发展中的主导性地位更加突出。相比之下，虽然大陆三大区域非公有制经济呈现蓬勃发展之势，并日益成为国民经济的重要组成部分，但公有制经济仍然占据经济主体。

在调控环境相关指标方面：大陆北部沿海地区基本建设投资占固定资产总投资的比重最高，达到 45.7%，其次是南部沿海地区和台湾，东部沿海地区排名第四。南部沿海地区税收占财政收入的比重达 81.93%，列第一位，即政府更多的是承担社会经济的管理者角色，退出市场程度最高。东部沿海地区第二，达 77.42%，台湾排名第三，该比重占到 69.43%，最后是北部沿海地区，为 64.91%，即该区域政府对经济运行的直接指导经营多于间接调控管理。大陆三大区域财政支出对 GDP 拉动效应均为 9% 以上，其中北部沿海地区最为明显，该指标值达 9.42%，而台湾则仅为 4.01%，反映台湾财政政策存在着相对低效的问题。

从政府消费效果来看，虽然台湾人均政府消费出现 0.95% 的负增长，排在该项指标最末位，但政府消费对民间消费拉动却达到 5.05。相比之下，大陆三大区域人均政府消费均呈现较大幅度成长，其中排在第一位的北部沿海地区更是增长了 21.42%。东部沿海地区、南部沿海地区以及北部沿海地区政府消费对民间消费拉动指标值分别仅为 2.35、2.13 和 1.96，即政府消费对民间消费的提升效果并不显著。最后，台湾每百人中公共管理和社会组织从业人员达到1.64个，北部沿海地区次之，为1.07个，南部沿海地区和东部沿海地区则分别只有0.9个和0.79个，反映出在政府对社会公共管理及经济发展调控的人力投入方面，大陆三大区域与台湾仍存在一定差距，台湾民众能够享受到更加完备的社会公共服务资源。

体制和调控环境的综合评估显示，台湾以56.83的UNI加权值排名第一，列第二、三位的大陆北部沿海地区和东部沿海地区分值分别为46.36和42.74，东部沿海地区则以37.29的分值排名最后。可以看到，尽管台湾近年来的一系列旨在刺激经济迅速复苏的政策举措，由于受到政经局势动荡影响而收效大打折扣，但“政府”在其整体经济发展中的定位，由过去市场规则制定和执行的“操控者”角色，向市场秩序维护和调整的“指导者”角色的转换，在一定程度上又是较为完全的。市场的自我调控功能日益显著，中小企业已成为经济运行主体，其灵活的经营模式和高度的市场适应性，又成为推动台湾市场经济体制进一步完善成熟的重要因素。相对而言，大陆三大区域虽然正在经历经济的高速成长，但发展过程并不稳定，市场机制的建立健全仍然有较大的成长空间，而政府对市场似乎又存在过多干预，从而有可能导致不同程度低效率的“政府失灵”和“市场失灵”。

2. 科研和教育环境

（1）指标涵义说明

科技研发指标：区域的科技水平直接影响到该区域的资源转化能力和生产力水平的高低，科技进步能够支持经济的长期发展。R&D支出及其增长率衡量区域对科技研发经费投入的绝对规模和发展速度，其占GDP的比重反映该经费投入的相对规模，人均

R&D 支出则体现科研经费投入的人均规模水平；百万人 R&D 人员衡量科技研发人力资源投入水平；百万人发明专利持有数则是对区域科研发展实力的成效评估。

教育经费指标：教育为经济发展提供良好的人力资源储备，从长期来看，对教育的投入力度关系到社会生产力的质量和潜能。教育经费支出及其占 GDP 的比重以及人均教育经费支出，分别衡量教育投入的绝对、相对以及人均规模；人均教育经费支出增长率反映教育投入的发展速度；人均教育经费支出占个人消费支出的比重，则体现社会对教育投入的承受能力和发展教育的重视程度。

教育资源指标：教育资源的丰富和普及程度是衡量区域教育发展水平的重要依据。文盲率和高等教育毛入学率，分别从反向和正向的角度，反映区域基础教育和高等教育的普及程度高低；各级学校数及师生比例对区域教育发展的硬性资源及软性资源做出评价；百万人在读研究生数则能够间接衡量高等学校的研究水平和研发实力。

（2）评价结果

在科技研发相关指标方面：大陆北部沿海地区 R&D 支出额整体规模最大，达到 702.14 亿元，台湾紧随其后，达 697.25 亿元，东部沿海地区第三，R&D 投入总额 479.54 亿元，而南部沿海地区最少，仅为 255.28 亿元。但台湾 R&D 支出占 GDP 的比重达到 2.6%，居第一位，北部沿海地区为 2.23%，而东部沿海地区及南部沿海地区则分别仅占 1.4% 和 1.12%。因此可以认为，大陆北部沿海地区在科研投入力度上已与台湾处于同一梯度水平①。从 R&D

① 根据发达国家的经验，研发投入经费占 GDP 的比重达到 2%，是衡量一个地区科技发展水平是否达到临界点、进入突变期的标准。

支出增长率来看，东部沿海地区研发投入呈现出强劲成长动力，增幅达34.25%，第二位的北部沿海地区增长率为16.49%，台湾和南部沿海地区则分别以15.81%和14.58%的增长水平列三、四位。

表3-15　大陆三大区域与台湾科研和教育环境比较

指标	南部沿海地区		东部沿海地区		北部沿海地区		台湾地区	
	UNI值	排名	UNI值	排名	UNI值	排名	UNI值	排名
R&D支出	0	4	50.19	3	100	1	98.91	2
R&D支出占GDP的比重	0	4	18.92	3	75	2	100	1
R&D支出增长率	0	4	100	1	9.71	2	6.25	3
人均R&D支出	0	4	4.98	3	6.18	2	100	1
百万人R&D人员	0	4	11.88	3	24.49	2	100	1
百万人发明专利持有数	7.04	2	6.08	3	0	4	100	1
教育经费支出	0	4	58.12	2	37.15	3	100	1
教育经费支出占GDP的比重	17.60	2	4.29	3	0	4	100	1
人均教育经费支出	1.77	3	4.86	2	0	4	100	1
人均教育经费支出增长率	79.49	2	100	1	58.46	3	0	4
人均教育经费支出占个人消费的比重	68.26	3	75.22	2	0	4	100	1
文盲率	53.39	2	0	4	15.04	3	100	1
高等教育毛入学率	0	4	23.63	2	4.42	3	100	1
百万人小学学校数	100	1	0	4	67.72	2	7.94	3
小学师生比例	100	1	63.16	2	0	4	38.95	3
百万人初中高中数	66.67	2	26.67	3	100	1	0	4
初中高中师生比例	0	4	45.45	3	100	1	64.94	2
百万人高等学校数	0	4	7.68	2	6.28	3	100	1
高等学校师生比例	96.42	2	89.96	3	100	1	0	4
百万人在读研究生数	0	4	10.37	2	10.29	3	100	1
UNI加权值	29.53	4	35.07	3	35.74	2	70.85	1

注：文盲率与其所反映的区域基础教育普及程度高低成反向关系，故其UNI值为经过反比换算的数值。

资料来源：根据国家统计局《中国统计年鉴2005》、各省市2005年统计年鉴及统计公报、台湾“Council for Economic Planning and Development”“Taiwan Statistical Data Book, 2005”等相关数据计算整理得到。

在人均指标的比较上，台湾展现出明显优势。其中，人均R&D支出[①]高达3073.06元，分别为大陆北部沿海地区、东部沿海地区和南部沿海地区的8.1倍、8.9倍及15.2倍之多；百万人R&D从业人员达6930人，分别为北部沿海地区、东部沿海地区和南部沿海地区的2.7倍、3.8倍及6倍；而百万人发明专利持有数也达到2337项，分别为北部沿海地区、东部沿海地区和南部沿海地区的17.4倍、8.7倍及8.1倍。可见，台湾科技研发投入质量和产出效率相较于大陆三大区域而言是非常突出的。

在教育经费相关指标方面，除人均教育经费增长率指标处于第四位之外，台湾在其他指标上排名均为第一。其中，台湾教育经费总支出额为1655.27亿元，其次为大陆东部沿海地区的1378.38亿元，北部沿海地区和南部沿海地区则分别以1239.74亿和994.13亿元的总支出额列第三、四位，教育经费总体规模相差不大。但从人均规模上来看，台湾则达到7295.44元，分别为大陆东部沿海地区、南部沿海地区和北部沿海地区的7.4倍、9.3倍和10.9倍；从相对规模上来看，台湾教育经费支出占到GDP的6.26%，分别高出大陆南部沿海地区、东部沿海地区和北部沿海地区1.92、2.23和2.33个百分点。最后，四个区域在人均教育经费支出占个人消费的比重指标值上均较为接近，台湾为10.3%，随后为大陆东部沿海地区和南部沿海地区的9.73%和9.57%，北部沿海地区第四，为8%。

在教育资源相关指标方面，四个区域表现得各有所长。台湾不仅基础教育普及程度最为广泛，文盲率仅为2.84%，高等教育

---

① 这里的人均R&D支出=区域R&D支出总额/区域总人口数，体现全社会每一人口所享受到的研发经费投入，因此区别于“研发从业人员人均R&D经费”这一概念。

发展也最为完善，高等教育毛入学率高达80.05%，百万人高等学校数以及百万人在读研究生数也均以明显优势排名第一。大陆南部沿海地区主要优势集中于反映基础教育资源分布的百万人小学学校数及师生比例，以及初中高中师生比例三项指标，北部沿海地区则在百万人初中高中数、初中高中师生比例以及高等学校师生比例三项指标中稍居领先，而东部沿海地区在各项指标中普遍处于中游水平，并无可圈可点之处。

科研和教育环境的综合评估显示，台湾UNI加权值达到70.85，以较大优势居于首位，大陆北部沿海地区以35.74的分值排名第二，接下来是35.07分的东部沿海地区和29.53分的南部沿海地区。进一步分析可知，高水平的投入及高效率的产出，是台湾科技研发产业相对于大陆三大区域的主要竞争优势所在，而高等教育的全面普及、高校研究的有力支持，又为台湾研发产业发展注入源源不断的动力。相较而言，大陆三大区域普遍存在R&D投入规模的产出效率低的问题。南部沿海地区科研环境建设仍然具有很大的提升空间，而东部沿海地区虽然在科研及教育投入增长方面具有较强竞争力，但也存在教育资源地区分布不均衡这一明显弱势。

3. 社会基础设施

（1）指标涵义说明

文化基础设施指标：文化基础设施包括公共图书馆、艺术馆、文化馆、博物馆以及纪念馆等文化场所。区域内文化场所的总数量及百万人拥有文化场所数量，是衡量文化产品和服务资源分布的间接性指标，同时能够体现区域对文化事业发展的重视程度和居民享有的基本文化权益。

医疗基础设施指标：卫生机构一般包括医院、诊所、卫生室、卫生防疫站、专科疾病防治机构以及农村乡（镇）卫生院等机构。区域内医疗机构及医疗从业人员总数、万人拥有医疗机构及医疗从业人员数以及病床位数，是衡量医疗产品及服务资源分布的间接性指标，医疗基础设施建设水平是居民的福利水平及生活质量的直接保障。

表 3－16　大陆三大区域与台湾社会基础设施比较

指标	南部沿海地区		东部沿海地区		北部沿海地区		台湾地区	
	UNI 值	排名	UNI 值	排名	UNI 值	排名	UNI 值	排名
公共图书馆个数	3.45	3	0	4	42.76	2	100	1
百万人拥有公共图书馆个数	1.15	3	0	4	1.34	2	100	1
文化场所个数	31.41	3	48.31	2	100	1	0	4
百万人拥有文化场所个数	0	4	6.67	3	18.48	2	100	1
卫生机构个数	34.27	3	38.54	2	100	1	0	4
万人拥有卫生机构个数	1.85	3	0	4	3.71	2	100	1
医生及护理人员数	45.33	3	68.12	2	100	1	0	4
万人拥有医生及护理人员数	0	4	16.89	2	16.84	3	100	1
万人病床位数	0	4	14.40	2	9.53	3	100	1
UNI 加权值	13.05	4	21.44	3	43.63	2	66.67	1

资料来源：根据国家统计局《中国统计年鉴 2005》、各省市 2005 年统计年鉴及统计公报、台湾“Council for Economic Planning and Development”“Taiwan Statistical Data Book, 2005”等相关数据计算整理得到。

（2）评价结果

在文化基础设施相关指标方面：台湾共有公共图书馆 510 个，总量最多，其次为大陆北部沿海地区的 344 个，南部沿海地区和东部沿海地区公共图书馆个数则分别仅为 230 和 220。平均水平来看，台湾百万人拥有公共图书馆达 22.48 个，而排名第二的大陆北部沿海地区仅为 1.86 个，差距极大。大陆北部沿海地区文化场所总数达 1254 个，其次为东部沿海地区和南部沿海地区，台湾则仅为 337 个。但台湾百万人拥有的文化场所个数达到 14.85 个，是列第二位的北部沿海地区的 2 倍多，也大大超过排名三、四位的东部沿海地区和南部沿海地区。

在医疗基础设施相关指标方面：台湾除反映总体规模水平的卫生机构个数和医生及护理人员数两项指标不及大陆三大区域之外，其他反映相对规模水平的指标均排名首位，且具有明显优势。北部沿海地区拥有最多的卫生机构个数和医生及护理人员数，而南部沿海地区除万人拥有卫生机构个数列第三位之外，其他指标均排名最末。

社会基础设施的综合评估显示，台湾 UNI 加权值达到 66.67，高居第一，大陆北部沿海地区以 43.63 的分值名列第二，排名第三、四位的东部沿海地区和南部沿海地区分值分别为 21.44 和 13.05。从 UNI 值的差距可以看到，台湾社会基础设施建设水平是大大高于大陆三大区域的。一方面，“政府”对文化事业的投入，能够有效促进全社会的“终身学习”和人文环境的提升；另一方面，健全的医疗设施体系，又成为经济社会正常运行的有力保障。大陆三大区域中，北部沿海地区由于北京及天津在文化教育及医疗设施建设方面相对较大的投入，整体竞争力最强；东部沿海地区和南部沿海地区“经济与社会发展不同步”现象似乎尤为突出，社会基础设施水平亟待提高。

第二节　大陆三大区域与台湾经济竞争力综合比较

一、经济分项竞争力比较与结果评析

接下来，在要素层，即“经济分项竞争力”的比较中，大陆三大区域与台湾各有所长。其中，大陆东部沿海地区在宏观经济竞争力与企业竞争力两项排名中表现最优，而台湾则获得产业竞争力、硬环境竞争力以及软环境竞争力的头筹。下面将分别对各项竞争力排名情况进行深入分析。

表 3－17　大陆三大区域与台湾经济分项竞争力比较

地区	宏观经济竞争力		产业竞争力		企业竞争力		硬环境竞争力		软环境竞争力	
	得分	排名	得分	排名	得分	排名	得分	排名	得分	排名
南部沿海	92.00	2	65.57	4	51.40	3	47.17	3	44.96	4
东部沿海	100	1	92.90	2	100	1	54.24	2	53.50	3
北部沿海	90.06	3	90.12	3	88.35	2	46.03	4	63.97	2
台湾	72.38	4	100	1	36.46	4	100	1	100	1

注：为便于比较，表中得分均为按照排列先后顺序、经过标准化换算的百分值，下同。

（一）宏观经济竞争力

1. 宏观经济竞争力比较分析

（1）位次居首的大陆东部沿海地区的竞争力优势突出体现在总体经济规模、财政金融环境以及经济外向性三个方面。总体经济规模中反映经济总体绝对规模的 GDP 总量，财政金融环境中反映经济社会建设投入力度的财政支出和固定资本形成总额及其增长率、反映金融市场资本供给水平的国内总储蓄额及其增长率，

和反映财政发展状况的财政收入及其增长率，以及经济外向性中反映经济参与国际市场分工程度的进出口贸易总额及其增长率、实际利用外资总额及其增长率等指标，东部沿海地区均可谓表现过人。但该区域在劳动力和就业、劳动力报酬水平以及物价稳定性等方面则存在一定弱势。其中，就业增长率及增长率弹性系数较低，劳动力成本较高，以及消费者物价指数和房地产价格指数上涨过快，是制约其宏观经济整体竞争力的最主要因素。

（2）仅次于东部沿海地区的南部沿海地区在经济发展的宏观面也具有不容小视的竞争力优势，且集中体现于经济增长的速度与结构指标上。其中，GDP 增长率与增长率弹性系数、出口总额以及实际利用外资存量等指标表现最好，而政府最终消费支出占 GDP 的比重、国内总储蓄额占 GDP 的比重、边际－资本产出比率、实际利用外资流量占资本形成总额的比重及其增长率等指标也超过其他区域。这表明该地区经济发展更注重效率的提高。另外，劳动力和就业方面，南部沿海地区的工业就业增长率最高，失业率则最低，显示政府积极投入就业建设、改善整体就业环境的政策措施已取得一定成效。但值得注意的是，在人均指标方面，南部沿海地区多排名靠后，并且其总体的财政金融环境也处于末位，而在从业人员整体教育水平及技术密集型产业从业人员比例等反映劳动力综合素质的指标方面，与其他区域的差距也较大。

（3）排名第三的北部沿海地区在劳动力和就业方面最具竞争力，进出口增长与实际利用外资额增长也有亮丽表现。其中，处于领先位置的指标主要包括有劳动年龄人口比例、制造业人均报酬水平、总就业人口、就业增长率及其弹性系数、服务业就业增长率弹性系数以及国有单位就业人口比例等。此外，该地区的财政事业发展也可圈可点，尤以财政收入及税性收入的增长最为突出。北部沿海地区的竞争力弱势主要表现在人均 GDP、基尼系数以及生产的边际资本 - 产出水平方面，同时其物价上涨幅度也较大，说明该地区经济增长的集约化程度还有待提高，而市场供需平衡的波动性和社会分配的差序格局也较为明显。

(4) 与前三位相比，台湾的宏观经济竞争力整体表现则显得差强人意。除部分代表人均生产及消费水平的指标，如人均 GDP、人均财政收入与支出、个人可支配收入、个人可支配收入和恩格尔系数，以及代表劳动力素质的指标，如受中等以上教育劳动力占劳动人口比例。技术密集型产业从业人员占总从业人员比重等指标具备领先优势之外，其他反映经济增长速度与外向性发展的指标，如 GDP 增长率及增长率弹性系数、政府最终消费支出增长率、固定投资总额增长率、就业率及就业增长率、进出口总额增长率及实际利用外资增长率等，大多处于末位。

2. 分析结论

由以上分析可知，大陆三大区域在宏观经济发展方面均较台湾更具有竞争优势。

(1) 大陆东部沿海地区近年来经济发展态势迅猛，速度惊人，这与上海、江苏与浙江三省市政府对内加大投入建设力度、创造良好投资环境，对外积极引入外资、推动对外贸易的政策举措的有效施行是密不可分的。在三省市最为整齐的总体发展步伐下，该区域俨然已成为大陆经济增长的“心脏”。但诸如劳工成本上涨、物价水平攀升等宏观经济运行热络的伴生效应所可能引致的负面影响，是十分值得注意的问题。

(2) 南部沿海地区的广东省在经济总体规模及成长速度上仍

然为大陆翘首，但其经济发展在经历了20多年的高速增长之后，似乎已略现疲态，目前正逐渐进入微幅调整阶段。同时，由于其劳动力整体素质不高，主要支柱产业仍集中于劳力密集型产业，经济增长的内生性因素贡献并不显著。此外，该区域中的福建省，在近年来经济发展似乎一直处在“不温不火”的状态，无论是经济总量还是发展速度，都难现亮点；而经济规模相对最小、农业占国民经济比例仍然较高、工业缺乏优势支柱产业、以旅游服务业为主导的海南省，整体经济运行则相对更加疲软。地域间发展水平的参差不齐，在一定程度上影响到南部沿海地区的宏观经济竞争力。

（3）北部沿海地区近年来已逐渐成为大陆经济增长的新热点。其中，山东省经济发展势头强劲，其成长速度、整体规模无不呈现赶超广东之势，同时，其投资环境建设及财政条件改善等措施的推行也成效显著。北京市由于成功获得2008年奥运会举办权，城市基础设施开发建设等公共投资支出的提升，带来政府消费的大幅增加。另外，高新技术产业的蓬勃发展以及财政金融环境的不断改善，也有力推动了经济的快速成长。天津市的经济发展主要以滨海新区，尤其是天津口岸及保税区空港物流园区为依托，伴随新一轮开发建设力度的加大，北部沿海地区对内陆腹地的服务和辐射作用将进一步增强。该区域中的河北省相对其他三个省市来说，表现则较为一般，经济相对规模及人均水平均有待提高。因此，北部沿海地区经济发展相对具有不平衡性。

（4）台湾经济发展表现乏善可陈，且后劲不足，与大陆三大区域形成强烈反差。作为相对成熟的市场经济体，台湾经济在经历过40年的“长盛期”之后，21世纪开始进入调整阶段，增长速度有所减缓，2001年甚至首度出现2.22%的负增长，之后虽略有复苏，但2006年增长率也仅达到4.32%，在亚洲“四小”中排行倒数第一，也低于“亚洲新兴工业化经济体”的平均增长率。近年来岛内政治乱象导致经济持续低迷，并使得外部投资急剧萎缩、内部投资意愿低落。同时，由于经济发展强烈依赖外部市场，其经济景气极易随国际市场动荡而波动。另外，过高的超额储蓄也显示出台湾民众消费信心的缺乏，而就业机会的减少使得民间财富缩水，大量消费菁英伴随产业转移而外移，岛内市场内需不足，这些问题都严重影响到当前台湾宏观经济竞争力的改善。

（二）产业竞争力

1. 产业竞争力比较分析

（1）台湾产业竞争力在四个区域中为最强，其中，服务业发展质量尤为突出，农业发展质量也最好。除农业产值及占GDP的比重，以及农业出口额及其占出口总额的比重等反映产业产出规模的绝对指标之外，其他如农业产值增长率及增长率弹性系数、人均农业产值及增长率、农业劳动生产率以及农业对经济增长的贡献率等反映产业集约化发展水平的相对指标，台湾均大幅领先于大陆三大区域。同时我们也发现，台湾农业发展虽已达到相当可观的成熟程度，但其对整体经济运行的影响作用十分有限。在工业发展质量的比较中，台湾除人均工业产值、工业品出口占出口总额的比重、高新技术产品产值占工业产值的比重，以及劳动生产率等指标排名第一之外，其他指标几乎都处于最末，工业发展优势不再明显。服务业成为目前台湾唯一能够与大陆三大区域拉开差距的产业，其竞争力优势集中体现在产业产值的绝对及相对规模、增长率弹性系数、人均产值、服务业从业人员、产业劳动生产率及产业对经济增长的贡献率等指标上。

（2）大陆东部沿海地区产业竞争力以微幅差距仅次于台湾而排名第二。该区域农业发展整体状况在四个区域中最弱，其中，人均农业产值、农业产值增长率及对经济增长的贡献率等指标，更是与其他区域相去甚远，区域的整体产业发展重心业已转移。工业发展质量方面，东部沿海地区位居第一，竞争优势十分显著，且集中体现于反映产业产出规模及增长率的指标中。工业产值及占 GDP 的比重、产值增长率及增长率弹性系数、人均工业产值增长率等指标表现尤为突出，而工业对经济增长的贡献率也最高。但工业品出口及占出口总额的比重、高新技术产品产值及占工业产值的比重等反映工业产品技术层次和拓展国际市场能力的指标，则有待提高。另外，该区域服务产业发展质量虽仅次于台湾，但又与台湾存在较大差距。其中，反映产值绝对规模及增长速度的服务业产值、增长率及增长率弹性系数、服务业贡献率以及从业人员增长率表现均较佳，显示出产业发展的良好态势；但产值占 GDP 的比重、人均产值以及产业劳动生产率等指标与台湾的落差，则说明服务产业目前并非该区域的主导产业，产业结构层次仍不及台湾。

（3）排第三位的大陆北部沿海地区产业竞争力优势集中体现于农业和工业，而服务业发展质量则相对较弱。具体来看，农业发展质量比较中，农业产值及占 GDP 的比重、农业出口额及占出口总额的比重，以及农业对经济增长的贡献率等指标，在四区域中均列首位；农业的增长率、劳动生产率以及人均农业产值等指标则较为薄弱。这显示出农业在该区域经济整体发展中仍然占据重要地位，但生产仍趋向“粗放”。工业发展方面，除产值及占

GDP的比重、产值增长率表现尚可之外，工业品出口及占出口总额的比重、高新技术产品产值及占工业产值比重、人均工业产值以及产业劳动生产率等指标均居末位，说明该区域工业发展存在相当大的“质”的提升空间。最后，服务业中，仅有就业增长率以及产值增长率两项指标发展较好，其他如产值占GDP的比重、人均产值、产业劳动生产率以及产业贡献率等指标，则并不太理想，显示该区域的服务产业还未进入实质性高增长阶段。

（4）竞争力排名居于最末的大陆南部沿海地区，产业发展重心倾向于工业，而农业和服务业发展则相对薄弱。工业发展质量比较中，工业产值占GDP的比重、工业贡献率、产值增长率以及产品出口额及占出口总额的比重、高新技术产品产值等指标居于前列，但人均工业产值、高新技术产品产值占工业产值的比重以及工业劳动生产率等指标得分则较低，显示工业虽为该区域经济发展的主导产业，但生产模式的集约化程度仍有待加强。农业发展的竞争优势并不明显，除农业产值及占GDP的比重两项指标之外，其他指标均表现平平。服务业发展质量更是“敬陪末座”，除反映产业就业条件的从业人员数增长率仅次于北部沿海地区，排名第二之外，在产业产值及增长率、占GDP的比重、人均产值、产业劳动生产率以及产业贡献率等方面，南部沿海地区与其他区域之间均存在较显著差距。

2. 分析结论

（1）产业竞争力的综合排名显示，台湾仍然为产业发展最具优势的地区，大陆东部沿海地区和北部沿海地区紧随其后，大陆南部沿海地区则整体呈现相对弱势。遵循市场机制与比较利益的原则，并配合不同阶段经济发展战略的调整演变，台湾产业结构升级逐步推进，主导产业发展经历“从农业向劳力密集型工业，再到资本密集和技术密集型工业，最后到服务产业”这一完整的“由低至高”、循序渐进的演进过程，产业发展机制成熟，成长策略合理，推动了工业化及后工业化的进程，加快了现代经济发展目标的实现。台湾三次产业均呈现出显著的集约化生产特征，劳动生产率高，人均产值量大。

21世纪初期，以电子信息产业为核心的台湾“策略性工业”的发展，虽已转入调整期，但2003年，仍有36种工业产品跻身世界工业产品制造的前三名，其中，13种产品（主要为高科技产品）产值居全球之冠①，工业竞争力仍不容小视。此外，服务业作为当前台湾经济的主导产业，近年来其产值占GDP的比重及对经济增长贡献率基本保持上升态势，2006年产值占GDP的比重达73.44%，已接近发达国家和地区的水平。其中，生产性服务业（如金融保险业、物流服务业、研发服务业等）以及消费性服务业（如批发零售业、不动产及租赁业、医疗及教育服务业等）发展相对成熟，是台湾维持产业竞争力的有力保障。

（2）相对于已迈入后工业化社会、以服务业为主导产业的台湾，大陆东部沿海地区目前正处于工业化后期阶段，工业发展呈现蓬勃态势，同时服务业也在逐渐加速发展。该地区工业产值占GDP的比重历年来均保持较高水平，自20世纪80年代起更是年年超过50%，2006年达53.95%，产值规模及对经济增长的贡献持续扩大；产业形态分布从传统的、低附加价值的劳力密集型的一般加工工业，到资本密集型的重化工工业及机械制造工业，再

① 数据来源：台湾“Council for Economic Planning and Development”，“Taiwan Statistical Data Book，2005”，第11页。

到新兴的、高附加价值的资本与技术密集型的高科技产业，几乎涵盖工业生产的各个领域；产业链加速形成，产业配套不断完善，产业内分工明确，上、中、下游企业的群聚效应越来越明显。

目前，该地区已成为重要的“世界工厂”，支柱产业主要集中于纺织、石化、钢铁、机械设备及汽车制造、电子及通信设备制造以及医药等产业。伴随外向型经济的进一步发展以及工业化进程的逐渐深化，半导体集成电路、光电、航天航空、生物工程技术以及信息通信系统网络等高新技术产业，将成为东部沿海地区工业发展的新方向，而金融、物流、公共设施、信息咨询以及科技研发等服务产业的增幅也将日益扩大。

（3）经过20余年的经济快速发展，大陆北部沿海地区已经成长为仅次于南部沿海地区和东部沿海地区、大陆第三大规模的区域制造中心。依托原有工业基础，并在外商投资带来的管理、技术、营销等先进经验的外部效应带动下，北部沿海地区不仅保持了传统的诸如钢铁、原油、原盐等资源依托型产业，以及汽车机械装备、化工、食品等加工制造产业的原有优势，而且实现了新兴的电子信息、生物制药、新材料以及生物工程等高新技术产业的迅猛成长。作为外资在大陆北方投资最为密集的地区，全球80多家跨国公司在华设立的研发机构，40%以上设在北京，而天津目前也拥有外商投资企业1万多家，其中包括全球500强企业中的200多家生产性投资企业，为工业产能提升提供了有力保障。

此外，该地区服务产业的发展也开始焕发崭新生机。一方面，一流的技术设备以及科研环境、持续扩张的工业规模，为以研发、物流、金融等为代表的生产性服务业提供了广阔发展平台；另一方面，区域内广大的市场、众多的人口以及独特的地理优势，又带来包括商业、餐饮、医疗、教育、房地产以及旅游服务业等消费性服务业发展的无限商机。此外，特别值得提出的是，山东省还拥有相当发达的农业。在大陆总体生产力布局由南向北推移的契机之下，北部沿海地区产业竞争力赶超东部沿海地区甚至台湾之时，似乎指日可待。

（4）南部沿海地区不同产业在地域间发展的不平衡，使产业竞争力受到一定影响。其中，广东省工业与服务业发展质量较好，福建省三次产业发展均缺乏亮点，而海南省除农业以及旅游服务业发展尚可之外，工业及其他服务业发展呈现明显弱势。广东作为大陆改革开放的前沿地区，在高度外向型的经济发展模式下，经过 20 多年的积累，建立起雄厚的工业基础和完善的生产体系，并成为世界经济循环中不可或缺的重要“生产基地”，2006 年全省工业产值已达 13430.62 亿元人民币，连续 23 年居大陆首位。其支柱产业主要分布于家电制造、食品、纺织服装、电子产品、电力石化以及冶金工业等，高新技术产业产值和出口额连续多年名列大陆第一。服务业产值规模十分可观，但主要集中于仓储物流、商业贸易、邮电餐饮等传统服务业，而以信息技术为基础的诸如研发、咨询等现代服务业发展则相对滞后，产业结构水平和生产效率也有待提高。

另外，该区域中的福建省，以电子、机械和石化为三大主导产业，工业发展的外向型特征显著，但存在工业基础相对薄弱、内生性增力不足等弱势。同时，服务业总体规模较小、增长缓慢、发展较不稳定，这些均成为产业竞争力的制约因素。最后，农业为海南省当前主要支柱产业之一。该省以大陆“热带高效农业基地”为发展方向，积极打造“生态农业”与“可持续发展农业”，并已取得一定成效，但工业与服务业则缺乏发展基点，竞争力相对落后。

（三）企业竞争力

1. 企业竞争力比较分析

（1）大陆东部沿海地区的企业在四个区域中最具竞争力优势，其企业总数增长最快，企业从业人员占总从业人员的比重最高。另外，东部沿海地区企业的产品产销率与经济效益指数也有不俗表现，显示出企业在总体规模不断扩张的同时，也兼顾到运营绩效的持续改善。但该地区企业平均资产与平均产值相对不高，企业规模竞争力不太明显。

（2）列第二位的北部沿海地区企业竞争力优势集中体现于企业平均资产、平均产值、产品产销率及经济效益指数四项指标中，但企业总数及企业从业人员占总从业人员的比重较低，说明该地区企业虽然数量有限，从业人数不多，但规模大，效益好。

（3）南部沿海地区除企业平均资产及产值水平两项指标仅次于北部沿海地区而排第二位之外，其他各项指标均缺乏突出表现，企业总数相对最少，企业总数增长幅度较小，企业从业人员占总从业人员的比重较低，企业产品产销率也不高。

（4）台湾作为排名最后的地区，竞争力优势仅体现在企业总数以及企业从业人员占总从业人员的比重两项指标中，而其他反映企业数量增长趋势、企业平均规模水平以及企业运营效率等方面的指标，表现均不及大陆沿海三大区域。

2. 分析结论

（1）大陆东部沿海地区由于外向型经济与民营经济同步迅速发展，内外资企业均呈现蓬勃发展态势。东部沿海地区作为近年来大陆利用外资总量最大、增势最猛的地区，外资企业在其整体经济运行中占据举足轻重的地位。截至2005年底，该地区外资企业总数已达81309家，累计外商直接投资总额达到5683亿美元，投资广泛分布于工农服务业的各个领域；2005年，外资企业进出口总额共计达3525.60亿美元，占全部进出口总额的54.19%，即对外贸易中有近六成是由当地外资企业贡献的①。在上海，“总部经济”现象已初具雏形，共有近200家跨国公司的地区总部和中国总部，以及诸多现代物流中心、销售中心以及国际贸易性公司在上海设立据点，把上海作为“中心店”或“总部”，继而在江苏和浙江建立生产基地、出口基地与分支机构。目前，江苏已成为全球瞩目的高科技产业基地，其中，苏州已取代台湾而跃升为全球最大的笔记本电脑生产基地。

在外资的示范效应带动下，该地区内资企业纷纷加快发展步伐，民营企业大规模踏入国际经济舞台。江苏省内资企业中有98%为中小企业，已成为外向型经济发展新的增长点。据统计，2003年江苏省有出口实绩的企业数为10809家，其中内资进出口企业就达7117家，其出口额保持高速增长，各月出口增幅均超过100%，全年出口总额达30.3亿美元，同比增长102.6%②。另外，作为大陆民营经济发展最为活跃地区的浙江省，在大陆500家最著名民营企业中，就占有170席。如果再配合政府大力推动的“中小企业成长计划”，东部沿海地区企业发展优势将更加突出，企业竞争力会得到进一步提升。

---

① 数据来源：根据国家统计局《中国统计年鉴2006》数据计算得到。

② 新华网江苏频道：《把脉“外资江苏”》，http：//www.js.xinhuanet.com/xin_ tea_ba/2004-04/07/content_ 1934290.htm，2004-04-07。

（2）北部沿海地区企业竞争力最重要的特征在于企业规模宏大，资金雄厚。由于受传统计划经济体制及行政区划影响较深，该地区国有大中型企业比例十分可观，且多集中于重要的基础设施及公共资源性行业，投入水平高，抗风险能力强。2004 年国有和国有控股企业占规模以上企业比重，仅北京市就高达 53.85%，高出大陆平均水平 16.31 个百分点①。近年来，伴随外来资本的注入、民营资本的加入以及强势国企的重组等一系列改革的深化，该区域企业制度创新的内生性能量正逐渐显露，并因势利导，发展出各省市不同的企业竞争优势。

目前，山东省已成为大陆三大家电制造基地之一。大陆第一大家电产品生产企业、拥有全球第二大白色家电品牌、并入选“世界最具影响力的 100 个品牌”的海尔集团，通过建立具有国际竞争力的全球设计、制造、营销与服务网络，已成功发展为大型的国际化企业集团，2004 年，其全球营业额突破 1000 亿元，品牌价值高达 616 亿元②。北京市则充分利用大陆政治、文化与教育中心的区位优势，在加强巩固钢铁、汽车以及石化等传统产业大型国有企业竞争力的同时，通过学习和借鉴美国“硅谷”和“128 公路”的企业运营环境理念，依托北京经济技术开发区的“双生态企业发展空间”，积极发展提升电子信息产品、生物技术与新医药、光机电一体化、新材料新能源和软件研发制造企业的综合竞争力③。天津作为大陆著名的老工业生产基地，近年来，在政府

---

① 数据来源：根据国家统计局《中国统计年鉴 2005》数据计算得到。

② 南方网：《身陷十面埋伏的广东在为谁哭泣?》，http：//www. southcn. com/nfsq/lnpl/sdsk/200511070404. htm，2005－11－07。

③ 北京青年报：《北京开发区打造“双生态企业发展空间”》，http：//www. ynet. com/view. jsp? oid =4664051，2006－02－10。

鼓励大型企业、中小企业以及民营经济共同发展的政策推动下，企业整体运行景气稳健上升，其中，通信设备、计算机、电气机械及器材以及食品等制造企业，尤其展现出强劲成长动力。最后，由于企业资金、人才及技术等先进生产要素多往北京、天津等地集中，河北省民营企业发展相对缓慢，但国有及外资企业成长仍然呈现平稳态势。

（3）南部沿海地区企业竞争力突出体现在两个方面。一是外资企业实力强劲。作为大陆对外开放的“桥头堡”，南部沿海地区自20世纪90年代以来，外向型经济持续保持高速发展。截至2005年底，外商投资企业总数已达79072家，累计总投资金额达3734亿美元，其中，仅广东一省就有58762家外资企业，以及累计2889亿美元的外商投资额，居大陆各省市首位；2005年，外资企业进出口总额达到3153.74亿美元，占全部进出口总额的53.21%①。二是优势企业多集中于制造行业，并已形成现代的电子信息产业企业群和家电企业群。广东省的珠江三角洲地区已成为世界级的制造业基地，众多生产企业构成三大各具特色的产业分工体系，即：有“广东电子信息产业走廊”之称的、大陆最大的电子通信产品制造基地；以家庭耐用品、五金制品为主的产业带；以及传统的电气机械、钢铁、纺织和建材产业带等。2004年，珠三角地区电子及通讯设备制造业，以及电气机械及器材制造业的产值，在整个大陆比重分别达32.1%和25.1%，居大陆第一②。

然而，南部沿海地区企业竞争力提升也存在一系列制约因素。

① 数据来源：根据国家统计局《中国统计年鉴2006》数据计算得到。

② 海峡西岸经济区网：《2005年长江和珠江三角洲经济发展研究》，http://www.hxxa.gov.cn/view_news.asp?newsid=1488，2005-12-20。

首先，海南省企业整体发展水平十分有限，使得该地区的企业竞争力与其他地区落差较大。其次，广东省一部分企业过于依赖香港澳门，其对全球市场的判断和开发也因此受到影响；此外，中小企业融资环境长期得不到有效改善，初期主要依靠自有资本起家的中小企业，在面临规模扩张的需求时，往往受制于融资渠道单一与企业多元化发展的不相称关系的约束。第三，人力资源问题日益凸显，员工流失率居高不下、缺工问题困扰加大。目前，在南部沿海地区传统劳力密集型的外销企业中，每家大致缺工 1 至 2 成，每年人事流动率高达 50% 以上，这种缺工现象在广东省甚至已成为常态①。另外，高素质的技术工人、中高层次的管理人员以及技术型的企业家比例偏低，企业家缺乏创新精神，目光往往流于短浅。最后，福建省企业规模普遍偏小，平均资产为 5577.20 万元，同时，能源、水、土地等资源的不足与企业正常发展之间的矛盾也越来越明显。

（4）近年来台湾企业竞争力的衰退，主要应归咎于两方面的原因：一是岛内公营企业在民营化过程中所遭遇的一系列问题，使运营绩效受到冲击影响；二是伴随产业布局的向外延伸，当局针对企业对外投资（主要是对大陆投资）的种种设限，使得岛内企业本应享受到的对外投资的正向外部效应大打折扣，进而导致竞争力下降。台湾公营企业主要掌控岛内的“国”计民生产业，普遍具有市场垄断与行政垄断的企业特征。从 20 世纪 90 年代初开始大力推行的民营化变革，初期取得一定成效，但近年来却几乎沦为执政当局凭借强大行政资源与权力，通过贱卖公产，图利

① 明致：《台商经营与活动》，台湾“海峡两岸交流基金会”：《两岸经贸月刊》，2005 年 9 月 10 日，第 165 期，第 33 页。

财团，壮大自身实力的政治工具。在市场与“政府”双重失灵的挤压下，台湾公营企业竞争力每况愈下。

另一方面，台湾中小企业由于具备弹性、灵活的网络化运营模式，以及勇于开拓的精神，向来是保障台湾企业竞争力的主力军。近年来，伴随台湾对外投资，尤其是对大陆投资步伐的加快，中小企业（主要是制造业）主体大多已随产业链的转移而移出。而台湾当局针对工商界向大陆投资的政策，由“积极开放，有效管理”紧缩为“积极管理，有效开放”，对拟议中的投资项目进行更严苛的官方审查，提高放行门槛，并阻碍企业将在大陆所获利润返还台湾的一系列举措，在“鼓励”60万台商在大陆永久定居，导致企业人才流失的同时①，一定程度上还压抑了台湾企业的正常成长，拉扯了台湾企业追求利润的步伐，并扭曲了两岸经济合作为台湾经济带来的积极贡献。与此同时，岛内以生产性服务业为主体的中小企业，在服务对象缺失的情况下，还要被迫继续“困守”，拳脚无从施展。据统计，自20世纪90年代开始，台湾企业营业获利率便连年下降，其中，中小企业获利率从1996年的2.7%，一路下跌到2002年的-0.2%，而大企业获利率更是由4.2%大幅降至0.4%②。台湾企业往昔的荣景似乎在日渐消退。

（四）硬环境竞争力

1. 硬环境竞争力比较分析

（1）台湾硬环境竞争力在四个区域中最强，尤以技术基础设施优势最为明显。台湾基本基础设施的人均拥有水平十分可观，

---

① 中国台湾网：《加强限制企业投资大陆 台当局不得人心》，http://www.chinataiwan.org/web/webportal/W200-1027/Uliuf/A225599.html，2006-03-30。

② 台湾“行政院主计处”：《“国情”统计通报专题分析之“我国”中小企业经营概况》，http://www.stat.gov.tw/public/Data/512411122671.pdf，2005-01-04。

其中，人均居住面积、百人汽车拥有量以及百万人星级酒店个数等指标，遥遥领先于大陆沿海三大区域；城市化率最高，显示其区域内部高度的协调均衡发展；能源强度指标最高，但能源产量最少，工业用户平均电力成本最低，侧面反映出在生产资料资源匮乏情况下的生产集约化优势。年接待境外游客人数最少，折射出台湾对外吸引力的下降；而在反映交通运输运能与运量的相关指标中，除机场和铁路日均客运量指标排名第一之外，其他指标基本处于最末位置。在技术基础设施的比较中，台湾每人每年电信业务平均费用支出，由于整体消费水准与物价水平显著高于大陆，其绝对值也最高，但其相对值，即“电信业务的支出比例”却是最低的；而在其他指标中，如“万人固定电话数”、“万人移动电话数”以及“万人上网人数”等，台湾均展示出显著的优势。

（2）排名第二的大陆东部沿海地区，基本基础设施优势突出，但技术基础设施建设则需加强。基本基础设施优势集中反映于区域物流运输水平的指标中，其中，港口日均客货运量、机场日均货运量以及公路日均客运量最高，铁路日均客货运量也居于前列。此外，该地区相对较低的人口赡养率和相对较高的城市人口密度，反映出具竞争力的市场规模，而其高度的城市用水普及率，则间接体现出该地区生活设施的便捷化水平。基本基础设施的相对劣势主要存在于城市化率、人均居住面积、百人汽车拥有量、能源产量及其占能源消耗量比重，以及工业用户电力成本等指标中。技术基础设施中，除每人每年电信业务平均费用支出一项指标表现尚可之外，其他指标均排名居后。其中，尤以反映邮电通信设施建设水平的邮电通信业从业人员占总从业人员的比重、万户拥有邮政局所数以及邮路总长度三项指标为最不理想。

（3）排第三位的南部沿海地区，技术基础设施水平相对要好于基本基础设施。技术基础设施指标中，比较有优势的指标包括每人每年电信业务平均费用支出、万人固定电话数以及万人移动电话数等，而每人每年电信业务平均费用支出比例、邮电通信业从业人员占总从业人员的比重，以及万人上网人数等指标则得分偏低。基本基础设施竞争力在四个区域中居于末位，其弱势主要体现在人口—市场规模、人口赡养率、城市化率、人均居住面积以及铁路日均客运量等指标中。但诸如城市人口密度、人均年水资源总量、年接待境外游客人数以及港口日均货运量等指标的表现，仍然可圈可点。

（4）最后是大陆北部沿海地区，其基础设施优势在资源类指标中体现较为明显，如人口—市场规模、人口赡养率、能源产量、能源引进量占能源消耗量的比重等，显示该地区在市场潜力以及能源禀赋上的显著优势。此外，其他较突出指标还包括铁路和公路的日均货运量，以及每人每年电信业务平均费用支出等。但相对于其他三个区域，该地区基础设施建设仍然存在一定差距。具体来看，在基本基础设施中，处于末位的指标包括城市化率、人均居住面积、城市用水普及率、人均年水资源总量、能源强度以及机场日均客货运量等；而技术基础设施建设水平的差距，则集中体现在邮电通信业从业人员占总从业人员的比重、万人固定电话数、万人移动电话数以及万人上网人数等指标中。

2. 分析结论

（1）台湾的基础设施建设仍然具有十分显著的竞争优势，且突出表现于技术基础设施及人均拥有水平两方面。作为区域经济发展和社会活动基本载体的基础设施，是真正属于区域的不可移动要素，其规模、类型、个体质量和空间匹配状况，直接作用于区域的产业发展和价值体系的形成，进而对区域的整体经济竞争力产生重要影响。20世纪70－90年代，为顺应经济高速成长的需要、解决经济起飞与经济基础结构超负荷运转所带来的瓶颈问题之间的矛盾，并缓解能源禀赋短缺的制约，台湾相继推行了三批大规模的重点工程建设，范围涉及交通设施、电力设施、基础工业项目、社会文化设施以及环保设施等，几乎涵盖现代经济发展所需物质技术基础的各个方面。在“政府”的统一规划与强力推动之下，至90年代后期建设项目基本完成时，台湾在邮电通信、铁路、公路、港口、机场、电力及油气能源生产、环保及水资源开发，以及医疗保健和城乡生活设施等各个方面，均基本实现高水平的现代化，不仅重视了“量”的扩充，而且兼顾了“质”的提升，为社会经济持续发展奠定了坚实的物质基础。

完善发达的基础设施为台湾经济稳定成长提供了有力保障，但若不能对其善加利用，其对经济竞争力的积极贡献就会受到折损。近年来，面对两岸经济关系日趋紧密的事实，台湾当局却不断将台湾的经济问题“泛政治化”和意识形态化，迟迟不愿开放两岸直接“三通”，徒增两岸间人员货物进出的时间和费用成本。岛内外商不得已之下，或将原在台湾设立的国际采购中心异地他就，或纷纷转移或撤走在台航空运输能力和兴建计划，全球高科技厂商更是加快撤离台湾并进军大陆的步伐，致使台湾大量的物流基础设施面临空置和浪费，运能持续萎缩，并使得为振兴经济而制定的“亚太营运中心”计划化为泡影，“全球运筹中心”计划沦为“空中楼阁”。由此可见，若基础设施优势对台湾经济发展的辅助性作用无法得到有效发挥，其竞争力就无从体现，甚至有可能产生衰退。

（2）大陆东部沿海地区基础设施建设水平近年来有大幅提升，对经济发展的促进作用明显。首先，东部沿海地区作为大陆经济基础最为雄厚、区域内部发展最为均衡的地区，城市化水平也最高，各省市间的经济联系日趋紧密，并已基本实现城市间互联互通的便捷化，大中小城市公路联网正日益发挥出“同城效应”。目前，以上海为中心向四周辐射的区域内，各大城市之间的交通距离均只在数小时之内①。其次，各省市内部加紧实施的城市交通规划已初见成效。以地铁、轻轨等公共客运系统为主要形式的轨道交通系统，正以明显的优势，成为东部沿海地区解决交通问题的重要选择。预计到2010年，在上海、南京、杭州、苏州等城市，将建设14条以上的城市轨道交通线路②。第三，区域内设施完备、运能可观的4个国际港口和5个国际机场的充分高效运转，为区域内外贸易提供了强有力的物流服务保障。据统计，2005年，该地区货物周转总量达到18538.3亿吨公里，客运周转总量也高达2170.5亿人公里③。最后，通过技术基础设施的投入建设，区域内已经形成较为完整的通信公共设备，国际通信业务和互联网用户总体规模均居大陆前列。

另一方面，该地区基础设施中也存在某些制约经济正常运行的瓶颈。首先，有限的能源蕴藏和产量，使得生产生活所需能源大部分需要依靠从区域外引进和进口，经济发展较易受制于外部

① 赵建忠：《如何放大IC业长三角效应》，http：//www. chinaecnet. com/ztps/zt041851. asp，2004－04－30。

② 中国台湾网：《未来5年长三角将建设14条以上城市轨道交通路线》，http：//www. chinataiwan. org/web/webportal/W4602056/Uliutt/A236190. html，2006－04－13。

③ 数据来源：根据国家统计局《中国统计年鉴2006》相关数据计算得到。

市场波动的影响。其次，“缺地”严重，土地资源成本飙升。该地区已由几年前的盲目性出让土地，转变为目前的限制用地，土地资源供需失衡，土地价格上涨幅度已居于大陆前列。第三，“缺电”带来持续数年电荒，电价居高不下。华东电网一直以来都是大陆电荒凸显的区域，2004年冬天，浙江的电力缺口达880万千瓦，江苏约为600万千瓦，上海约为250万千瓦①。企业被迫停产让电，或持续减低生产负荷，产能降低的同时，还不得不承受电价高涨带来的成本压力，从而蒙受经济利益损失。因此，该地区的硬环境建设仍需进一步加强和完善。

（3）南部沿海地区三省的基础设施建设水平分布较不均衡，一定程度上影响到区域整体硬环境竞争力。区域中相对最具优势的广东省，地理上紧邻香港、澳门，发达的高速公路网和密集的港口将三个地区紧密联系，形成一个全新的国际制造、航运、金融与贸易中心。该省省会、同时也是大陆沿海主要开放城市的广州，是大陆远洋航运的优良海港和珠江流域的进出口岸。同时，作为多条铁路的交汇点，以及华南民用航空交通中心，广州与各地联系也极为密切，因此素有大陆“南大门”之称，交通网络十分发达。而广州新白云国际机场的正式启用，又使当地的海陆空运输系统功能获得更加立体化的提升。

该区域中其他两省，由于受到自然条件的制约，基础设施建设仍有相当大的提升空间。其中，福建省三面环山，东面临海，仅有一条狭长的沿海平原，相对封闭的地域空间，使得省内至今还未能形成完整的环省铁路网和出省铁路网，机场和沿海港口是

① 新华社：《长三角信息网：今年冬天长三角缺电依然严重》，http://www.forclear.com/blogview.asp?logID=96，2004-11-19。

物流运输的主要渠道。海南省作为大陆唯一的离岛省份，城市化水平较低，市场规模小，交通、运输以及邮电通信等设施建设的滞后，降低了经济的对外吸引力和辐射力。此外，南部沿海地区能源矿产资源的保证能力十分有限，大量生产及消费性能源须从外部调入和依赖进口，也是制约经济发展的不利因素。

（4）北部沿海地区作为硬环境竞争力最低的区域，其弱势集中体现于生态条件及技术基础设施两方面。首先，该地区自然生态环境较为脆弱，尤其是水资源严重缺乏。2004 年，山东省和河北省人均水资源分别仅为 537.9 立方米和 226.7 立方米，而北京市和天津市人均水资源更是仅有 127.8 立方米和 105.1 立方米，均属于极度缺水地区。其次，过高的能源强度，显示该地区生产的能源利用率及集约化程度低，生产成本仍有较大的压缩空间。第三，通信技术设施的普及程度低，每万人拥有固定电话、移动电话数分别仅为 3001 部和 2803 部，而每万人中的上网人数也仅为 989 人，这主要是受到山东与河北两省技术基础设施建设整体水平的相对滞后影响。

但另一方面，便捷的交通设施，又在一定程度上有效弥补了北部沿海地区基础设施的不足。北部沿海地区拥有高密度的交通网络、独特的港口优势和广阔的发展腹地。目前，该区域基础设施的互联互通，已从交通基础设施及软件沟通的软硬件两方面加速展开，并将逐步打破不同地区间的割据发展现状。2003 年 10 月，北京与天津港口岸开始直通，两市实现了港口功能一体化；首都国际机场和天津滨海国际机场联合，率先实现了大陆民航跨区域机场的整合；华北最大的国际贸易港口——新港，已与 70 多个国家的 300 多个港口相连；京津间高速列车、磁悬浮列车以及快速轻轨列车的启用，将使北京向东南方向拓展出更加广阔的发展空间；而北起山海关、南至山东烟台的环渤海经济圈铁路大动脉也在加紧建设之中①。此外，该地区庞大的人口—市场规模和丰富的能源产量，也是其硬环境中不可忽视的竞争优势。

（五）软环境竞争力

1. 软环境竞争力比较分析

（1）台湾软环境竞争力大幅领先于大陆三大区域。在体制和调控环境中，经济增长率波动系数、非公有制经济产值占GDP的比重、政府消费对民间消费拉动，以及百人公共管理和社会组织从业人员四项指标优势显著，显示台湾经济发展具有稳定性强、市场化程度高的特点。同时，间接反映出“政府”对经济的干预效果显著，为社会提供公共服务也较多。在科研和教育环境中，大部分指标均位居第一，其中，R&D支出占GDP的比重、人均R&D支出、百万人发明专利持有数、教育经费支出占GDP的比重以及人均支出水平、高等教育毛入学率、百万人高等学校及在读研究生数等指标，更是远远超过大陆三大区域。而在社会基础设施中，除文化场所个数、卫生机构个数以及医生及护理人员数等三项表示绝对数规模的指标之外，其他反映相对规模的指标全部以明显优势列第一位。另一方面，在软环境发展中，台湾的相对弱势集中体现在增长率指标中，如人均政府消费增长率、R&D支出增长率以及人均教育经费支出增长率等。

（2）大陆北部沿海地区在体制和调控环境、科研和教育环境以及社会基础设施三方面，均仅次于台湾。该地区竞争力优势最

① 世界商业评论：《中国环渤海经济圈面临新一轮起飞契机》，http：//re.icxo.com/htmlnews/2004/08/10/292058.htm，2004-08-10。

为明显的指标包括基本建设投资占固定资产总投资的比重、财政支出对 GDP 拉动、人均政府消费增长率、R&D 支出、百万人初中高中数、初中高中及高等学校师生比例、文化场所及卫生机构个数以及医生及护理人员数，说明区域内基本建设和科技研发投入力度大，财政支出对经济增长提升作用显著，教育及公共服务资源也较为丰富。该地区竞争力弱势指标则主要有非公有制经济产值占 GDP 的比重、地方税收收入占地方财政收入的比重、政府消费对民间消费拉动、百万人发明专利持有数、教育经费支出占 GDP 的比重以及人均教育经费支出等，一方面说明经济的市场化程度还有待提高，另一方面也反映出该地区相对较低的教育投入水平。

（3）东部沿海地区的软环境竞争力排名第三。在体制和调控环境中，地方税收收入占地方财政收入的比重、财政支出对 GDP 拉动以及人均政府消费支出增长率三项指标得分较高，说明该地区政府更多的是行使对社会经济的管理职能；基本建设投资占固定资产总投资的比重，以及百人公共管理和社会组织从业人员两项指标在四个区域中最弱，显示基本建设投入及社会公共服务投入需要加强。科研和教育环境中，R&D 支出增长率与人均教育经费支出增长率最高，即科研教育投入的发展速度是最快的；但文盲率也最高，说明该地区亟需促进基础教育的普及化。最后，社会基础设施方面，公共图书馆个数及百万人拥有公共图书馆个数、万人拥有卫生机构个数三项指标排名最末，其他指标基本位于中游水平。

（4）四个区域中软环境竞争力最弱的大陆南部沿海地区，除体制和调控环境发展尚可之外，科研和教育环境以及社会基础设施与其他三个区域间均存在较大差距。从具体指标的比较来看，非公有制经济产值占 GDP 的比重仅次于台湾，地方税收收入占财政收入的比重在四个区域中最高，说明该地区市场经济体制建设已取得一定成效，政府在社会经济运行中倾向于发挥“管理者”的间接调控作用；R&D 支出及 R&D 人员比例、教育经费支出以及高等教育等方面的相关指标，南部沿海地区均存在较为明显的劣势；而社会基础设施中，无论是反映规模水平的指标，还是反映人均水平的指标，几乎全部处于下游。

2. 分析结论

（1）雄厚的科技研发实力、高水平的人才素质教育以及完善成熟的市场机制，是台湾经济竞争力至关重要、不可或缺的组成部分。台湾对科技研发一直非常重视，在研究发展上的经费投入不断增加，由 1990 年的 715 亿元新台币，上升至 2004 年的 2789 亿元新台币，增加 2.9 倍，年均成长率达 10.21%，占 GDP 的比重也由 1.66% 上升至 2.6%，接近美国、德国、日本等经济发达国家研发经费投入比重。2004 年底，全台湾研发人员达 15.72 万人，占当年台湾总人口的 0.69%①。研究领域主要集中于自然科学、机械制造、医学、农业科学以及社会科学和人力资源开发等方面，且偏重应用性工程技术研发，而基础性科研投入则相对不足。研发经费和人力资源的持续投入，促进了科学技术水平的提高，推动了技术密集型产业的迅速发展。目前，台湾信息产业和半导体产业产值已分别跃居世界第三位和第四位，半导体集成电路生产技术已接近甚至达到世界先进水平。2005 年世界经济论坛公布的《全球竞争力报告》中，台湾因其高科技产品领域的优异表现，科技指数排名仅次于美国和芬兰，位列全球季军及亚洲首

---

① 数据来源：台湾“Council for Economic Planning and Development”，“Taiwan Statistical Data Book, 2005”，第 125 页。

位，并继续保持世界“核心创新者”的强有力地位①。

台湾的教育发展同样突飞猛进。1952—2004 年，台湾各类学校数由 1769 所上升至 8184 所，增长了 3.63 倍，平均每平方公里学校数达到 228 所，其中高等教育院校由 8 所大幅增加至 159 所。截至 2004 年底，台湾共有在学学生 537.23 万人，即总人口中有 23.68%的人在接受各级教育；学龄儿童入学率已接近 100%，而高等教育毛入学率更是达到 80.05%的高水平。1951 年台湾教育经费仅 2.13 亿元新台币，且全部由“政府”提供，仅占 GDP 的 1.73%。之后，经费投入随经济发展而不断快速增长，至 2004 年已达到 6621.08 亿元新台币，年均增长达 16.38%，占 GDP 的比重也升至 6.17%；平均每一学生教育经费支出由 1961 年的 704 元，大幅增至 2004 年的 12.32 万元新台币，增加了 174 倍。教育发展成效卓著。2004 年，台湾人力资源教育水平构成中，受过初中及初中以下教育者占 30.4%，受过高中或职高教育者占到 36.7%，而受过大学及大学以上教育者则占 32.9%，即劳动人口中，有近 1/3 的人接受过正规的高等教育②。高素质的人才资源已成为台湾经济发展的强力后盾。

此外，在台湾经济市场化进程中，“政府”始终扮演着规划、扶植、推动和调控的主导角色，是建立社会经济高效稳定运行机制的重要推手。首先，在战后 50 多年里，台湾“政府”一直致力于探寻适合各个时期经济发展特点和国际形势变化的经济发展策略，并制定出相应的政策和措施，统一规划、全力推行，成功开

① World Economic Forum，“Global Competitiveness Report 2005 – 2006，Executive Summary”，http：//www.weforum.org/pdf/Gcr/GCR_ 05_ 06/Executive_ Summary.pdf，2005 – 09 – 28。

② 数据来源：台湾“Council for Economic Planning and Development”，“Taiwan Statistical Data Book，2005”，第 15 页。

辟出“农业——轻工业——重化工业——策略性工业——服务产业”的现代经济发展道路。其次，“政府”的扶植和推动贯穿于科研教育发展的全过程。“财团法人工业技术研究院”，是创建台湾厂商技术合作模式、推动台湾产业技术发展的关键机构；而科学工业园区，则为台湾建立以电子信息为代表的技术密集型产业创造了良好的投资环境。此外，为配合经济发展战略，台湾“政府”采取了“梯度推进”式的教育发展策略，在不同时期不断调整发展重点及教育结构，建立起完备的教育法规，在兴办公立学校的同时，积极鼓励私人投资办学。第三，“政府”在建设公共服务资源、完善社会基础设施方面的工作，涵盖公务人员退休抚恤基金、儿童托育保护、身心障碍保护、妇女福利服务及保护、老人福利服务以及医疗资源等多个领域，并取得一定成效。2003 年，全球“人类发展指数（HDI）①”的比较中，台湾名列第26 位，比1990 年向前进步了三位②。

（2）大陆北部沿海地区文化、科技、教育优势突出，但经济市场化运行机制有待健全。该地区高等院校密集、科研机构集中、科技人才荟萃。其中，作为中国大陆首都的北京市，文化底蕴最为深厚，智力资源极为丰富，“文化力和科技力，是北京竞争力的核心”③。截至2004 年底，北京市共拥有高等院校 77 所（其中重

---

① “人类发展指数（Human Development Index，HDI）”是衡量“拓展人类选择机会及福利水准的过程”的指标，由联合国开发计划署（UNDP）自 1990 年起定期编制发布。该指标选取寿命（零岁平均余命）、知识（成人识字率与粗在学率）及生活水准（按购买力平价计算的平均每人 GDP）等三个领域的统计数值，衡量一国或地区的人类发展概况。2003 年，该指数排名前 58 位的国家和地区被列入联合国定义的“高度人类发展国家和地区”。

② 台湾“行政院主计处”：《“国情”统计通报专题分析之人类发展指数（HDI）之“国际”比较 2003 年》，http：//www. stat. gov. tw/public/Data/510181662971. pdf，2005 -10 -18。

③ 林美姿，黄汉华，王怡芬：《首都两岸四地 城市竞争力大评比 看见城市生命力》，台湾：《远见杂志》，2005 年 11 月 1 日，第 98 页。

点高校占大陆的1/4），居两岸四地城市之首。被誉为高科技企业“超级孵化器”的中关村，作为大陆电子信息产业规模最大的科研、生产和贸易基地，集中了各领域顶尖的科技研发人才、机构及生产企业，科技投入产出能力、技术辐射和扩散效应、科技产业化等均居大陆首位。据一项调查显示，北京在科技实力、创新服务、创业动力、资讯化水准、经济结构、跨国公司研发机构数，以及每百万人中注册会计师人数等15个项目的评比中，都领先于上海和深圳，最有机会成为大陆知识经济及研发中心①。天津市也拥有40多所高等院校及国家级科技研发中心。在大陆北方加工制造业中心和高新技术成果重要转化基地的天津经济技术开发区，已经成功聚集一大批代表世界最先进生产力的跨国公司的投资企业，《财富》500强公司中，已有57家在此创设了123家企业，并致力于在电子通讯、机械制造以及生物医药科技等领域产品的研发制造。2004年，北部沿海地区共申请国家专利69465项，获得授权27473项；其中，发明专利和实用新型专利申请和获得授权数分别达50994项和20302项，占总量的73.41%和73.90%，显示出雄厚的科研实力②。

这一地区经济的市场化程度还不够高，且主要表现在四个方面。一是政府行为对市场机制的干预较多。与台湾以及大陆东部沿海和南部沿海地区相比，北部沿海地区国有经济比重最高，政府对资源控制能力强，对企业干预大，整个区域经济带有浓厚政治经济色彩，从而使市场运行要承担更多的“政府失灵”风险。

① 慧聪网：《台商投资祖国大陆五大热点区域》，http：//info. news. hc360. com/html/001/002/009/018/114338. htm，2005-05-17。

② 数据来源：根据国家统计局《中国统计年鉴2006》相关数据计算得到。

二是行政区域的自我利益主体意识强，条块分割严重。多数城市在制定和执行发展政策时，往往首先考量本行政区域的利益最大化问题，对周边区域辐射和带动作用则非常弱，地区间经济协调成本很高。三是思想观念有待更新。政府的市场服务意识较为淡薄，行政效率相对较低；而民众对政治的过于热衷，使得个人参与市场竞争、实现自身价值的观念不够。四是区域内部缺乏要素畅通流动的有效渠道。尤其表现为高科技人才的相互间流动、利用效率非常低。例如北京的人才一般只集中在北京，向周边省市的流动和提供服务则非常少，而大批外来人才又难以获得“人尽其才”的机会①。

（3）东部沿海地区科教事业发展迅速，人口综合素质相对较高。首先，区域内教学科研基础雄厚。作为大陆重要的人才集聚地，截至2004年底，该地区共拥有238所高等院校和300多所中等专业学校，以及1000余所科研机构。其次，高素质人才密度大。据统计，到2002年底，该地区每10万人中，有4493人具有大学或大学以上文化程度，比大陆当年平均水平高出882人。第三，柔性的流动方式促进了人力资源的合理配置。区域内丰富的高素质人才和大批的熟练技术工人，能够根据不同地区的发展定位选择自身流动方向，实现自我价值。例如，在上海，其300万流动人口中，有1/3来自浙江，1/3来自江苏，而其他1/3则来自大陆其他省份。最近几年，上海更是积极推出“海外人才居住留证”、“人才居住证”等制度，以柔性流动政策吸引海内外高层次人才，将这个拥有1700多万人口的大陆经贸、物流、航运和金融

---

① 新华网：《环渤海经济圈发展正着重解决六大问题》，http：//www. tj. xinhua. org/ztbd/bohai/4. htm，2005－09－03。

中心城市，构筑成为名副其实的“国际人才高地”。与此同时，上海的许多人才或技术专家，也前往江苏和浙江各地，相当一部分甚至暂时离开了自己的户籍所在地，在当地工作和生活，与企业共同发展①。

此外，该地区在政府服务与人居环境两方面也具有突出优势。江浙地带的地域文化使政府普遍遵循讲规则、守信用的处事原则，具备务实、积极、灵活和认真的工作态度，以及开放的国际观，并且注重体制和机制上的变革和服务体系的创新。高效、稳定运作的“政府服务”，已成为提升东部沿海地区软环境竞争力的重要因素。同时，良好的人文素质、祥和的生活氛围、安定的社会治安环境，以及相对完备充足的社会服务设施（2005 年该地区全部城镇社区服务设施占大陆的 32.86%②），构建出极具吸引力的人居环境，并为该地区软环境竞争力加分。

（4）南部沿海地区市场化程度高，是其软环境的最显著优势。沿袭南粤文化及闽南文化自古颇具的浓厚商业意识和“敢拼爱赢”、艰苦创业的精神传统，经过 20 多年改革开放发展的累积，南部沿海地区已成为大陆市场化程度最高的地区，商业环境充满活力。在缺乏国家大型投资扶助的情况下，务实的政府及民间自发的积极性，培育出企业脱离计划经济模式的思想，使企业学会不断寻找发展生机，以快速适应市场。目前，该地区的经济运行，更多的是依托市场及民营部门的发展，而政府的干预因素正在逐步减少。此外，广东省通过毗邻的香港，在投资、技术、资讯、

① 新华网：《工作在这里 生活在别处：“长三角人”呼之欲出》，http://news.xinhuanet.com/newscenter/2003-10/08/content_1113647.htm，2003-10-08。

② 数据来源：根据国家统计局《中国统计年鉴 2006》相关数据计算得到。

管理、市场信息交换等各方面，均与国际市场出色接轨；而福建省则因其与台湾隔海相望、同宗同文的地缘人缘联系，成为连接两岸、增进沟通的重要桥梁和纽带。因此，南部沿海地区具有就近、直接承接香港和台湾这两个成熟市场经济体经济发展“满溢效应”的得天独厚的优势。

南部沿海地区科教发展水平及法制保障建设相对滞后，则是其软环境的最主要劣势。文化发展的相对滞后，与经济社会发展已不相匹配，其瓶颈效应已逐步显现。经济和社会资源在“市场”与“教育”两个领域分配的相对失衡，影响到人口综合素质的提高。以广东省高等教育为例，其滞后的发展水平一直与其大陆经济第一大省的地位形成鲜明的反差。1998 年，广东省高等教育毛入学率仅为 8.1%，到 2004 年，入学率提高到 20%，但仍明显落后于上海、江苏、浙江、北京以及天津等地。到目前为止，无论是高等学校数、高校学生人数、高校专任教师数，还是在学研究生人数，南部沿海地区与其他三个地区之间都存在较大差距；而在反映区域科研自主创新能力的研发经费投入、研发人员总数以及技术市场成交额等方面，也被远远甩开。此外，日益严峻的治安形势，凸显该地区缺乏足够法制保障的社会环境，其中又以广东省最为严重。据统计，2004 年，广东省共发生各类刑事案件 51 万起，占到大陆当年案发总量的 1/9；仅广州市的刑事案件立案数就达 11.17 万宗，比大陆部分西部省份全年的案件总数还要多，以至于不少人发出“除非生活所迫，离开广州是终极方案”的慨叹①。

---

① 南方网：《身陷十面埋伏的广东在为谁哭泣?》，http：//www.southcn.com/nfsq/lnpl/sdsk/200511070404.htm，2005－11－07。

二、经济综合竞争力比较与结果评析

第三步，我们可以得到要素层的比较结果。在经济发展实力方面，大陆三大区域得分均高于台湾。其中，东部沿海地区表现最优，紧随其后的是北部沿海地区，而南部沿海地区及台湾分值较为接近，且与前两位存在较大差距。但在经济发展潜力的比较中，台湾则以明显优势领先于大陆三大区域，东部沿海地区与北部沿海地区水平较为接近，而南部沿海地区则最弱。最后，在目标层，即经济竞争力的总体评价比较中，台湾来到第一位，大陆东部沿海地区则以89.82分的不大的差距列第二位，北部沿海地区的得分也较高，达到85.63分，列第三，而南部沿海地区则以68.55分的综合得分排名最末。

表3－18　大陆三大区域与台湾经济竞争力综合比较

地区	经济发展实力		经济发展潜力		总体评价	
	得分	排名	得分	排名	得分	排名
南部沿海	71.35	3	46.07	4	68.55	4
东部沿海	100	1	53.87	3	89.82	2
北部沿海	91.68	2	55.00	2	85.63	3
台湾	71.30	4	100	1	100	1

（一）台湾经济发展实力敬陪末座，竞争力全赖发展潜力支撑

经历长达40年的“长盛期”之后，21世纪初期，台湾经济发展形势开始出现逆转。2000年政党轮替以来，台湾经济一蹶不振，2001年跌入低谷，至2004年，人均GDP仍未恢复到2000年的水平，经济成长率由20世纪70—80年代的“四小龙”之首，沦为近五年来的“四小龙”之末。台湾当局在挥霍掉原有的2368

亿元新台币的财政盈余之后，还背负上13225亿元新台币的负债①。2004年，经济成长率虽然回升到6.07%，但深层却潜藏许多严重问题。首先，整体经济附加价值率，由2003年的46.4%，降至43.6%，创历史新低，其中，制造业附加价值率自23.8%降为20.8%，而技术密集型产业附加价值率更是由22.6%大幅降至17.5%；其次，技术密集型产业产值占制造业整体产值的比重，由2003年的43.3%，急速下滑至37.1%，倒退7年，跌回1997年的结构水准；再次，对外贸易条件迅速恶化，致使按要素成本计算的“国民所得”仅增加2.15%，平均每人所得仅增加1.79%；第四，高科技产业代工价格不断被压缩，技术密集型产业营业利率仅0.5%，已成为“微利产业”；最后，2001—2004年的四年间，制造业平均每年投资较2000年大幅萎缩34%②。由此可见，台湾经济短期的荣景下掩藏着长期的隐忧，发展的“量”虽有成长，但发展的“质”却不容乐观。

在短短五年之内，历经由高速发展，到急转直下、陷入衰退，进而缓慢回升，再到实质的低速增长的跌宕，台湾经济在结构迅速恶化、财经政策不力以及政治乱象纷扰束缚之下，备受“硬伤”挫折，“元气”大为耗损，整体实力已被经济飞速成长的大陆沿海地区赶超。所幸的是，以往经济繁盛时期积累下来的人才素质、科研实力、市场机制，以及社会资源等经济发展的软性基础，还足以使台湾经济基本面的竞争力得以维持，并会成为经济发展后劲的潜在来源。2004年，瑞士洛桑国际管理学院的《世界竞争力

① 中国台湾网：《陈水扁正在玩衰台湾经济》，http：//www.chinataiwan.org/webportal/W5267105/Ulybo/A24000－7.html，2006－04－18。

② 社论：《揭露当前台湾经济的“真相”》，台湾：《经济日报》，2005－11－24，A2版。

年鉴》中，台湾经济总体竞争力在60个国家和地区中排名第12位，具体指标排名包括：(1) 信用卡人均持有量第一；(2) 外汇与黄金存量第三；(3) 平均工作时数第四；(4) 专利生产力第一；(5) 企业适应能力第二；(6) 创业投资活动第四；(7) 企业家精神第五；(8) 高科技产品占出口比重第五；(9) 政治稳定度第五十四；(10) 社会凝聚力第四十九；(11) 外商投资自由度第四十六；(12) 外资流入在GDP中所占比重第五十①。可见，反映经济绩效与政局稳定的指标普遍居于末流水平，而反映科技和人文素质以及基础设施的指标几乎都名列前茅。台湾《远见杂志》在2005年对在台的欧、美公司进行的《外商投资台湾意愿调查》进一步显示，人才素质（70.4%）、生活品质（37.4）以及公共建设（33%），仍是目前台湾吸引外商的前三大原因②。

（二）东部沿海地区经济发展实力强劲，发展潜力则略逊一筹

东部沿海地区是大陆经济基础最为雄厚、城市化水平最高的区域之一。以上海及江苏的南京、镇江、扬州、泰州、南通、苏州、无锡、常州，以及浙江的杭州、嘉兴、湖州、宁波、绍兴和台州等16个城市构成的“15+1”模式，已经成为该区域的经济发展中心，并形成大陆最大的城市群，以及全球人口数超过2500万人的六大城市群之一。2003年，仅此16个城市，就以仅占大陆1%的国土面积和6%的人口，创造出占大陆21.6%的GDP、34.9%的外贸进出口总额，以及48%的外资利用总额③。从20世

① 社论：《谁能让台湾回到未来?》，台湾：《经济日报》，2004-09-15，A2版。

② 黄汉华：《2005外商投资意愿调查台湾，只剩人才是诱因》，台湾：《远见杂志》，2005年12月1日，第244页。括号内数字为选择该选项的外商数占调查外商总数的比重。

③ 张兆安：《长江三角洲经济共同发展的趋势和优势》，台湾：《台湾经济研究月刊》，2004年1月，第27卷第1期，第84页。

纪80年代开始，东部沿海地区经济就持续保持年均增长接近10%的稳步成长态势，到2005年，该地区已经发展成为GDP总量达40897.69亿元人民币、进出口总额达5216.49亿美元的大陆以至亚洲的“超级经济区”，并已取代南部沿海地区而成为大陆经济增长的新“引擎”。在宏观经济运行效果、财政金融条件、外向型经济、工业及企业发展等多方面，该地区都展现出极强竞争力。

然而该地区在经济发展潜力方面也存在某些制约因素，且突出表现在三个方面。一是区域内“联动发展”模式尚未真正形成。由于区域内各主要城市之间仍未真正达成发展共识，“联动发展”的制度建设踟蹰不前，各地间生产力布局与分工不够合理、城市功能与定位、产业结构同化现象较为明显。“各自为政”的条块分割，会抑制区域整体经济规模效应和辐射效应的扩张。二是区域发展空间不够，资源开始短缺。东部沿海地区人口密集，可利用土地资源紧缺，在发展劳力密集型和土地密集型制造产业时，会面临“捉襟见肘”的尴尬，并导致土地产出速度减缓、边际产出递减。另外，电力和水资源短缺也将成为未来该地区经济发展的最大限制。三是技术及教育等软性基础设施建设仍然有待完善。以作为中国大陆的地区代表而进入瑞士洛桑学院《世界竞争力年鉴》的浙江省为例。2004年，该省在全球竞争力中名列第19，与印度同属于进步最快的国家和地区。但其“基础设施”要素在参评的60个经济体中仅列第46位，其中，教育仅排名第51位，健康与环境也只列42位，技术和科学基础设施则分别列第41位和第37位[①]。这种落差，侧面折射出东部沿海地区经济发展“软

① 新浪网：《科技带动发展 浙江省国际竞争力排名分析报告》，http：//gov. finance. sina. com. cn/zsyz/2006-04-07/82910. html，2006-04-07。

件”相对不足，同“硬件”迅猛提升之间的错层。

（三）北部沿海地区经济发展增势迅猛，发展潜力不容小视

继大陆南部沿海地区、东部沿海地区大展活力之后，北部沿海地区正加速崛起。诸多有利因素，为该地区经济发展注入“强心剂”。首先，区位优势独特。北部沿海地区位于太平洋西岸，是日益活跃的东北亚经济区的中心部分，也是欧亚大陆桥在大陆的东部起点之一，处于东来西往、南联北开的地位。该地区作为大陆政治文化和国际交往中心，在亚太地区国际经济分工协作中具有举足轻重的地位。其次，经济增长迅速。经过20多年的高速成长，2005年，该地区GDP总量已达39196.91亿元人民币，经济规模已超越南部沿海地区，而仅次于东部沿海地区。其中，山东省经济发展已大有赶超长期保持大陆经济第一大省地位的广东省之势。预计到2010年，该地区将有望成为大陆经济板块、乃至东北亚地区极具影响力的经济隆起地带。第三，奥运经济这一超级引擎正在为北部沿海地区输入强大发展动力。据估计，奥运会从筹备至举办期间，其带来的无限商机，每年对大陆GDP总值增长的拉动将在0.3%左右，而北部沿海地区无疑将优先受益。在奥运会筹备期间，北京计划投入2000亿元用于城市基础设施建设；如果具备完善的战略规划，注重投入产出比以及经济发展的前向和后向联系，奥运经济对该地区经济社会发展的后续影响将会持续10～15年①。

北部沿海地区在大陆参与全球经济协作及促进南北协调发展中所处的重要位置，使得加快启动该地区发展成为大陆经济整体

① 世界商业评论：《中国环渤海经济圈面临新一轮起飞契机》，http：//re.icxo.com/htmlnews/2004/08/10/292058.htm，2004－08－10。

规划的必要选择。尤其是该地区内的京津冀北地区，更是面临起飞契机。世界经济重心向亚太地区转移、大陆生产力布局由南向北转移，这些发展机遇都为该区域的能量聚集和跨越式发展提供了可能。加上独特的区位优势、雄厚的工业基础和经济实力、一流的技术装备和科研环境，该地区不仅成为大陆目前最具发展潜力和活力的经济区之一，在未来，还极有可能成为带动大陆北方地区，乃至整个大陆经济的新“增长极”。

（四）南部沿海地区经济发展渐趋调整，发展潜力也缺乏亮点

南部沿海地区与香港、澳门和台湾毗邻，占据有利区位条件，地缘优势使该地区与港澳台经济唇齿相连，并成功发展出“前店后厂”的分工模式。该地区经济在20世纪80至90年代发展十分迅速，1993年经济增长速度曾一度高达41.49%。但进入新世纪后，发展步伐开始减慢，并逐渐进入调整时期，经济增长速度保持在10%左右的水平，其“大陆经济发动机”的地位已逐渐式微。2005年，该地区GDP总量为29830.04亿元人民币，经济规模已经较大落后于大陆北部沿海地区和东部沿海地区，也低于台湾；进出口总额为4849.19亿美元，不及东部沿海地区的水平；实际利用外商投资累计总额虽然仍为大陆最多，但当年新增外资额349亿美元，比东部沿海地区足足少了608亿美元①。目前，该地区利用外资的比较优势正在弱化，外源型经济发展后劲不足，而内源型经济的发展又存在制约，集中表现为三个方面：

一是区域内发展严重不平衡。省际存在发展不平衡，该地区既有经济总量长期保持大陆第一的经济强省——广东，也有经济规模一直位于大陆下游的经济弱省——海南；省内也存在发展不

① 数据来源：根据国家统计局《中国统计年鉴2006》相关数据计算得到。

平衡，如在广东，有2/3的地区人均GDP低于或仅相当于大陆平均水平，最富裕的东莞市，地区生产总值是最贫困城市的6.9倍①。

二是产业发展层次不高。第二产业以鞋类、纺织、食品、机械、五金和化工产业等传统制造业，以及电脑零组件、监视器等电脑周边产业、手机制造等技术层次较低的资讯产业为主，而较少涉及诸如微电子、软件开发以及生物科技等新兴高科技产业。第三产业主要集中于传统服务业，而现代服务业发展则相对不足。在海南省，2005年农业产值高占GDP的33.62%，在经济发展中仍然占据主导地位。

三是能源、人力短缺，科教水平相对滞后。基础设施建设与经济发展不同步现象较为突出，尤其是进入21世纪以来，土地资源开始出现紧缺，水污染日益严重，煤炭、石油、矿石等大宗能源材料则要依赖外地和国外供应，电力供应也严重不足。另外，人力资源短缺、科研教育水平的欠发达以及人口综合素质不高等问题，也阻碍了南部沿海地区经济整体竞争力的提高。

总体评价显示，台湾在与大陆沿海三大区域的比较中，经济竞争力仍为最强，大陆东部沿海地区居次，大陆北部沿海地区为第三，最后是大陆南部沿海地区。综合分析，我们可以得到如下四点结论：

1. 台湾经济发展潜力最强，但发展实力最弱；大陆东部沿海地区经济发展实力最强，但发展潜力逊色于台湾与大陆北部沿海地区；北部沿海地区经济发展已迎头赶上，实力仅次于东部沿海

① 南方网：《身陷十面埋伏的广东 在为谁哭泣?》，http：//www.southcn.com/nfsq/lnpl/sdsk/200511070404.htm，2005－11－07。

地区，潜力则仅次于台湾；南部沿海地区与前三位差距较为明显，发展实力与潜力均陪末座。

2. 大陆沿海三大区域在经济发展速度与规模上，均较台湾展现出更强劲的竞争力，其中，东部沿海和北部沿海地区 GDP 总量已超过台湾。但在人均水平与经济增长的集约化程度上，则普遍大幅落后于台湾，如人均 GDP 仍较低、投资效益不明显、能源消耗强度过高等。亦即，经济发展的“量”已超过台湾，但“质”仍与台湾存在相当差距。

3. 大陆沿海三大区域均能够在各自优势产业发展的支点上，实现经济的稳步增长。东部沿海地区已成为大陆经济的新增长“引擎”，北部沿海地区具备良好的发展环境，且经济发展势头迅猛，而南部沿海地区软环境建设相对滞后，经济增长后劲相对不足。大陆整体经济版图正呈现出“由南向东，再逐渐至北”的推移方向，这一变化趋势也在如表 3－19、3－20 所示的台湾“台湾区电机电子工业同业公会”的《2005 年中国大陆地区投资环境与风险调查》中得到进一步的体现。

4. 台湾的经济发展软环境最好，基础设施、制度建设、人力资本、研发实力，乃至全民素质，都有雄厚的积累，发展潜力十分可观，经济处于更高层次的后工业化阶段。但近年来，由于存在种种非经济因素的干扰，民众信心严重不足，经济基本面被极大扭曲，加上产业的不断外移，现有竞争优势又未能得到善用，经济发展始终无法回归正常轨道，发展潜力受到压抑，经济增长缺乏后劲，态势疲软。如何在充分运用竞争优势的基础上，寻找到经济增长的新一轮支点，已成为台湾当前经济发展亟需解决的命题。

表 3-19 大陆各地区竞争力分析结果

地区	基础条件		财政条件		投资条件		经济条件		就业条件		加权分数	排名
	平均分数	排名	平均分数	排名	平均分数	排名	平均分数	排名	平均分数	排名		
华南地区	4.15	7	58.30	3	55.53	4	54.15	3	5.53	7	0.3457	5
华东地区	87.48	1	100.00	1	94.43	1	100.00	1	72.17	2	0.8360	1
华北地区	87.48	1	83.30	2	77.73	2	83.30	2	83.30	1	0.7469	2
华中地区	62.48	3	58.30	3	72.20	3	49.95	4	55.53	4	0.5330	3
东北地区	37.48	5	33.30	5	27.73	5	41.63	5	66.67	3	0.3553	4
西南地区	29.13	6	16.60	6	22.17	6	12.45	6	16.63	6	0.1732	6
西北地区	41.63	4	0.00	7	0.00	7	8.33	7	49.97	5	0.1582	7

注：（1）该研究中，加权分数 =（基础条件）×20% +（财政条件）×10% +（经济条件）×20% +（投资条件）×30% +（就业条件）×20%；（2）“华南地区”即本书中的“大陆南部沿海地区”，“华东地区”即“大陆东部沿海地区”，“华北地区”即“大陆北部沿海地区”。

资料来源：台湾“台湾区电机电子工业同业公会”：《2005 年中国大陆地区投资环境与风险调查》，第 79 页。

表 3-20 大陆区域竞争力近五年排名变化分析

地区	加权分数	2005 年排名	2004 年排名	2003 年排名	2002 年排名	2001 年排名
华东地区	83.60	1	2	1	1	1
华北地区	74.69	2	1	3	2	2
华中地区	53.30	3	3	2	3	4
东北地区	35.53	4	5	4	6	6
华南地区	34.57	5	4	5	4	3
西南地区	17.32	6	6	6	5	5
西北地区	15.82	7	7	7	7	7

资料来源：台湾“台湾区电机电子工业同业公会”：《2005 年中国大陆地区投资环境与风险调查》，第 79 页。

第四章　两岸经济合作与经济增长关系的实证分析

——以江苏省和台湾地区为例

第一节　研究缘起

一、对外贸易与经济增长关系的相关理论与研究

（一）理论追溯

现代国际贸易理论认为，各国应当按照各自的要素禀赋优势发展优势产业、参与国际分工，以实现资源的有效配置和经济增长由粗放型向集约型的转化，从而有效提高国民福利水平。因此，经济学家们对国际贸易的关注和思考，一开始就不只是局限在贸易本身，而是始终都关心国际贸易会对国民经济产生什么作用①。对外贸易与经济增长的相互关系一直是理论界争论的一个焦点，其理论主要分为三类，即古典贸易理论、新古典贸易理论以及新经济增长理论。英国古典经济学家亚当·斯密所提出的动态生产率理论和“剩余产品出口”模型，包含了“对外贸易能够带动经

① 李明武：《对外贸易与经济增长关系研究综述——兼从现代经济理论角度的解读》，《学术论坛》2004年第3期，第56页。

济增长”的最初思想，认为分工的发展是促进生产率长期增长的主要因素，而对外贸易的扩大必然能够促进分工的深化和生产率的提高，加速经济增长。D·H·罗伯特逊（1949）提出的“对外贸易是经济增长发动机”学说引发了经济学界的一系列争论，该学说认为，对外贸易不仅能带来直接的如资源配置优化等的静态利益，而且能带来间接的如规模经济等的动态利益，从而促进经济增长。之后的有关研究主要有R·纳克斯（1961）、大卫·李嘉图（1962）、G·M·迈耶（1989）以及J·S·穆勒（1991）等。

J·M·凯恩斯（1999）以及后来的凯恩斯主义者提出的对外贸易乘数理论认为，一国经济增长取决于消费、投资、政府支出及对外贸易四个主要部分，贸易顺差可以增加国民收入，扩大就业，而贸易逆差则会减少国民收入，增加失业。以E·哈根为代表的国际贸易与技术进步理论，从出口贸易对技术进步的促进来寻找推动经济增长的机制。P·克鲁格曼（2001）提出的“新国际贸易理论”针对收入增长和不完善竞争对国际贸易的影响进行了分析解释，并论述了在规模报酬递增的条件下，通过出口扩大产量、降低成本，以推动经济增长的内在机制。P·M·罗默（1986）为代表的内生经济增长理论则强调经济增长并非外部力量作用的结果，而是由经济体系内部力量所引致，并在对经济增长的动力结构问题进行解释的基础上，重新论述了国际贸易促进经济增长的机制。

（二）研究现状

自20世纪90年代以来，众多学者对中国①对外贸易与经济增长的关系进行了大量的理论及实证研究。国外最早关于该命题的

① 即“中国大陆”，下同。

研究是 Kwan, A. C. C and J. A. Cotsomitis（1991），通过使用 Granger 因果关系检验方法，得出“中国是出口导向型经济”这一结论。另外，Liu, X.，H. Song and P. Romilly（1997）基于双变量 VARD 模型，通过运用 Granger 因果关系检验、Sims and Hsiao 检验以及 Geweke 检验等方法，得出“进出口贸易促进中国经济增长”这一结论。Liusong and Homilly 基于 Geweke 检验，认为中国进出口总额与经济增长间存在双向因果关系。Jordan Shan and Fiona Sun（1998）通过分析出口、工业产量、能量消耗、劳动力、进口和资本支出等变量，发现中国出口贸易额与实际工业产量之间存在双向因果关系。

国内学者对这一问题的关注主要始于 20 世纪 90 年代后期。白雪梅等（1999）通过分析进出口贸易总额与 GNP 两个变量的关系，得到中国经济增长与进出口贸易总额之间的相互因果关系。董秘刚（2000）的实证分析表明：1978 - 1998 年间，中国对外贸易与经济增长的相关性十分显著，相关系数平均达到 94% 以上。刘晓鹏（2001）对中国 1952 年以来 GDP 与进出口的有关数据变量进行了协整计量分析，认为进口增长对中国经济增长具有较大的促进作用，而出口增长对经济增长的影响却很不显著。易行健等（2004）、王坤等（2004）以及苏盛安等（2005）采用协整分析技术、误差修正模型和 Granger 因果关系检验方法，分别对中国出口、进口与经济增长之间，以及 GDP、投资、消费和进出口贸易之间的长期和短期关系进行了检视。对中国对外贸易与经济增长关系的其他主要研究还包括许启发等（2002）、包群等（2003）、张立光等（2004）以及汪浩瀚（2005）等。此外，还有一部分学者关注于对中国出口贸易和经济增长关系的研究，如尹翔硕等（1997）、李文（1997）、杨全发等（1998）、赖明勇等（1998）、彭福伟（1999）、张小济（1999）、沈程翔（1999）、魏巍贤（1999）以及许和连等（2001，2002）。另一些学者则利用多种计量分析工具，从总量和增长效应的角度，分别对中国不同区域的对外贸易与GDP增长间关系进行了更为具体的研究（曾卫峰，2001；李小平等，2004；梁碧波，2004；杨秀琴等，2005）。

对两岸贸易发展与经济增长关系这一命题，两岸学界均有较为丰富的研究，但运用定量化研究方法进行实证探讨的文章并不多见（近年来台湾"中华经济研究院"已经有部分学者开始从事相关研究）。台湾学者中，林祖嘉（2004）通过计算1990－2003年期间两岸贸易对台湾GDP成长的贡献百分点与百分比，对两岸贸易在台湾经济发展中所创造的贸易替代效应和贸易扩张效应做出比较，并进一步运用Grubel-Lloyd指标以及显示性比较利益指标（Revealed Comparative Advantage，RCA），对两岸产业内贸易的扩大对于台湾出口额，以及台湾产品出口到第三国的影响力做出了检视。吴忠吉（2004）在从纵向角度对两岸贸易发展进行回顾的基础上，分析了两岸贸易的商品结构对台湾产业结构调整的影响和作用。高长（1999）则对两岸贸易特征、台商对大陆投资趋势以及两岸经济相互依赖关系进行了较为宏观的考察。大陆学者中，胡中祥等（2001）将两岸贸易设定为外生变量，通过建立一个涵盖台湾经济各个方面的宏观经济模型，考察了两岸间商品进出口变动对台湾宏观经济主要变量的影响程度。戴淑庚等（1998）通过建构和分析一系列的多元回归分析模型，认为两岸贸易，尤其是台湾对大陆出口的持续快速扩张，对台湾经济总体经济成长以及产业结构转型升级的促进效果是相当显著的，而贸易的"乘数"

效应则是这种促进作用的传导关键。

二、外商直接投资与经济增长关系的相关研究

（一）理论追溯

外商直接投资（Foreign Direct Investment）理论[①]产生于20世纪60年代，其中一个重要的研究命题为“FDI对东道国经济发展的贡献”问题。早期以新古典主义经济增长理论为基础的研究强调，FDI对东道国经济的影响主要体现在其对东道国经济的资本积累作用。该领域中的主要代表人物当属美国经济学家H·B·钱纳里，其提出的“双缺口模型”（Dual Gap Model）试图对“FDI的流入是否能通过资本积累效应来弥补东道国的‘资本缺口’”这一命题做出验证。该理论认为，发展中国家在储蓄、外汇吸收能力等方面的国内有效供给，与实现经济发展目标所必需的资源计划要求量之间存在着缺口，即储蓄缺口和外汇缺口。利用外资既能解决国内资源不足、促进经济增长，又能减轻因加紧动员国内资源以满足投资需求，以及动员国内资源以冲销进口而出现的双重压力（H·B·Chenery, 1966）。

但是，以R·M·索罗（1957）为代表的新古典增长模型认为，长期来看，FDI并不能通过促进技术进步来影响产出增长，因此其对东道国经济增长的影响程度是有限的。直到20世纪80年代中期，由R·卢卡斯和P·罗默等人开创的内生增长理论才解释了这一现象。该理论认为，技术进步是内生的，是影响一国经济增长的主要因素，一国技术进步来源可分为自主创新和从外部引进、模仿及学习（R·E·Lucas, 1988；P·M·Romer, 1994）。

---

① 以下均简称为“FDI”及“FDI理论”。

对外开放和参与国际贸易可以产生一种外溢效应（Spillover Effect），加速先进科学技术、知识和人力资本在世界范围内的传递。国际投资和国际贸易不再是一方受益、一方受损的“零和博弈”（Zero-Sum Game），而是双方获益的“正和博弈”（Positive-Sum Game）①。Coe（1995）和Keller（1996）等研究进一步指出，一国技术变化往往不是来自本国研发，而是国外技术转移、扩散的结果，而FDI则为国际技术扩散的重要渠道。FDI不仅可以解决东道国的资本短缺问题，而且可以带来一揽子资源（主要包括先进的管理技术和经验、工作技能和诀窍、完整的国际分销渠道、研发支持、品牌和无形资产等等）②，从而在长期内带动东道国经济的增长。

（二）研究现状

在理论研究基础上，国内外学者对FDI和东道国经济增长之间的关系进行了一系列实证检验，并得出不同结论。一部分学者认为，FDI在东道国会产生正向的技术溢出效应，促进东道国的技术进步，提高东道国的经济效率，扩大东道国的出口，从而对东道国经济增长起到积极作用。例如，Jansen（1995）以及Athukorala and Menon（1995）在对泰国以及马来西亚的研究中发现，外商直接投资能够通过新技术的引入，提高东道国的经济效率，对当地的私人投资水平和出口产生直接而强烈的正向影响，并带来较高的经济增长。Borensztein，Gregorio and Lee（1995）通过对69个发展中国家1970－1989年间的数据进行分析，检验

① 沈坤荣：《外国直接投资与中国经济增长》，《管理世界》，1999年第5期，第23页。

② 王艳丽，刘传哲：《外商直接投资与我国经济增长问题研究综述》，《中国矿业大学学报（社会科学版）》，2005年第4期，第77页。

OECD的直接投资对发展中国家经济增长的影响，发现FDI作为技术转移的重要工具，可以为经济增长做出高于国内投资的积极贡献。其他较具代表性的研究还包括 Balasubramanyan（1996）、A. Bende-Nabende and J. L. Ford（1998）、Arrken and Harrison（1999）以及De Mello（1999）等。

另外一部分学者则认为，由于技术差距的存在，FDI在东道国的技术溢出效应几乎为零，加上其对国内投资产生的替代效应，并不有利于东道国经济的增长。Cornwall and Cornwall（1994）运用一个包含需求与结构变化的模型，对欧洲统一大市场进行效果估算，发现新经济增长模型夸大了国际间贸易以及生产要素的自由流动（包括FDI）对经济增长的作用。Easterly（1999）认为，当外资企业与国内企业收益差距很大时，利用优惠政策吸引外资反而会阻碍国内投资，进而不利于经济增长。N. Fabry and S. Zeghni（2002）以及L. P. King and R. Varadi（2002）分别对俄罗斯以及匈牙利两个特殊转型经济国家的相关数据进行了分析，得到较为一致的结论，即：FDI在短期内可以对经济起到促进作用，但在长期内则存在外国公司的成功而导致的有害的市场集中，从而阻碍经济增长的可能性。

关于外商直接投资与中国经济增长关系的问题，众多学者也做出了有益的探讨，并且多数研究均认为FDI能够有效促进经济增长。Chung Chen，Lawrence Chang and Yimin Zhang（1995）从数量、来源、地理分布以及组成等几个方面，探讨了FDI在中国1978年以后经济发展中的作用问题；Yanrui Wu（2000）在新经济增长理论框架下，将FDI视作一个独立要素投入，衡量了其对中国几个主要经济开放地区经济发展的作用。一部分学者通过建立计量经济模型，利用FDI与GDP的数据，验证FDI与中国经济增长的关系。沈坤荣（1999）和王新（1999）分别运用多元滞后分布模型以及哈罗德－多马动态经济增长模型，对FDI在中国的增长效应进行了分析；萧政等（2002）利用中国和其他23个发展中国家经济总量数据，建立了FDI与经济增长关系的时间序列模型；沈坤荣等（2002）通过构建中国内生增长模型，对外国直接投资、技术外溢与内生经济增长进行了实证分析和检验。其他相关研究还包括张纪康（1999）、黄华民（2000）、周淑景（2000）以及窦祥胜（2002）等。另外，还有部分学者利用协整与误差修正模型以及Granger因果关系法，对FDI与中国经济增长关系进行了检验（刘恩专，1999；李静萍，2001；杜江等，2002；魏巧琴等，2003；任永菊，2003；陈伟国等，2004）。

对于“台商对大陆投资与两岸经济增长”这一命题，两岸学者多从定性角度进行分析，且较偏重于对发展动态的关注。从已有文献来看，大陆已有部分学者运用定量分析方法对该问题做出了一定研究，但似乎鲜有台湾学者作出类似的研究尝试。潘文卿等（2001）通过建立一个“祖国大陆与台湾宏观经济联接模型”，从资本流动方面模拟研究了大陆经济对台商直接投资的依存问题，其结论显示，台商投资对大陆经济发展有一定程度的影响，而台商对大陆减少投资，也会对台湾经济运行产生负面影响。黄景顺等（2004）采用“递归系统模型”这一特殊联立方程形式，建立了基于台商投资大陆的中型宏观经济模型，并通过二套模拟方案，考察台商投资变动对大陆主要宏观经济变量的影响。李保明等（2004）利用SPSS统计软件，对台商投资与两岸贸易关系进行了检验，发现台商投资与两岸贸易间具有显著的互补关系，自台进口效应大大超过对台出口效应，台商投资的贸易效应呈现出单向、不平衡的特征。张传国（2004）则通过建立回归模型，对台商对大陆投资与两岸贸易的互动效应进行了研究，其主要结论包括：台商投资与两岸贸易之间存在密切的互动关系与互补关系，而非替代关系；台商投资的贸易驱动效应是不平衡的，对大陆是逆差效应；两岸贸易对台商投资的诱发效应，明显小于台商投资对两岸贸易的驱动效应，两岸贸易只是推动台商大陆投资的重要因素之一。

从对已有理论文献的回顾中，我们发现如下两个问题十分值得注意：

第一，从研究方法来看，以简单回归作为分析方法的文献居多，而运用更为科学的计量分析工具（如协整检验和因果关系分析）的文献则相对较少①。相当一部分学者在对对外贸易与FDI同中国整体经济增长关系做出实证研究时，采用的是经济变量时间序列的简单相关分析，以及普通最小二乘法（OLS）的回归分析，这就不可避免地会受到时间序列非平稳性的影响，产生“伪回归”（Spurious Regression）现象，从而影响最终结果的解释力。

第二，就研究范围而言，以中国整体性经济为研究对象的文献居多，而对中国各区域的对外贸易与FDI同经济增长关系的研究文献则相对较少。进一步，我们可以看到，在两岸经贸关系研究领域，学者们虽然对中国大陆与台湾，以及大陆不同区域与台湾的经济合作问题研究涉及较多，但大多停留于定性分析或简单定量分析，而对于“经济合作究竟能够对两岸经济产生何种影响，

① 对经济时间序列采用协整检验和因果关系分析方法的优点，后续文中将做进一步说明。

两岸经济合作与经济增长之间是否存在长期的动态均衡关系，这种均衡关系能否进一步量化，大陆各区域与台湾经济合作对各自经济发展的作用力又是多少”这一类问题的实证研究则更加少见。因此，采用计量分析方法对此类问题进行研究就显得十分必要和重要了。

第二节　实证检验方法

近二十年来，随着非平稳时间序列分析，特别是时间序列单位根检验（Unit Root Test）与协整（Co-integration）分析技术的发展，学术界对宏观经济数据的看法已发生了根本性的变化，对其分析也逐渐形成了标准模式，即：在建立模型之前，首先检验数据序列的平稳性，若数据表明是非平稳的（含有单位根），则需要差分以达到平稳性要求；如果多个数据序列非平稳，则还要考虑这些变量之间是否存在协整关系；最后，在此分析基础上，建立分析模型进行估计和推断①。遵循这一研究模式，我们将运用Eviews 3.1统计分析软件，对经济变量时间序列的分析处理沿“单位根检验——协整分析——误差修正模型——因果关系检验”这一技术路径进行。

一、单位根检验

变量时间序列的平稳性是计量经济学分析的基本要求之一，单位根检验即是对变量平稳性的检验。一个时间序列如果有稳定

① 赖明勇，许和连，包群：《出口贸易与经济增长：理论、模型和实证》，上海：上海三联书店，2003年8月，第81页。

量模型。

根据 Granger 定理，一组具有协整关系的变量具有误差修正模型的形式。因此，在协整检验的基础上，我们进一步建立包括误差修正项在内的误差修正模型（ECM），以此来研究各变量间关系的短期动态调整与长期均衡特征。误差修正模型的一般表达形式为：

$$\Delta Z_t = a - bA'Z_{t-1} + r_1\Delta Z_{t-1} + r_2\Delta Z_{t-2} + \cdots + r_p\Delta Z_{t-p} + \varepsilon_t$$

其中，Z_t 为一个 n 维随机向量，p 为滞后阶数，$A'Z_{t-1}$ 表示长期均衡关系。

误差修正形式的经济含义是：Z_t 在 t 时刻的增量，决定于在 $t-1$ 时刻该变量与其他被解释变量长期均衡关系的“误差”。若这一误差为正，Z_t 在 t 时刻就应做相应的负向修正，即表现为一个负反馈过程；反之，若误差为负，则做相应的正向修正，表现为一个正反馈过程。Z_t 就在不断的“修正”过程中发展。误差修正项的大小体现出变量从短期的非均衡状态向长期的均衡状态调整的速度（或力度），因此能够突出变量间长期均衡关系对短期的影响程度；同时，通过对现有时间序列进行一阶差分，也可以有效地减轻数据的非平稳性。

四、Granger 因果关系检验

在确定一组变量存在协整关系之后，仍然有必要继续深入挖掘的是，变量间的长期均衡关系是否也构成某种因果关系，这种因果关系的方向又如何。对此，我们采用 Granger（1969）和 Sims（1972）提出的因果关系检验法来做出进一步分析。

如果变量 x 有助于预测变量 y，即根据 y 的过去值对 y 进行自

回归时，如果再加上 x 的过去值，能够显著增强 y 被回归的解释程度，则称 x 是 y 的 Granger 原因（Granger Cause）（记为“$x\Rightarrow y$”）；否则称为非 Granger 原因（记为“$x\nRightarrow y$”）。同时，Granger（1988）指出，如果变量之间是协整的，那么至少存在一个方向上的 Granger 原因；在非协整情况下，任何原因的推断将都是无效的。

在存在协整性的前提下，为了使推断更有效，需要引入误差修正项，则检验模型为：

$$y_i = c + \sum_{i=1}^{p} \alpha_i y_{t-i} + \sum_{j=1}^{q} \beta_j y_{t-j} + \gamma EC_{t-1} + \varepsilon_t \qquad \text{(a)}$$

检验零假设为：x 是 y 的非 Granger 原因，即 H_0：$\beta_1 = \beta_2 = \cdots = \beta_q = 0$，检验统计量为：

$$F = \frac{(RSS_R - RSS_U)/q}{RSS_U/(T - p - q - 1)} : F(q, T - p - q - 1)$$

F 统计量在原假设成立的条件下服从自由度为（q，$T-p-q$）的 F 分布。其中，RSS_R 是限制性变量 $\beta_j = 0$（$j=1, 2, \cdots, q$）时式（a）OLS 估计的残差平方和；RSS_U 是非限制方程式（a）OLS 估计的残差平方和；T 为样本容量；p 和 q 分别为 y 和 x 的滞后阶数，我们可以根据赤池信息准则（Akaike Information Criterion，AIC）来确定（先确定 p，再确定 q）；EC_t 为误差修正项（即协整方程中的回归残差项 u_t）；检验的零假设和检验统计量不变。

第三节　江苏经济增长与苏台经济合作关系的实证分析

经济合作是指不同国家或地区之间，由于自然资源禀赋不同以及经济社会发展水平差异而形成的生产诸要素相互流动、相互补偿、相互依赖的关系。通过相互提供产品、资金、技术以及劳务等经济合作形式，区域间能够有效实现优势互补，从而达到生产要素的充分利用。在市场经济原则下，两岸生产因素基于追求最佳利润或比较利益而进行相互交流与结合，不仅隐藏着巨大的发展潜力，而且具有明显的发展效能。两岸经济交流互相调适，各尽所能，各取所需，越来越趋紧密。区域之间经济相互依赖度的不断加深，决定并规范着台湾经济的发展趋势①。20 世纪 80 年代，台商向大陆投资以及由此带动的台湾对大陆出口贸易开启了两岸经济合作的篇章，之后历经“间接到准直接”、“单向到双向”的曲折发展历程，两岸贸易和台商投资规模持续增长，合作形式也由最初的主要以垂直型的产业间分工向水平型的产业内分工发展。两岸经济合作在有效推动两岸经济相互依赖度的不断加深，形成“你中有我，我中有你”的交互融合的发展格局的同时，对促进大陆与台湾各自经济的增长及产业升级转型也发挥着重要的作用。

本节及下一节内，我们将在对两岸经济合作发展做出简要回顾的基础上，试图通过建立适当的计量分析模型，对“大陆和台湾经济增长与两岸经济合作关系”这一问题进行较为系统、深入的实证研究，探寻大陆及台湾经济增长与两岸贸易及台商对大陆投资之间是否存在长期的均衡关系，以及如果存在这种均衡关系，又应该如何对其进行定量化检视。需要指出的是，我们并没有以大陆整体作为研究对象，而是选取大陆东部沿海地区中的江苏省作为两岸经济合作双方中，大陆方面的代表性地区进入模型，即

① 李非：《台湾经济发展通论》，北京：九州出版社，2004 年 6 月，第 6 页。

试图借鉴“案例分析”的研究范式。这一方面是由于江苏省是大陆与台湾经贸交流开展相对最早、规模最大、发展最快、经济合作形式相对成熟的区域；另一方面也能够较好地克服大陆经济发展的区域性差异对实证分析过程造成的波动性干扰，从而增强模型输出结果的解释能力。因此，对“江苏省经济增长与苏台经济合作关系”这一命题的研究，应该具有更加典型的示范效应。

一、苏台经济合作发展特点

江苏、台湾两地的经济合作萌芽于20世纪80年代初，初期进展迟缓，规模较小，但进入90年代则开始呈现迅猛成长的趋势。经过25年的发展，两地经济合作迈入高层次的全新阶段。具体表现为，在贸易和投资规模不断扩大的基础上，经贸交流由一般意义上的资源互补性交流，发展成为结构性的深层次交流与相互关联；经贸效果由单纯的单方出口贸易扩张，逐渐深入到双方经济结构调整以及经济规模扩张进程之中。

（一）苏台贸易关系发展特点

1. 贸易规模不断扩大，发展速度保持迅猛增势

江苏与台湾两地的间接贸易①从1981年开始，当年江苏从台湾进口金额仅为199万美元，对台湾出口则为零。之后两地贸易在1982－1983年曾一度中断，1984年起重新恢复，但仍然仅限于江苏从台湾的单向进口。直至1989年，江苏省首次对台湾出口33万美元，两岸间双向贸易才得以正式开启②。进入20世纪90年代

① 江苏与台湾两地贸易有近九成以香港作为中转地，其余部分则主要通过澳门、日本以及新加坡等地进行中转。

② 周茂清：《江苏、台湾两省经济合作问题研究（续）》，《江苏经济探讨》，1997年第5期，第43页。

以来，苏台贸易规模不断扩张。2005 年，江苏对台贸易实现 260.12 亿美元，其中江苏自台湾进口总额达 211.44 亿美元，对台湾出口总额也达 48.68 亿美元。台湾已成为江苏的第二大出口地区、第七大进口地区以及仅次于日本、美国和韩国的第四大贸易伙伴地区。

表 4－1　苏台贸易发展统计　　单位：亿美元

年度	江苏对台湾出口		江苏自台湾进口		贸易逆差（江苏）		进出口贸易总额	
	金额	增减(%)	金额	增减(%)	金额	增减(%)	金额	增减(%)
1990	0.05	1387.9	0.11	325.20	0.06	166.52	0.16	447.40
1991	0.19	280	0.08	−27.27	−0.11	−283.33	0.27	68.75
1992	0.59	210.53	0.16	100	−0.43	−290.91	0.75	177.78
1993	1.08	83.05	1.12	600	0.04	109.30	2.20	193.33
1994	1.97	82.41	2.89	158.04	0.92	2200	4.86	120.91
1995	3.17	60.91	2.88	−0.35	−0.29	−131.52	6.05	24.49
1996	2.55	−19.56	7.86	172.92	5.31	1931.03	10.41	72.07
1997	2.36	−7.45	11.72	49.11	9.36	76.27	14.08	35.26
1998	3.14	33.05	12.41	5.89	9.27	−0.96	15.55	10.44
1999	3.65	16.24	17.89	44.16	14.24	53.61	21.54	38.52
2000	5.38	47.40	26.54	48.35	21.16	48.60	31.92	48.19
2001	6.23	15.80	32.15	21.14	25.92	22.50	38.38	20.24
2002	10.62	70.47	60.36	87.74	49.74	91.90	70.98	84.94
2003	18.69	75.99	112.08	85.69	93.39	87.76	130.77	84.24
2004	32.75	75.23	178.55	59.31	145.80	56.12	211.30	61.58
2005	48.68	48.64	211.44	18.42	162.76	11.63	260.12	23.11
累计	141.1	58.21*	678.24	65.55*	537.14	69.39*	819.34	63.71*

注：（1）增减（%）系指与上年同期比较；（2）“*”为年平均增长率。

资料来源：（1）江苏省统计局：《江苏统计年鉴 2000》、《江苏统计年鉴 2001》、《江苏统计年鉴 2002》、《江苏统计年鉴 2003》、《江苏统计年鉴 2004》、《江苏统计年鉴 2005》、《江苏统计年鉴 2006》；（2）周茂清：《江苏、台湾两省经济合作问题研究（续）》，《江苏经济探讨》，1997 年第 5 期，第 43 页；（3）江苏省对外贸易经济合作厅数据资料，http://www.jsdoftec.gov.cn/DataSearch.asp；（4）本研究计算整理。

表4-1的数据进一步显示，苏台贸易除在个别年份受两岸政治因素影响（如1995和1996年）而出现下滑之外，整体上呈现出逐年大幅上升的发展趋势。20世纪90年代初期为苏台贸易增长最快、波动性最强烈的时期，从90年代末期开始，两地贸易逐渐步入相对成熟稳定的发展阶段，但仍然保持迅猛增势。总体而言，1990-2005年的16年间，江苏对台湾出口年平均递增达58.21%，自台湾进口年均增幅也达到65.55%，而两地贸易总额年均增长率则高达63.71%。截至2005年底，苏台贸易总额累计已达819.48亿美元，其中江苏自台湾进口总额达678.38亿美元，对台湾出口总额则达到141.10亿美元，分别占江苏省对外贸易累计总额的9.64%、17.60%和3.04%，以及大陆与台湾贸易累计总额的16.54%、16.39%和17.29%①。

2. 贸易结构长期失衡，相互依赖程度日益加深

苏台贸易结构的长期失衡集中表现为江苏对台湾在绝大多数年份的持续逆差。1989年以前，由于台湾当局禁止输入大陆商品，苏台贸易一直为江苏自台湾进口产品的单向贸易；1989年，在岛内外各种压力之下，台湾当局被迫开放大陆商品间接入台，江苏商品开始销往台湾，此后销量几乎连年翻番。但由于台湾当局在两岸贸易中一贯奉行“宽出严进”政策，除1991、1992和1995年之外，其余年份，江苏自台湾进口均大大高于对台湾出口，两地间贸易关系呈现出严重的非均衡状态。1981年江苏对台湾贸易逆差为199万美元，到1996年已攀升至5.31亿美元。进入21世

① 根据江苏省对外贸易经济合作厅数据资料，http://www.jsdoftec.gov.cn/DataSearch.asp、《江苏统计年鉴2006》、国台办《两岸经贸统计数据历年两岸贸易统计表》以及台湾“行政院大陆委员会”《两岸经济统计月报》统计数据整理计算。

产业中中下游企业对大陆的投资热潮，纷纷进行“前店后厂”的生产布局，江苏也随之发展为大陆电子产品的主要生产和出口贸易基地，电子资讯产品开始逐渐取代传统出口产品而成为苏台贸易的主要产品。近年来，江苏对台出口主要集中于光驱、显示器、液晶屏幕、鼠标和键盘等电脑零配件，以及集成电路、二极管和印刷电路等电子产品，从台湾进口则以电机设备及其零件、光学仪器及其零件以及机械用具及其零件为主。

（二）台商对江苏投资发展特点

1. 发展跨越四个阶段，逐渐进入稳定成长时期

江苏引进台资最初始于1988年，相对晚于广东、福建两省，但发展迅速。经过近20年的发展，到目前为止，江苏已经成为大陆吸引台商投资最为活跃的地区之一。台资企业聚集江苏，已经融入并影响到全省经济社会的各个方面。概括来看，台商在江苏的投资大体经历了四个阶段：

表4－3　台商对江苏投资统计

年份	台湾统计数据			大陆统计数据			
	件数（项）	核准金额（亿美元）	单项规模（万美元）	件数（项）	协议金额（亿美元）	单项规模（万美元）	到资额（亿美元）
1990	—	—	—	60	1.18	196.67	0.27
1991				247	1.26	51.01	0.32
1992	1127	6.79	60.25	1472	14.03	100	2.34
1993				1913	16.97	88.70	5.62
1994				856			9.49
1995	74	3.68	496.77	811			4.94
1996	64	3.28	512.73	529			9.28
1997	851*	6.59	77.42*	462	57.66	166.89	2.35
1998	346*	4.08	118.05*	400			4.46
1999	90	3.24	359.79	397			6.72
2000	225	9.31	413.58	584	13.11	224.49	5.81

续表

<table>
<tr><th rowspan="2">年份</th><th colspan="3">台湾统计数据</th><th colspan="4">大陆统计数据</th></tr>
<tr><th>件数（项）</th><th>核准金额（亿美元）</th><th>单项规模（万美元）</th><th>件数（项）</th><th>协议金额（亿美元）</th><th>单项规模（万美元）</th><th>到资额（亿美元）</th></tr>
<tr><td>2001</td><td>214</td><td>10.46</td><td>488.90</td><td>691</td><td rowspan="2">49.83</td><td rowspan="2">241.42</td><td>4.59</td></tr>
<tr><td>2002</td><td>639 *</td><td>22.23</td><td>347.90 *</td><td>1373</td><td>4.16</td></tr>
<tr><td>2003</td><td>815 *</td><td>26.01</td><td>319.15 *</td><td>1238</td><td>34.78</td><td>280.94</td><td>18.28</td></tr>
<tr><td>2004</td><td>370</td><td>24.87</td><td>672.10</td><td>1062</td><td>38.91</td><td>366.38</td><td>10.22</td></tr>
<tr><td>2005</td><td>327</td><td>21.35</td><td>417.89</td><td>—</td><td>—</td><td>—</td><td>8.67</td></tr>
<tr><td>累计</td><td>5142</td><td>135.10</td><td>262.74</td><td>12095</td><td>227.73</td><td>189.36</td><td>97.52</td></tr>
</table>

注：（1）2005 年数据为初步估算数；（2）“*”含当年依据《台湾地区与大陆地区人民关系条例》第 35 条规定，向台湾“经济部”提出补办申请核准案件件数及金额；（3）此处江苏不包括上海。

资料来源：（1）台湾“经济部投资审议委员会”《华侨及外国人投资、对外投资、对中国大陆投资统计月报 2005 年 9 月》统计；（2）江苏省统计局《江苏统计年鉴 2000》、《江苏统计年鉴 2001》、《江苏统计年鉴 2002》、《江苏统计年鉴 2003》、《江苏统计年鉴 2004》、《江苏统计年鉴 2005》、《江苏统计年鉴 2006》；（3）江苏省对外贸易经济合作厅数据资料，http：//www.jsdoftec.gov.cn/DataSearch.asp；（4）本研究计算整理。

（1）初期起步阶段（1988 - 1991 年）。1988 年，台资首度进入江苏，当年全省新批台资项目（直接投资，下同）8 项，协议台资 186 万美元，台商实际投资 26 万美元。此后，台资企业逐年增加，1991 年当年新批台资项目 192 项，协议台资 1.26 亿美元，台商实际投资 3210 万美元。四年间，全省累计新批台资项目 281 项，协议台资 2.69 亿美元，台商累计实际投资 4492 万美元。

（2）快速发展阶段（1992 - 1993 年）。邓小平南方会谈发表之后，台商在江苏投资掀起高潮。1992 年当年新批台资项目 1472 项，协议台资 14.03 亿美元，实际到资额 2.34 亿美元，分别为前四年（1988—1991）总和的 3.99 倍、4.2 倍和 4.1 倍。1993 年台商投资再上新台阶，当年新批台资项目1913项，协议台资16.97亿美元，实际到资5.62亿美元。

（3）回落调整阶段（1994－2000年）。1994年，受大陆通货膨胀及宏观调控等经济情势变动以及亚洲金融危机的影响，外商在华投资有所减少，台商投资江苏也开始步入调整时期。1994－1998年的各年中，江苏批准台资项目分别下降到856、811、529、462和400项。1994－2000年平均每年批准台资项目577项，协议台资金额10.11亿美元，实际到资额则回落至4.75亿美元。

（4）稳定成长阶段（2001年至今）。进入21世纪，台湾经济在岛内政治乱象、国际经济形势波动等多方面因素影响下，呈现出低迷发展态势。与此同时，大陆经济保持高速增长。岛内产业加快向大陆转移的步伐，台商在江苏投资再掀高潮，并逐步进入稳定发展阶段。2003年，江苏全省批准台资项目1238项，协议台资34.78亿美元，台商实际投资18.28亿美元，分别占当年对大陆投资总量的27.5%、40.6%和54.1%，与2000年相比，三项指标年均增长28.5%、38.4%和46.5%，分别高于大陆同期增幅15.4、10和32.8个百分点。截至2005年底，江苏累计批准台资项目13200项，协议台资279.12亿美元，台商实际投资94.12亿美元，分别占大陆台商投资累计总额的19.38%、31.12%和22.53%。

2. 项目规模不断扩大，投资理念注重长期发展

江苏所拥有的经济基础扎实、交通方便快捷、投资环境良好、居民素质较高、人力资源丰富以及市场潜力巨大等众多发展优势，对台资产生强大吸引力。到2003年9月，台湾百大民营企业中已有60多家来江苏兴办了200多家企业，而电子、通信、机械、石化、纺织、建材、塑胶、橡胶、制药、服装、家具以及食品等行

业的300多家台湾上市上柜公司和行业龙头企业也已陆续进驻江苏。在江苏投资的台湾企业中，总投资额超过1000万美元的有1700多家，其中20家企业投资规模在1亿美元以上①。2000至2005年，江苏台商投资单项规模已达443.25万美元，是同期台商在大陆投资单项规模的2.41倍。

由于投资效益普遍趋好，投资回报率较高，台商投资理念渐趋理性化和长期化。表现为：一是台资企业的资金到位率与开业率逐年提高，平均超过60%，苏州等地更是高达70%以上②。在先期落户江苏的台资企业陆续进入投资回报期的利好形势下，台商投资江苏信心倍增，纷纷增资扩股，实施长远发展战略。截至2004年底，江苏已有1000多家台资企业增资，增资额超过40亿美元③，增资扩股已成为江苏台资稳健增长的重要支点。二是岛内工商界人士纷纷进入江苏考察，以寻找发展商机。仅2003年一年，通过官方的正式渠道进入江苏进行投资考察的台湾工商界团队就有150多批、3000多人（次），其中不乏岛内著名大企业及行业公会组织，较往年有大幅增长④。

3. 投资产业关联度高，产业集聚效应初步显现

在外向型经济引导下，江苏台资企业的产业集聚效应已初步形成，行业龙头企业与中小企业配套协作、相互促进。其基本形

---

① 人民网：《台资聚集江苏 苏台经济合作前景阔》，http：//tw.people.com.cn/GB/14810/14860/2097388.html，2003－09－19。

② 中国网：《苏南成为台商投资大陆最钟情的热土》，http：//english.hanban.edu.cn/chinese/2002/Jan/97532.htm，2002－01－15。

③ 文新传媒：《近四年江苏吸引台资居大陆首位》，http：//www.whb.com.cn/csj/csjjj/t20050111_ 357567.htm，2005－01－11。

④ 江苏省统计局：《台商投资在江苏的发展趋势及其影响》，http：//www.jssb.gov.cn/tjfx/tjfxzl/80200501040129.htm，2004－12－27。

态包括：多家厂商向同一供应商购买中间产品、多家厂商向同一上游企业供应零组件①、劳动力集聚以及沟通效应的产生。具体表现为：

龙头带配套。台湾大企业先期进入，带动配套企业跟进，实现规模生产、协作配套链接和基地化发展，形成以大企业为核心、配套企业为辅助的紧密结合型企业群体。例如，台湾IC行业的联华、英业达等著名大企业在苏州和南京投资后，带动台湾100多家配套厂商跟进；而自行车行业的捷安特等龙头企业落户无锡、常州、昆山、太仓等地后，也吸引了100多家中小企业前来配套。

配套引龙头。台湾大量中小企业落户后，形成较为齐全的产业配套能力，吸引岛内优势龙头企业前来投资，从而形成关联企业群体。例如，一批台湾电子元器件生产厂商到吴江投资后，吸引台湾大企业先后入驻，使吴江一跃成为台资电子制造业的集聚地。而目前，苏州地区的台资IT产业已逐步实现电脑及周边产品、电子基础材料、通讯系统等产品的规模生产；无锡地区初步形成了以光电子和资讯零件加工为主的企业集群；南京、镇江、南通、扬州和常熟沿江地区则聚集了一批台资石化、建材和钢铁企业，且投资规模较大、关联度较高。

4. 产业链正加速形成，电子信息产业成为主体

近年来，台商投资江苏呈现出宽领域、多层次的发展格局，部分投资已从传统的劳动密集型产业转向资本密集和技术密集型产业，电子信息产业尤其成为投资的新热点。江苏现有电子信息类台资企业1000多家，包括联华、鸿海、宏基、华硕、台达、仁

① 这是昆山台商投资中最典型的现象。据统计，当地台商彼此之间的采购比重已达到60%以上。

宝、英业达等众多台湾知名电子企业，有效带动了上中下游企业的跟进投资。目前，江苏台资电子信息产业已初步形成从零部件到电脑整机生产的完整产业链，展现生产协作配套齐全以及研发、设计、制造销售同步发展的格局。

台商在电子信息产业累计投资已占在江苏总投资的50%。台湾前20家最大的电子信息类上市公司中已有17家落户江苏，而十大笔记本电脑公司中也有9家来江苏投资。一批台湾大企业还与东南大学、苏州大学合作投资开发IT产业技术和开展人员培训。至2004年10月，昆山已集聚了500多家台资IT企业，投资总额达68亿美元，形成年产1000万台笔记本电脑、1000万台数码相机、1000万台手机的生产能力。苏州高新技术产业区台资企业生产的主机板、芯片电阻、液晶电视逆变器等产品产量业已位居世界第一①。

5. 投资领域不断拓展，服务行业投资进展加快

除了传统制造业，台商在江苏投资正逐步向农业、基础产业和现代服务行业延伸，对能源、仓储、房地产、教育卫生、商业零售、金融以及旅游等行业的投资日趋增多。台湾彰化银行已在昆山开设代表处，并有可能成为大陆第一家获准经营普通业务的台资银行。台商在江苏开设的炎黄大学、明达大学、培尔学院和建东大学等高校，其毕业生就业率高达95%。台商在苏州、无锡、南京等地开办的大型超市以及酒店等服务性设施达290多个。而江苏的台资房地产开发公司和台资餐饮娱乐酒店项目也已超过300个。此外，台资担保公司、电子商务、医疗康

---

① 浙商网：《沪苏浙地区：台资进入“各取所需”》，http：//biz. zjol. com. cn/05biz/system/2005/05/18/006114041. shtml，2005－05－18。

复机构、人才中介、会计事务所、咨询公司、物流公司等，均已在江苏相继出现①。

6. 投资区域相对集中，开始呈现逐步北扩之势

目前，台商在江苏的投资主要集中在南京、苏州、无锡、常州、镇江等沿江苏南地区，五市的台资企业数占全省总数的80%以上，协议台资占全省台资总额的90%以上，是台商投资大陆最密集的地区之一。但近年来，台资分布开始逐步向苏中、苏北地区延伸，扬州、南通、泰州吸收台资上升趋势明显，新批台资企业数和协议台资均呈大幅度增长势头。2004 年前三季度，扬州市新批台资项目 68 家，协议台资 3.38 亿美元，同比分别增长了 30.8% 和 224%。其中，新批投资 1000 万美元以上的台资项目 29 项，为 2003 年的一倍；南通新批台资项目 112 项，协议台资 3.5 亿美元，分别同比增长 37% 和 24%；另外，徐州、淮安、连云港等市台商投资也有明显提升②。

二、实证检验过程

本节选取 1990 – 2005 年的时间序列数据作为分析样本。其中，大陆数据来源于《中国统计年鉴》、《江苏统计年鉴》以及商务部、国务院台办等相关部门统计资料，台湾数据则选取自“行政院主计处”、“行政院大陆委员会”以及“经济部投资审议委员会”等相关部门统计资料。具体指标选择上，采用江苏历年 GDP（记为 sgdp）及第二产业占 GDP 的比重（记为 sr_2），作为其经济

① 人民网：《台资聚集江苏 苏台经济合作前景阔》，http：//tw. people. com. cn/GB/14810/14860/2097388. html，2003 – 09 – 19。

② 江苏省统计局：《台商投资在江苏的发展趋势及其影响》，http：//www. jssb. gov. cn/tjfx/tjfxzl/80200501040129. htm，2004 – 12 – 27。

总量增长及经济结构发展的衡量指标；历年苏台贸易额（记为 sttrade）以及台商对江苏投资实际到资额（记为 stinv），作为苏台经济合作发展的衡量指标。

在数据处理上，首先，对 sttrade 以及 stinv 依照历年人民币兑美元年均汇价进行折算；其次，为剔除价格波动的影响，对 sgdp 历年数据采用地区生产总值指数、贸易及投资额历年数据采用商品零售价格指数（1978 = 100）分别进行价格平减；最后，为消除时间序列中存在的异方差现象，同时为使序列趋势线性化，对价格指数化后的数据再分别取自然对数，记为 ln（sgdp）、ln（sr_2）、ln（sttrade）和 ln（stinv）①。

（一）江苏经济总量增长与苏台经济合作关系的实证检验

1. 单位根检验

在进行单位根检验之前，我们首先对 ln（sgdp）、ln（sttrade）和 ln（stinv）的水平和差分序列图进行初步分析。

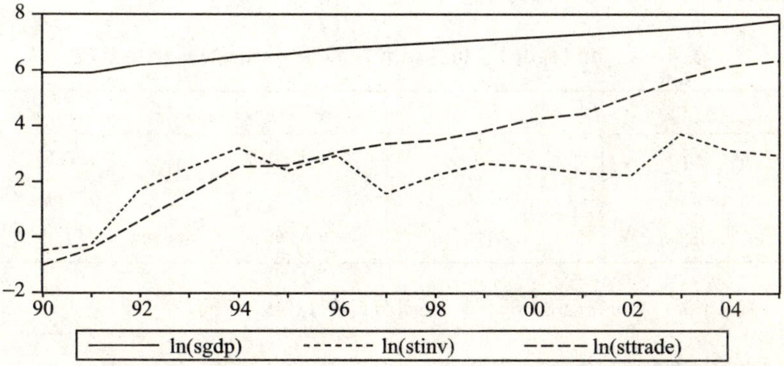

图 4 – 1　ln（sgdp）、ln（stinv）和 ln（sttrade）水平序列趋势图

图示来源：本研究运用 Eviews 3. 1 统计分析软件绘制，下同。

① 对数化后生成的新变量序列仍然可以保留原序列的所有信息。

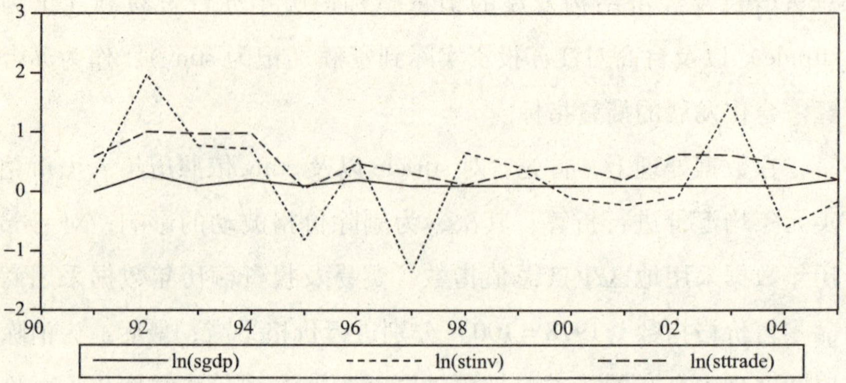

图 4-2 ln（sgdp）、ln（stinv）和 ln（sttrade）差分序列趋势图

图 4-1 显示，ln（sgdp）、ln（sttrade）和 ln（stinv）均呈现方向较为一致的逐渐递增趋势，但三者应该都是非平稳序列。从图 4-2 可以进一步发现，ln（sgdp）、ln（sttrade）和 ln（stinv）的一阶差分序列应该均为平稳变量，并且变化周期相似。另外，三变量间具有较高的相关系数，因此我们可以初步判断它们之间可能存在某种协整关系。

表 4-4 ln（sgdp）、ln（stinv）和 ln（sttrade）相关系数

	ln（sgdp）	ln（stinv）	ln（sttrade）
ln（sgdp）	1	0.8016	0.9120
ln（stinv）	0.8016	1	0.7868
ln（sttrade）	0.9120	0.7868	1

资料来源：本研究运用 Eviews 3.1 统计分析软件计算，下同。

ADF 单位根检验结果表明，水平序列 ln（sgdp）、ln（sttrade）和 ln（stinv）不能拒绝单位根假设，存在单位根，因此是不平稳时间序列；而其一阶差分序列 Δln（sgdp）、Δln（sttrade）和 Δln（stinv）全部拒绝单位根假设，不存在单位根，因此均为平稳时间序列。

表 4 –5　ADF 单位根检验结果

变量	ADF 统计量	临界值	AIC	SC	D. W.	检验形式	结论
ln（sgdp）	−3. 3970	−3. 8730**	−4. 7135	−4. 4711	2. 5379	（c，t，3）	不平稳
ln（stinv）	−3. 6976	−3. 8288**	1. 9406	2. 1579	2. 2769	（c，t，2）	不平稳
ln（sttrade）	−3. 7675	−3. 8730**	−0. 2117	0. 0307	2. 0170	（c，t，3）	不平稳
Δln（sgdp）	−2. 9645	−2. 7989*	−4. 0569	−3. 9357	1. 9387	（n，n，2）	平稳
Δln（stinv）	−3. 2179	−2. 8270*	2. 4794	2. 6241	2. 1478	（n，n，2）	平稳
Δln（sttrade）	−4. 0425	−3. 1801**	0. 1049	0. 2858	1. 5779	（c，n，3）	平稳

注：（1）检验形式中的 c 和 t 表示单位根检验方程包括常数项和趋势项，第三项数字表示滞后阶数，n 表示不包括 c 或 t，下同；（2）滞后期的选择标准是以 AIC 和 SC 值最小为准则，加入滞后项是为了使残差项为白噪声，下同；（3）“Δ”表示变量序列的一阶差分，下同；（4）“*”、“**”和“***”分别表示显著水平为 1%、5% 和 10% 的临界值，下同。

2. 协整分析

由单位根检验可知，变量 ln（sgdp）、ln（sttrade）和 ln（stinv）均为 I（1）单整序列，满足进行协整检验的条件。接下来，我们根据无约束的 VAR 模型的残差分析结合似然比检验法，确定 VAR 模型的最优滞后期，进而采用 Johansen 协整检验方法来确定三个变量间的协整关系。通过模型选择的联合检验，确定常数项约束在协整空间内，且协整方程有截距的模型为最合适的协整检验模型。检验结果如表 4 –6 所示。

表 4 –6　Johansen 协整检验结果

检验变量	特征值 Eigenvalue	零假设（H_0）	备择假设（H_1）	似然比 Likelihood Ratio	5% 临界值	1% 临界值	结果
ln（sgdp）、 ln（stinv）	0. 754587 0. 002225	$r=0$ $r\leq1$	$r=1$ $r=2$	18. 29150 0. 028963	15. 41 3. 76	20. 04 6. 65	有 1 个 协整关系

续表

检验变量	特征值 Eigenvalue	零假设 (H_0)	备择假设 (H_1)	似然比 Likelihood Ratio	5% 临界值	1% 临界值	结果
ln (sgdp)、ln (sttrade)	0. 524518 0. 466327	$r=0$ $r\leq 1$	$r=1$ $r=2$	19. 19959 8. 791616	15. 41 3. 76	20. 04 6. 65	有 2 个协整关系
ln (sttrade)、ln (stinv)	0. 740367 0. 060231	$r=0$ $r\leq 1$	$r=1$ $r=2$	18. 33787 0. 807572	15. 41 3. 76	20. 04 6. 65	有 1 个协整关系

注：(1) r 代表协整向量个数；(2) 经过多次试验得到的检验滞后阶数，除 ln (stinv) 和 ln (sttrade) 为 1 阶之外，其余均为 2 阶。

协整检验结果显示，表中各组变量间均存在一定的协整关系，各协整关系对应的标准化后[①]的长期方程分别为（括号内数字为系数估计值的渐进标准误差，VECM 是向量误差修正模型的核心部分，下同）：

$$VECM_{11} = \ln(sgdp) - 2.540819\ln(stinv) - 0.479781 \quad (1.1)$$
$$(2.91708)$$

Log Likelihood：23. 09517

$$VECM_{12} = \ln(sgdp) - 0.271959\ln(sttrade) - 5.982427 \quad (1.2)$$
$$(0.01086)$$

Log Likelihood：27. 45583

$$VECM_{13} = \ln(sttrade) - 4.504108\ln(stinv) + 7.894878 \quad (1.3)$$
$$(0.98827)$$

Log Likelihood：－0. 124485

分别对序列 $VECM_{11}$、$VECM_{12}$ 和 $VECM_{13}$ 进行单位根检验，发

① Eviews 3. 1 分析软件的 Johansen 协整检验输出结果中分别给出了经过标准化（normalization）和未经过标准化的协整系数估计值，并且列出所有可能存在的协整关系，但我们一般只选择被似然比检验证实的经过标准化的协整关系。

现它们已经是平稳序列，并且取值在0附近上下波动，验证了协整关系的正确性。

需要指出的是，检验过程中，Eviews 3.1 系统提示，对 ln（sgdp）、ln（stinv）和 ln（sttrade）无法进行三变量间的 Johansen 协整检验，其原因为时间序列的可用样本数据不足，不能建立长期的协整关系。而这一点由于受到两岸经贸发展历史跨度较短的客观现实的局限，在目前似乎是无法克服的，不能不说是本研究的缺憾之一。但是，对三变量两两之间协整关系的分析，仍然可以较好地反映出变量在长期内稳定的相互影响作用①。

协整方程显示，江苏省 GDP（sgdp）与江苏与台湾贸易额（sttrade）以及台湾对江苏投资额（stinv）之间均存在正向的协整关系，这种长期均衡关系说明，苏台经济合作对于江苏省的经济总量增长具有正向拉动效应。方程（1.1）和（1.2）的协整系数进一步显示，台商对江苏投资每增加1%，会带来江苏省 GDP 大约2.54%的增长；而苏台贸易额每增加1%，则会带来江苏省 GDP 大约0.27%的增长。据此，我们可以初步判断，台商对江苏投资与江苏 GDP 之间有着更为强烈的协整关系，相较于苏台两地贸易，台资对江苏整体经济规模增长的拉动作用更为显著。而由方程（1.3）的协整系数可知，台商对江苏投资每增加1%，会带来苏台两地贸易增长约4.50%，这也有效验证了台湾与江苏经济合作中典型的“投资带动贸易”效应。

3. 误差修正模型

在对变量进行协整分析，并确定变量间存在长期稳定均衡关

---

① 在后三部分的协整检验过程中，依然会遇到同样的问题，对此我们将比照本部分的分析方法进行研究。

系之后，需要进一步求解的是这些变量偏离其共同随机趋势时的调整速度。我们采用向量误差修正模型（VEC）进行分析，检验结果如表 4 - 7 所示。

表 4 - 7　误差修正模型检验结果

变量	误差修正项系数	Adj. R-squared	AIC	SC	Log Likelihood
ln（sgdp）、ln（stinv）	-0.244100 （-0.982266）	0.148468	-2.453872	-2.312262	21.40404
ln（sgdp）、ln（sttrade）	-0.433135 （-2.539868）	0.343139	-2.713436	-2.571826	23.35077
ln（sttrade）、ln（stinv）	-0.200452 （-2.126162）	0.490456	0.005264	0.146874	2.960517

注：（1）误差修正项系数下括号内为 t 检验统计量，模型的残差序列有正态性，不存在自相关和异方差，是白噪声序列，下同；（2）Adj. R-squared、AIC 值、SC 值以及 Log Likelihood 值均为 VEC 模型的相关检验结果，反映模型的整体效果，下同。

检验结果中，三组变量的误差修正模型的误差修正项系数均小于零，符合反向修正机制；模型整体的 AIC、SC 值均较小，对数似然统计量较大，拟合优度较佳，具备较强的解释能力。

进一步分析显示，江苏省 GDP 与台商对江苏投资误差修正模型的系数估计值为 -0.2441，说明台商对江苏投资在短期内的波动，将以 24.41% 的速度从反向向长期均衡状态调整，而在这种波动的影响下，江苏省 GDP 从非均衡状态向长期均衡状态调整大约需要 4 年时间。江苏省 GDP 与苏台贸易的模型系数估计值为 -0.4331，说明苏台贸易的反向调整速度为 43.31%，而江苏省 GDP 从短期非均衡状态向长期均衡状态的调整也相对更快，只需用到大约 2.3 年的时间。另外，我们还可以发现，台商对江苏投资的短期内波动，会引致苏台两地贸易的波动，而这种波动的调整恢复期大约为5年。

4. Granger因果关系检验

根据协整检验结果可知，江苏省GDP与台商对江苏投资、江苏省GDP与苏台贸易以及台商对江苏投资与苏台贸易三组变量之间存在一定的长期均衡的稳定关系，接下来我们将运用Granger因果关系检验法，对这种均衡关系中是否同时存在某种因果关系，以及因果关系的方向进行进一步验证。

表4-8　Granger因果关系检验结果

零假设	F统计量	概率	滞后期	结论
ln（sgdp）does not Granger Cause ln（stinv）	3.16754	0.09699	3	ln（sgdp）⇒ln（stinv）
ln（stinv）does not Granger Cause ln（sgdp）	0.91250	0.48894	3	ln（stinv）⇏ln（sgdp）
ln（sgdp）does not Granger Cause ln（sttrade）	0.23392	0.63733	1	ln（sgdp）⇏ln（sttrade）
ln（sttrade）does not Granger Cause ln（sgdp）	3.50554	0.08573	1	ln（sttrade）⇒ln（sgdp）
ln（stinv）does not Granger Cause ln（sttrade）	2.06796	0.08240	2	ln（stinv）⇒ln（sttrade）
ln（sttrade）does not Granger Cause ln（stinv）	0.92342	0.43175	2	ln（sttrade）⇏ln（stinv）

注：（1）滞后期是经过反复筛选之后得到的最优值，下同；（2）概率是5%显著性水平下零假设成立的概率值，下同。

Granger因果关系检验结果显示，三组变量均不存在双向因果关系。其中，江苏省GDP是台商对江苏投资的Granger原因，但不是苏台贸易的Granger原因；台商对江苏投资不是江苏省GDP的Granger原因，但苏台贸易却是江苏省GDP的Granger原因。这一方面说明，江苏经济的整体成长能够显著吸引台资的进入，但还未能实现对苏台贸易发展的规模经济效应；另一方面也揭示，在短期内，台资对江苏整体经济规模增长的直接拉动效应并不明显，但对台贸易对江苏经济发展却能够发挥立竿见影的促进作用（这一点从滞后期分布差异上也能够得到体现）。另外，台商对江苏投资增加是苏台贸易发展的Granger原因，而苏台贸易发展不是台商对江苏投资增加的Granger原因，反映出苏台经济合作目前仍处于投资占主导地位的发展阶段，两地间贸易成长主要是由资本及技术等生产要素从台湾向江苏的大量不断转移所带动。

（二）江苏经济结构发展与苏台经济合作关系的实证检验

1. 单位根检验

在进行单位根检验之前，我们首先对ln（sr_2）、ln（sttrade）和ln（stinv）的水平和差分序列图进行初步分析。

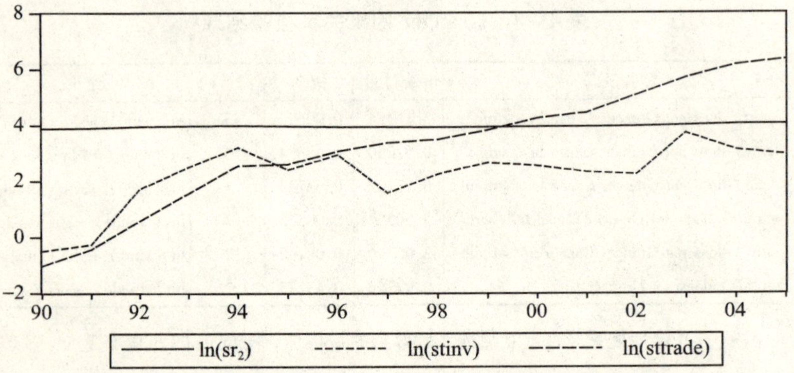

图4-3　ln（sr_2）、ln（stinv）和ln（sttrade）水平序列趋势图

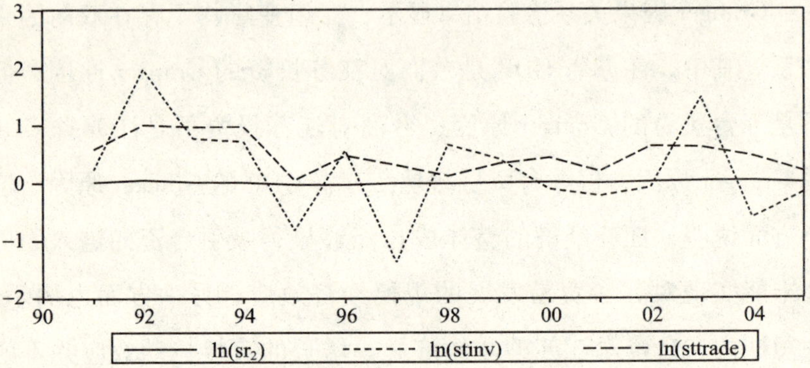

图4-4　ln（sr_2）、ln（stinv）和ln（sttrade）差分序列趋势图

图4-3显示，ln（sr_2）、ln（stinv）和ln（sttrade）均呈现方向较为一致的逐渐递增趋势，但三者应该都是非平稳序列。从图

4－4可以进一步发现，ln（sr_2）、ln（stinv）和ln（sttrade）的一阶差分序列应该均为平稳变量，并且变化周期相似。另外，三变量间具有较高的相关系数，因此我们可以初步判断它们之间可能存在某种协整关系。

表4－9　ln（sr_2）、ln（sttrade）和ln（stinv）相关系数

	ln（sr_2）	ln（stinv）	ln（sttrade）
ln（sr_2）	1	0.7295	0.6948
ln（stinv）	0.7295	1	0.7868
ln（sttrade）	0.6948	0.7868	1

ADF单位根检验结果表明，水平序列ln（sr_2）、ln（sttrade）和ln（stinv）不能拒绝单位根假设，存在单位根，因此是不平稳时间序列；而其一阶差分序列Δln（sr_2）、Δln（sttrade）和Δln（stinv）全部拒绝单位根假设，不存在单位根，因此均为平稳时间序列。

表4－10　ADF单位根检验结果

变量	ADF统计量	临界值	AIC	SC	D.W.	检验形式	结论
ln（sr_2）	－2.2231	－3.3588***	－5.3572	－5.1399	2.1246	(c，t，2)	不平稳
ln（stinv）	－3.6976	－3.8288**	1.9406	2.1579	2.2769	(c，t，2)	不平稳
ln（sttrade）	－3.7675	－3.8730**	－0.2117	0.0307	2.0170	(c，t，3)	不平稳
Δln（sr_2）	－2.6327	－1.9699**	－5.0907	－5.0038	1.7559	(n，n，1)	平稳
Δln（stinv）	－3.2179	－2.8270*	2.4794	2.6241	2.1478	(n，n，2)	平稳
Δln（sttrade）	－4.0425	－3.1801**	0.1049	0.2858	1.5779	(c，n，3)	平稳

2. 协整分析

由单位根检验可知，变量ln（sr_2）、ln（sttrade）和ln（stinv）均为I（1）单整序列，满足进行协整检验的条件。我们仍然采用Johansen协整检验方法来确定三个变量间的协整关系。检验结果如表4-11所示。

表4-11 Johansen协整检验结果

检验变量	特征值 Eigenvalue	零假设 (H_0)	备择假设 (H_1)	似然比 Likelihood Ratio	5% 临界值	1% 临界值	结果
ln (sr_2)、ln (stinv)	0.704613 0.194440	$r=0$ $r\leq1$	$r=1$ $r=2$	18.66391 2.810821	15.41 3.76	20.04 6.65	有1个协整关系
ln (sr_2)、ln (sttrade)	0.849184 0.187052	$r=0$ $r\leq1$	$r=1$ $r=2$	27.28419 2.692150	15.41 3.76	20.04 6.65	有2个协整关系

注：(1) r代表协整向量个数；(2) 经过多次试验得到的检验滞后阶数均为2阶；(3) 对变量ln (stinv) 和ln (sttrade) 的协整检验在表4-6中已经完成。

协整检验结果显示，表中各组变量间均存在一定的协整关系，各协整关系对应的长期方程分别为：

$$VECM_{14}=\ln(sr_2)-0.107374\ln(stinv)-3.687517 \quad (1.4)$$

$$(0.05116)$$

Log likelihood:32.65199

$$VECM_{15}=\ln(sr_2)-0.044219\ln(sttrade)-3.082729 \quad (1.5)$$

$$(0.01141)$$

Log likelihood:54.10455

分别对序列$VECM_{14}$和$VECM_{15}$进行单位根检验，发现它们已经是平稳序列，并且取值在0附近上下波动，验证了协整关系的正确性。

根据协整方程，我们可以发现，江苏省第二产业占GDP的比重（sr_2）与台商对江苏投资（stinv）以及苏台贸易（sttrade）之间均存在正向的协整关系，即在长期内，台商对江苏投资以及江苏对台贸易的增长，能够稳定促进江苏省产业结构的提升。式(1.4)、(1.5) 中的协整系数显示，台商对江苏投资每增加1%，大约能使江苏省第二产业占 GDP 的比重增加 0.11%，而苏台贸易每增加 1%，会带来江苏省第二产业占 GDP 的比重约 0.04% 的提升，即台商对江苏投资相较于苏台两地贸易，对江苏省第二产业占 GDP 的比重具有更为显著的拉动效应。

3. 误差修正模型

接下来我们通过向量误差修正模型，对变量偏离其共同随机趋势时的调整速度进行分析，检验结果如表 4-12 所示。

表 4-12　误差修正模型检验结果

变量	误差修正项系数	Adj. R-squared	AIC	SC	Log Likelihood
ln（sr_2）、ln（stinv）	-0.161146 （-0.249898）	0.224754	-4.702839	-4.561229	38.27129
ln（sr_2）、ln（sttrade）	-0.260189 （-1.692012）	0.452338	-5.204513	-5.062903	42.03385

检验结果中，三组变量的误差修正模型的误差修正项系数均小于零，符合反向修正机制；模型整体的 AIC、SC 值均较小，对数似然统计量较大，拟合优度较好，具备较强的解释能力。

进一步分析可知，江苏省第二产业占 GDP 的比重与台商对江苏投资误差修正模型的系数估计值为 -0.1611，说明台商对江苏投资在短期内的波动，将以 16.11% 的速度从反向向长期均衡状态调整，而在这种波动的影响下，江苏省第二产业占 GDP 的比重从非均衡状态向长期均衡状态调整大约需要 6.2 年时间。江苏省第二产业占 GDP 的比重与苏台贸易的模型系数估计值为 -0.2602，说明苏台贸易波动的反向调整速度为 26.02%，而江苏省第二产业占 GDP 的比重从短期非均衡状态向长期均衡状态的调整恢复也相对更快，只需大约 3.8 年的时间。

4. Granger 因果关系检验

根据协整检验结果可知，江苏省第二产业占 GDP 的比重与台商对江苏投资，以及江苏省第二产业占 GDP 的比重与苏台贸易两组变量之间，存在一定的长期均衡的稳定关系。因此，我们将继续运用 Granger 因果关系检验法对这种均衡关系中是否同时存在某种因果关系，以及因果关系的方向进行进一步验证。

表 4-13 Granger 因果关系检验结果

零假设	F 统计量	概率	滞后期	结论
ln（sr_2）does not Granger Cause ln（stinv）	1. 39353	0. 40879	4	ln（sr_2）$\nRightarrow$ln（stinv）
ln（stinv）does not Granger Cause ln（sr_2）	4. 30916	0. 09000	4	ln（stinv）$\Rightarrow$ln（sr_2）
ln（sr_2）does not Granger Cause ln（sttrade）	2. 14347	0. 19599	3	ln（sr_2）$\nRightarrow$ln（sttrade）
ln（sttrade）does not Granger Cause ln（sr_2）	2. 54865	0. 08194	3	ln（sttrade）$\Rightarrow$ln（sr_2）

检验结果显示，两组变量均只存在单向因果关系。其中，江苏省第二产业占 GDP 的比重既不是台商对江苏投资的 Granger 原因，也不是苏台贸易的 Granger 原因；但台商对江苏投资以及苏台贸易则均为江苏省第二产业占 GDP 的比重的 Granger 原因。滞后期的差异进一步显示，苏台贸易的发展变化能够更快、更直接地对江苏省第二产业比重产生影响。由此我们可以认为，台资的引入以及与台湾贸易关系的发展，是江苏省产业结构升级的重要动力来源，但后者对前两者的直接吸引作用并不明显。

三、实证结果分析

经过一系列计算之后，我们可以对实证结果做出进一步的综合分析：

（一）反映江苏省经济总量增长及经济结构演进的江苏省

GDP、第二产业占GDP的比重，以及反映江苏省与台湾经济合作发展的台商对江苏投资、江苏与台湾两地间贸易，这四组变量均为非平稳的时间序列，但彼此之间具有较高的相关性，且存在长期均衡的正向协整关系，并呈现方向一致的共同增长趋势。

（二）相较于苏台两地间贸易，台商对江苏投资能够更加显著地促进江苏省经济总量增长和经济结构提升。首先，台资企业无论在投资总额、生产总值、涉外税收还是出口创汇方面，为江苏经济发展所作贡献日益突出。截至2005年底，台资已成为仅次于香港、日本和新加坡的江苏第四大外来投资，而若包含通过第三地，如英属维尔京群岛、百慕大群岛等地的投资，则投资总额上升至第二位。到目前为止，江苏省总共引进台资企业1.3万多家，伴随台商投资的不断深入，进入纳税期的台资企业越来越多，涉外收入不断增加。在台资最为集中的昆山，台资企业实现利税占当地全部外资企业利税总额的60%多①。台资企业在江苏省出口前十名外资企业中连年占据主要地位，2005年单是进入前十名的5家台资企业，总出口额就已达155.78亿美元，分别占江苏省当年外资企业出口总额和全省出口总额的16.53%和12.67%，其出口创汇生力军的地位不容小视。

其次，台商投资领域的调整有力推动了江苏省经济结构的升级，加快了其工业化进程。近年来，台商在江苏投资已从最初的轻纺制造业开始向高新技术产业、农业加工业及服务业扩大，涉及第一、二、三产业的26个行业，其中最多的是电子及电器产品

---

① 慧聪网：《台商在中国大陆投资概况——昆山》，http：//info. news. hc360. com/html/001/002/009/018/114097. htm，2005－05－17。

制造业，其次是精密机械制造业和食品及饮料制造业，然后是塑料制品制造业。同时台商投资的主导性角色正从劳动密集型为主的中小企业，逐步让位于资本与技术密集型为主的大企业，投资主体也从单个产品的加工，变为联合上、中、下相关产业配套进行，这种变化趋势尤以汽车、石化、电子、信息、通讯及家电行业最为明显。投资产业推进的同时，台资企业提供的大量就业机会也为产业发展提供了保障。以昆山市为例，当地449家台资工业企业就吸收从业人员20.05万人，占全市工业企业从业人员的45.7%，对当地工业发展起到积极作用①。

第三，台商投资带来的无形经济影响已成为江苏省经济发展的潜在动力。台商在江苏的投资，不仅带来有形的资产设备，而且还带来相对先进的生产技术，更为重要的是，促进了当地企业员工经济观念的变化。台商精明的投资理念、成熟的市场观念、先进的管理经验和发达的经营模式，既直接影响受雇于台资企业的本地管理人员、技术人员和普通工人，又间接影响当地其他企业的从业人员，提供了一个可以借鉴的发展模式，带来良性的经济竞争环境②，推动了产业结构和产品结构升级优化，从而有效促进了江苏省市场经济条件的变化。目前，已有越来越多的台商在江苏投资逐步从劳动密集型产业向资金、技术密集型产业转变，并将一批科技含量高、市场占有率大、已经融入国际经济循环的大型项目带入江苏，而台资企业中，中高层管理干部的本地化也在悄然形成。

---

① 江苏省统计局：《台商投资在江苏的发展趋势及其影响》，http：//www. jssb. gov. cn/tjfx/tjfxzl/80200501040129. htm，2004－12－27。

② 李非：《台湾经济发展通论》，北京：九州出版社，2004年6月，第400页。

（三）江苏省经济增长与产业结构升级、台商对江苏投资规模扩大以及苏台贸易额成长三者之间因果传承、相互促进，形成一个价值创造不断扩张的良性循环系统。首先，江苏省经济的快速增长以及适合承接台湾转移产业发展的投资环境，对台资产生的巨大磁吸作用，是台商对江苏投资规模不断扩大的最主要原因。作为大陆经济最发达的区域之一，江苏以占大陆1%的土地面积、5.6%的人口总量，贡献了大陆10%的经济总量和财政收入。从客观上看，江苏地处沿海、沿江及亚欧大陆桥开发带三大热点区域的结合部，产业、区位、人才、基础设施优势明显，市场容量大、辐射能力强，市场运作模式以政府调控为主导，加上每年3000亿元的基础设施投入，以及大规模的国企改革，江苏为台资提供了良好的投资环境和广阔的进入空间。其次，伴随对江苏投资的迅猛增长，台商从台湾进口资本设备以及原材料等生产资料大幅增加，而在不断强化的两岸产业内垂直分工形态下，经过初步加工后又回流到台湾的母公司进行高附加价值的深加工产品也明显增多，充分体现出投资对于贸易的创造效应，并成为推动苏台贸易发展的核心力量。最后，苏台贸易额的成长又能有效引致江苏省GDP的增长和产业结构的提升。一方面，江苏省对台湾出口贸易的扩张，为江苏省整体国民经济发展贡献可观的涉外税收和出口创汇；另一方面，通过从台湾进口大量的先进设备和技术，能够显著提升江苏省科技和生产力水平，产生产业结构优化、规模经济、制度创新以及知识进步等外部经济效应，从而实现经济增长的集约化程度和全要素生产率的提高，最终促进江苏省经济的全面成长。

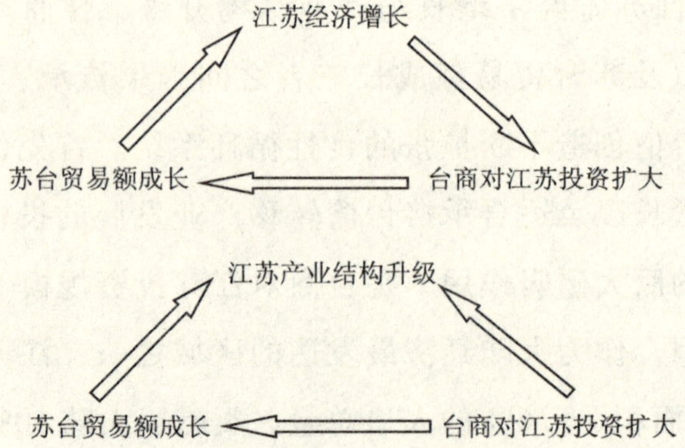

图4－5　苏台经济合作循环系统

图示来源：根据本研究计算结果绘制。

（四）Granger因果关系检验结果显示，台商对江苏投资对于江苏省经济总量增长及经济结构提升的促进作用普遍滞后3～4期，这一方面揭示出台商投资的建设周期，另一方面也体现了台商在江苏投资的“外溢”和“扩散”效应的作用时间。另外，从误差修正模型的检验结果来看，台商对江苏投资的波动一直较大，且从短期非均衡状态向长期均衡状态调整所需时间也较长，这固然是由于受到两岸关系起伏不定以及台湾当局重重设限的影响，但也反映出江苏与台湾经济整合抗拒外部干扰的“紧密性”与“稳定性”仍需加强。

（五）基于以上分析，我们可以认为，与台湾近20年的经济合作有效推动了江苏省整体经济的发展，但今后两地经济深入整合仍然存在相当大的“内延外伸”的拓展空间。“内延”，即江苏省应该继续加强自身建设，增强经济增长对台资引入和对台贸易发展的直接导向性作用，变“拉力”为“引力”。在保证国民经济持续快速稳定增长的同时，加强人力资本积累，提高劳动生产率，充分有效的发挥比较优势，承接台湾产业梯次转移。同时，强化政府推动为主导的宏观调控模式，继续改善台商投资环境①，并通过推行适当的产业政策，促进产业结构的优化。“外伸”，一方面需要进一步放大台商投资江苏的示范-模仿效应和联系效应，另一方面则应着力于推动两地贸易从以江苏到台湾的“单向”贸易为主，向苏台“双向”贸易并重的纵深形态发展。通过加强台商投资配套设施的建设、江苏省本土企业“学习型机能”的培养以及台资企业深植当地的运作，引导江苏与台湾的产业合作层次逐步由浅入深、自低向高发展，合作形态实现由产业间水平分工向产业内垂直分工，再到产品内水平分工的提升，并最终完成产业链的整体形成。在此基础上，台湾对江苏的经济依存度会进一步加深，而江苏省出口产品的贸易结构和国际竞争力也会随之得到优化和提升，在排除政治因素干扰的情况下，苏台两地贸易将具有更加广阔的发展前景。

第四节　台湾经济增长与两岸经济合作关系的实证分析

一、两岸经济合作发展特点

两岸经济合作是在市场经济原则下，两地生产因素基于追求最佳利润或比较利益而进行的一种取长补短、相辅相成的交流与

① 昆山模式可以说是在政府主导作用下成功吸引台资的典范。由发展乡镇企业，到以吸引台资为主的外向型经济的转型，政府自始至终站在推动的第一线，并在没有国家政策支持的情况下，敢为人先，先后自费创办经济技术开发区和出口加工区，在台商投资的第二波热潮到来之际，完成了接纳和吸引台商的硬件准备。目前，昆山以其一整套与国际惯例接轨的管理网络和优质高效的服务体系，创造出鲜明的招商引资优势，成为吸引台资企业进驻的“强磁场”。

结合。由台湾经济结构调整与产业转移所释放出来的动能，与大陆经济资源交织成一股巨大的力量，牵引着一种新的区域分工格局。它涉及生产、贸易、金融、科技、资源流动与配置、消费以及经济关系等，其实质含义就是经济力量的重新分化与组合。两岸贸易与台商对大陆投资作为两岸经济合作的主要表现形式，对台湾经济增长和产业转型起着重要的促进作用①。

（一）两岸贸易关系发展特点

1. 贸易规模迅速扩张，台湾对大陆顺差持续增长

两岸贸易自清代统一台湾以前就已萌芽兴起，其后发展几经起伏，在1949年国民党政权退守台湾、并宣布台湾进入“战时动员状态”之后的30年内基本陷入中断状态。1978年起，两岸贸易开始逐渐由停顿走向恢复，并迈入全新发展进程，其主要形态演进历经20世纪80年代的转口贸易，到90年代的转运贸易，至20世纪后期的过境贸易，再到21世纪初期的“准直接”贸易，呈现从间接逐渐向直接转化的发展趋势。

自20世纪70年代末以来，两岸贸易规模不断扩张，发展势头强劲。1978年台湾对大陆出口为零，经香港转口的自大陆进口额也仅为4600万美元。至2006年，两岸贸易总额已扩增至1078.4亿美元，28年间成长了2343.35倍，年平均增长率达31.93%。其中，台湾对大陆出口额增至871.1亿美元，年均增长36.14%；台湾自大陆进口额增至207.4亿美元，年均增长也达24.39%。由于台湾对大陆出口与自大陆进口贸易的长期不平衡发展，台湾持续享有顺差。从1980年的1.59亿美元，到2006年的663.7亿美元，两岸贸易顺差在26年间迅猛扩张了417倍，年均

① 李非：《台湾经济发展通论》，北京：九州出版社，2004年6月，第384页。

增长率达26.12%，顺差总额累计达到3987.6亿美元。

表4-14　两岸贸易发展统计　　单位：亿美元

年度	台湾对大陆出口		台湾自大陆进口		贸易顺差（台湾）		进出口贸易总额	
	金额	增减（%）	金额	增减（%）	金额	增减（%）	金额	增减（%）
1978	0	—	0.46	—	-0.46	—	0.46	—
1979	0.21	—	0.56	21.74	-0.35	23.91	0.77	67.39
1980	2.35	1019.05	0.76	35.71	1.59	554.29	3.11	303.90
1981	3.84	63.40	0.75	-1.32	3.09	94.34	4.59	47.59
1982	1.94	-49.48	0.84	12.00	1.10	-64.40	2.78	-39.43
1983	1.58	-18.56	0.90	7.14	0.68	-38.18	2.48	-10.79
1984	4.25	168.99	1.28	42.22	2.97	336.76	5.53	122.98
1985	9.85	131.76	1.16	-9.38	8.69	192.59	11.01	99.10
1986	8.11	-17.66	1.44	24.14	6.67	-23.25	9.55	-13.26
1987	12.27	51.30	2.89	100.69	9.38	40.63	15.16	58.74
1988	22.42	82.72	4.79	65.74	17.63	87.95	27.21	79.49
1989	28.97	29.22	5.87	22.55	23.10	31.03	34.84	28.04
1990	32.78	13.15	7.65	30.32	25.13	8.79	40.43	16.05
1991	46.67	42.37	11.26	47.19	35.41	40.91	57.93	43.29
1992	62.90	34.78	11.20	-0.53	51.70	46.00	74.10	27.91
1993	129.33	105.61	14.62	30.54	114.71	121.88	143.95	94.27
1994	140.80	8.87	22.40	53.22	118.40	3.22	163.30	13.44
1995	147.80	4.97	31.00	38.39	116.80	-1.35	178.80	9.49
1996	161.80	9.47	28.00	-9.68	133.80	14.55	189.80	6.15
1997	164.42	1.62	33.96	21.29	130.46	-2.50	198.38	4.52
1998	166.29	1.14	38.69	13.93	127.60	-2.19	204.99	3.33
1999	195.29	17.44	39.50	2.09	155.79	22.09	234.79	14.54
2000	254.90	30.52	50.40	27.60	204.50	31.27	305.33	30.04
2001	273.40	7.26	50.00	-0.79	223.40	9.24	323.40	5.92
2002	380.30	39.10	65.90	31.80	314.40	40.73	446.60	38.10
2003	493.70	29.82	90.00	36.57	403.70	28.40	583.70	30.70
2004	647.80	31.21	135.50	50.56	512.30	26.90	783.30	34.20
2005	746.84	15.29	165.50	22.14	581.34	13.48	912.34	16.47
2006	871.10	16.64	207.40	25.32	663.70	14.17	1078.5	18.21
累计	5011.91	36.14*	1024.68	24.39*	3987.23	26.12*	6037.13	31.93*

注：（1）增减（%）系指与上年同期比较；（2）“*”为年平均增长率。

资料来源：根据国台办《两岸经贸统计数据．历年两岸贸易统计表》计算整理，原始数据来源于海关总署。

2. 贸易关系日趋紧密，大陆成台湾最大贸易伙伴

两岸贸易的迅猛发展为双方，尤其是台湾创造了巨大的贸易利得，同时也在两岸间建立起日趋紧密的贸易相互依赖度。从台湾方面来看，其对大陆的进口依赖度由 1978 年的 0.42% 上升至 2006 年的 10.23%，历年累计从大陆进口额占其累计进口总额比重达 4.58%；其对大陆的出口依赖度由 1978 年的 0 上升至 2006 年的 38.89%，历年累计对大陆出口额占其累计出口总额比重达 19.83%；而台湾对大陆进出口总额的依赖度则由 1978 年的 0.19% 上升至 2006 年的 25.27%，历年累计对大陆进出口总额则占其累计进出口总额的 12.63%。从大陆方面来看，其对台湾的进口依赖度由 1978 年的 0 上升至 2006 年的 11.00%，历年累计从台湾进口额占其累积进口总额的 10.65%；其对台湾的出口依赖度由 1978 年的 0.47% 上升至 2006 年的 2.14%，历年累计对台湾出口额占其累计出口总额的 1.96%；其对台湾的进出口总额依赖度则由 1978 年的 0.22% 上升至 2006 年的 6.12%，历年累计对台湾进出口额占其累计进出口总额的 6.08%。由此可知，台湾对大陆日益表现出高度的市场依赖，其对大陆的供应依赖也在不断加深；相比之下，大陆对台湾的市场依赖还不明显，对台湾的供应依赖也增幅较缓。

伴随两岸贸易关系的日趋紧密和台湾对大陆贸易依赖度的迅速提高，大陆已在台湾对外贸易关系发展中占据最为重要的位置。2002 年，大陆超过美国，成为台湾最大的出口市场；2005 年，大陆又成为仅次于日本、美国的台湾第三大进口市场；而 2003 年，大陆已超过日本，成为台湾最大的贸易伙伴。

表4-15　两岸贸易相互依赖度　　单位:%

年份	台湾对大陆贸易依赖度			大陆对台湾贸易依赖度		
	进口	出口	进出口	进口	出口	进出口
1978	0.42	0	0.19	0	0.47	0.22
1979	0.38	0.13	0.25	0.13	0.41	0.26
1980	0.39	1.19	0.79	1.20	0.42	0.82
1981	0.35	1.70	1.05	1.74	0.34	1.04
1982	0.44	0.87	0.68	1.01	0.38	0.67
1983	0.44	0.63	0.55	0.74	0.40	0.57
1984	0.58	1.40	1.06	1.55	0.49	1.03
1985	0.58	3.21	2.17	2.33	0.42	1.58
1986	0.60	2.03	1.49	1.89	0.47	1.29
1987	0.83	2.29	1.71	2.84	0.73	1.83
1988	0.96	3.70	2.47	4.06	1.01	2.65
1989	1.12	4.37	2.94	4.90	1.12	3.12
1990	1.40	4.88	3.32	6.14	1.23	3.50
1991	1.79	6.13	4.17	7.32	1.57	4.27
1992	1.56	7.72	4.83	7.80	1.32	4.48
1993	1.90	15.20	8.88	12.44	1.59	7.36
1994	2.62	15.13	9.15	12.18	1.85	6.90
1995	2.99	13.24	8.31	11.19	2.08	6.37
1996	2.74	13.96	8.69	11.65	1.85	6.55
1997	2.97	13.47	8.39	11.55	1.86	6.10
1998	3.70	15.04	9.52	11.86	2.11	6.33
1999	3.57	16.06	10.11	11.79	2.03	6.51
2000	4.40	17.19	10.59	11.32	2.02	6.44
2001	4.66	22.25	14.05	11.23	1.88	6.35
2002	5.86	29.12	18.35	12.88	2.02	7.19
2003	7.03	32.78	20.95	11.96	2.05	6.86
2004	8.03	35.52	22.31	11.54	2.28	6.78
2005	9.06	37.64	23.94	11.31	2.17	6.42
2006	10.23	38.89	25.27	11.00	2.14	6.12
累计*	4.58	19.83	12.63	10.65	1.96	6.08

注：(1) A对B的进口依赖度=A从B进口金额/A进口总额×100%；A对B的出口依赖度=A对B出口金额/A出口总额×100%；A对B的进出口依赖度=A对B的进出口总额/A进出口总额×100%；(2)"*"为历年累计总额的比值。

资料来源：(1) 中华人民共和国商务部《2006年两岸贸易额占各自对外贸易的比重》，http：//tga. mofcom. gov. cn/aarticle/jingmaotongji/redht/200704/20070404548637. html，2007-04-09；(2) 国台办《两岸经贸统计数据历年两岸贸易统计表》，原始数据来源于海关总署；(3) "Taiwan Statistical Data Book, 2005"，"Council for Economic Planning and Development"，Taipei，Taiwan，June 2005，P. 212；(4) 台湾"统计资讯网"，《重要经社指标速报》，http：//www. stat. gov. tw/public/Data/632161-7，2006-01-19；(5) 本研究计算整理。

3. 商品结构不断调整，总体趋势迈向多元、互补

两岸贸易商品构成在20世纪80年代转口贸易为主导时，主要为台湾轻工消费品（如日用品和家用电器等，其比重占台湾对大陆出口额的70%以上），与大陆土特产品（如中药材等，其比重占大陆对台湾出口额的90%以上）之间的交易。从90年代开始，由于台湾厂商，尤其是大企业对大陆投资的增加，台湾工业原材料、半成品、零组件以及机械设备输往大陆的数量大幅扩增，逐步居于主导地位（其比重高达90%以上），而台湾消费品对大陆出口比重则明显下降。同时，由于台湾当局陆续开放大陆农工原料及半成品的进口，该类产品对台出口数量不断增加，逐渐成为大陆输往台湾的主流产品，而土特产品的出口比重则趋于萎缩。因此，两岸贸易的商品架构已从过去消费品与土产品之间的交易模式，转变为机械设备及生产零组件与农工原料及半成品之间的交易模式①。

总体来看，大陆对台出口商品多属中上游工业产品，加工层次较低；而台湾对大陆出口商品则多属中下游工业产品，加工层次较高。因此，两岸贸易结构呈现出互补性和多元化的发展趋势。2006年，大陆对台输出主要货品包括电机设备及其零件、机械用具及其零件、钢铁、光学产品及零件、矿物燃料、铜及其制品、有机化学品、塑料及其制品、石料石灰及水泥、铝及其制品等项目，合计194亿美元，占大陆对台出口总额的78.3%；台湾对大陆出口主要货品则包括电机设备及其零件、光学产品及其零件、机械用具及其零件、塑料及其制品、有机化学产品、钢铁、铜及

① 李非：《海峡两岸经济合作问题研究》，北京：九州出版社，2000年7月，第115－116页。

其制品、人造纤维丝、矿物燃料及杂项化学产品等，合计达552.5亿美元，占台湾对大陆出口总额的87.2%①。

（二）台商对大陆投资发展特点

1. 发展历经三波热潮，投资规模持续扩张

台商对大陆投资从20世纪80年代开始起步，90年代日益增多，至21世纪初期形成相当规模，先后出现三次热潮②。

表4－16　台商对大陆投资统计

年份	台湾统计数据			大陆统计数据			
	件数（项）	核准金额（亿美元）	单项规模（万美元）	件数（项）	协议金额（亿美元）	单项规模（万美元）	到资额（亿美元）
1990	—	—	—	1103	8.90	80.69	2.22
1991	237	1.74	73.49	1735	13.90	80.12	4.66
1992	264	2.47	93.56	6430	55.43	86.21	10.50
1993*	1262（8067）	11.40（20.28）	90.36（25.14）	10948	99.65	91.02	31.39
1994	934	9.62	103.02	6247	53.95	86.36	33.91
1995	490	10.93	223.00	4847	58.49	120.67	31.61
1996	383	12.29	320.95	3184	51.41	161.46	34.74
1997*	728（7997）	16.15（27.20）	221.78（34.01）	3014	28.14	93.36	32.89
1998*	641（643）	15.19（5.15）	237.01（80.16）	2970	29.82	100.40	29.15
1999	488	12.53	256.72	2499	33.74	135.01	25.99
2000	840	26.07	310.37	3108	40.42	130.05	22.96
2001	1186	27.84	234.75	4214	69.14	164.07	29.80
2002	1490（3950）	38.59（28.64）	258.99（72.51）	4853	67.40	138.88	39.70
2003*	1837（8268）	45.95（31.04）	250.14（37.54）	4495	85.58	190.39	33.77

① 根据台湾“经济部国际贸易局”《2006年两岸贸易情势分析》资料数据计算。
② 李非：《台湾经济发展通论》，北京：九州出版社，2004年6月，第392－393页。

续表

年份	台湾统计数据			大陆统计数据			
	件数（项）	核准金额（亿美元）	单项规模（万美元）	件数（项）	协议金额（亿美元）	单项规模（万美元）	到资额（亿美元）
2004	2004	69.41	346.36	4002	93.06	232.53	31.17
2005	1297	60.70	467.97	3907	96.00	249.55	21.77
2006	1090	76.42	701.00	3752	97.30	259.33	21.36
累计	35542*	549.61*	154.64*	71248	982.33	137.87	437.59

注：(1)“( )”部分为依据《台湾地区与大陆地区人民关系条例》第35条之规定，向台湾“经济部”提出补办申请许可案件件数及金额；(2)“*”含补办额；(3)大陆2006年数据为初步估计数。

资料来源：台湾数据来源于台湾“经济部投资审议委员会”，大陆数据来源于中华人民共和国商务部《外商直接投资金额统计》。

(1)第一波投资热潮（20世纪80年代）：80年代初期，在大陆投资的台商，为规避台湾当局的政策管制，多以迂回方式进行“投石问路”，投资数量和规模有限。至80年代中期，以台湾当局开放民众赴大陆探亲为突破口，台商投资大陆开始由暗转明，数量逐步增加。许多台商把大陆沿海地区作为加工出口基地，以“台湾接单、大陆生产、香港转口、海外销售”的模式，大量转移岛内的夕阳工业，即以轻纺为代表的劳力密集型产业。至80年代末，大陆台资企业约有1000多家，投资总额超过10亿美元。

(2)第二波投资热潮（20世纪90年代）：以90年代初邓小平南巡讲话和中共“十四大”确立社会主义市场经济发展方向为契机，台商在“求发展、逐利润”的强烈驱动下，纷纷采取各种不同方式，扩大对大陆的投资。这段时期，台资企业在深度和广度上都出现新的变化，产业形态不再限于加工出口业，由劳力密集型扩展到以石化为代表的资本密集型，并且通过在上海等地设立投资据点，不断推动占领大陆市场的商务活动。至90年代末，大陆台资企业约有43500多家，协议投资金额达440亿美元，实际到资240亿美元。

（3）第三波投资热潮（21世纪初期）：世纪之交，台商在大陆的投资活动形成新的高潮，不仅数量大幅增加，而且集聚规模不断扩大。台商从以往单打独斗转为集体合作，从单纯的委托加工变为邀请卫星工厂共同参与，联合上、中、下游相关配套产业一起投资，投资动机也改采积极的产销策略，从最初的“跑、带”战略，转变为“生根”战略，签约期限一般都在40年以上。至2006年底，大陆台资企业累计达7.2万家，台商数量超过100万人，协议投资金额近1000亿美元，实际到资达437.59亿美元。大陆已高居台湾对外投资地区的首位，吸纳台资金额占台湾对外投资总额的比重超过2/3。

2. 投资领域趋向多元，产业层次逐渐提高

伴随台商对大陆投资的扩大，其涉足领域日益广泛，产业层次不断提高。台商投资领域主要集中于制造业，但近年来在服务业及其他产业投资比例有所提高，而农林及渔牧业比例则有所下降。截至2006年底，制造业领域的台商投资核准项目金额约占总金额比重的89.80%，涉及电子及电器产品、基本金属制品、化学品、塑胶制品、食品及饮料、纺织、矿产品、运输工具、机械以及精密仪器等行业，对大陆信息技术产品、生物科技等高技术制造业的投资也在加速增长；服务业领域投资约占总投资的9.79%，主要集中于娱乐服务、交通运输、商贸、物流、房地产、医疗以及教育等行业；而农业投资比重则仅为0.41%，主要分布于养殖业及园艺业等行业①。

① 根据台湾“行政院大陆委员会”《两岸经济统计月报 第169期之台商对大陆投资统计－行业别》数据计算，从1991年开始计算。

台商对大陆投资企业呈现规模化、集团化趋势。台商投资从早期以“三来一补”以及合资、合作等形式为主，逐步转向以独资经营形态为主；大型投资项目不断涌现，投资金额从原来多为百万美元以下，发展到数百万、数千万、数亿乃至十多亿美元；投资主体由以中小企业、民间资本为主，逐渐发展到以集团企业、公营资本为主体的大规模、组合性投资。到2006年为止，台湾1100多家上市、上柜公司中已有七成在大陆投资，在大陆投资收益汇回台湾的金额达到449亿新台币，占其全部收益的62.7%①。另外，参股国企成为台商投资大陆的新亮点，2005年，台湾大企业并购大陆国有企业的信息已开始浮现。

3. 投资地域分布集中，有向内陆扩散趋势

台商对大陆的投资起初集中于福建省及珠江三角洲等东南沿海地区；继而，投资热点地区开始向以上海、苏州、昆山为代表的长江三角洲转移，并逐步向其周边扩展；随着西部大开发、振兴东北等战略的相继实施与深化，大陆中西部地区以其优惠的投资政策、丰富的自然资源、相对有保障的能源电力供应以及廉价的劳动力和土地，对台商形成越来越强的吸引力，西部、东北、华北与环渤海等内陆地区将成为今后台商投资的新方向。

从分布比例来看，截至2006年底，东南沿海地区的江苏（45.80%）和广东（26.70%）依然为台商投资大陆的最主要聚集地，合计约占总投资额比重的72.50%；福建（8.02%）和浙江（6.95%）次之，合计比重达14.97%。而内陆地区的北京（1.84%）、天津（1.96%）、山东（1.71%）、重庆（1.02%）、湖北（0.91%）等省市

① 中国台湾网：《台湾上市、上柜公司06年投资大陆获利双创新高》，http://www.chinataiwan.org/web/webportal/W5269005/Uzhangfy/A492614.html，2007-05-03。

的投资比重合计已近8%，且呈现出不断增长的趋势①。

4. 投资经济效益明显，台商普遍增资扩产

台商在大陆发展普遍已从最初的“摸索期”进入“融合期”，获得显著的经济效益，纷纷着手增资扩产。据台湾“经济部”一项针对制造业对外投资的实况调查，2003 年赴大陆投资出现盈余的台商，首度超过 40%，如果再加上获利持平者，则有高达六成以上的台商在大陆投资处于获利及持平状况，显示台商赴大陆投资已渐入佳境。相当一部分原先在岛内名不见经传的台资企业，正是依靠在大陆的发展，逐渐成长为国际知名的企业集团②。

从已投产的台资企业看，越来越多的台商展现出强劲的增资扩产势头，显示其扎根大陆的信心。在已开业的 4 万家台商企业中，有 6000 多家增资扩建，约占六分之一，平均每家增资 100 万美元以上，累计增资超过 60 亿美元。一批台商通过扩大生产规模、新办企业以及带进配套项目等方式进行增资，逐步朝集团化、规模化经营方向发展③。

二、实证检验过程

这一部分主要着重于对台湾经济增长与两岸经济合作关系的实证分析。两岸贸易与大陆台资数据选取自国台办《两岸经贸统计数据》以及台湾“经济部投资审议委员会”《台商对大陆投资金额统计》，台湾数据则主要来源于“Council for Economic Plan-

① 根据台湾“行政院大陆委员会”《两岸经济统计月报 第 169 期之台商对大陆投资统计 - 地区别》数据计算。这里的“江苏”包括上海市。

② 这样的典型企业在台商对大陆投资的各项行业中均存在，如食品行业的顶新国际集团以及“徐福记”、制鞋业的宝成集团、自行车制造业的捷安特、美利达，以及 IT 产品制造业的台达、宏碁、明基等。

③ 李非：《台湾经济发展通论》，北京：九州出版社，2004 年 6 月，第 398 页。

ning and Development" "Taiwan Statistical Data Book, 2005" 以及"统计资讯网"。具体指标选择上，采用台湾历年 GDP（记为 tgdp）以及第三产业占 GDP 的比重（记为 tr_3），作为其经济总量增长以及经济结构发展的衡量指标；历年两岸贸易额（记为 mttrade）以及台商对大陆投资实际到资额（记为 mtinv），作为两岸经济合作发展的衡量指标。对数据的处理参照上一部分方法进行。最后得到经过处理后的数据序列，分别记为 ln（tgdp）、ln（tr_3）、ln（mttrade）和 ln（mtinv）。

（一）台湾经济总量增长与两岸经济合作关系的实证检验

1. 单位根检验

在进行单位根检验之前，我们首先对 ln（tgdp）、ln（mttrade）和 ln（mtinv）的水平和差分序列图进行初步分析。

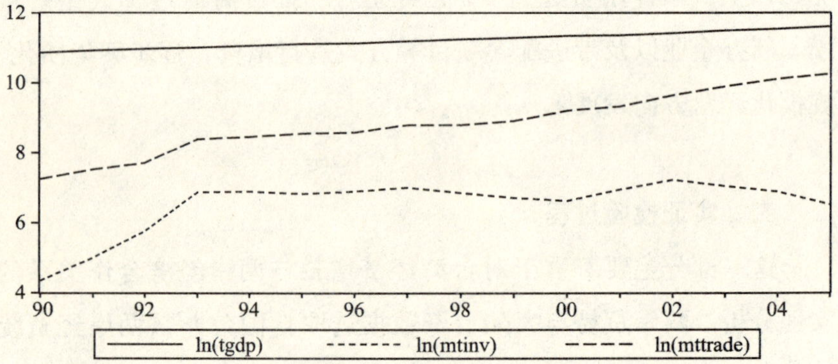

图 4-6　ln（tgdp）、ln（mtinv）和 ln（mttrade）水平序列趋势图

图 4-6 显示，ln（tgdp）、ln（mttrade）和 ln（mtinv）均呈现方向较为一致的逐渐递增趋势，但三者应该都是非平稳序列。从图 4-7 可以进一步发现，ln（tgdp）、ln（mttrade）和 ln（mtinv）的一阶差分序列应该均为平稳变量，并且变化周期相似。另外，三变量间具有较高的相关系数，因此我们可以初步判断它们

之间存在某种协整关系。

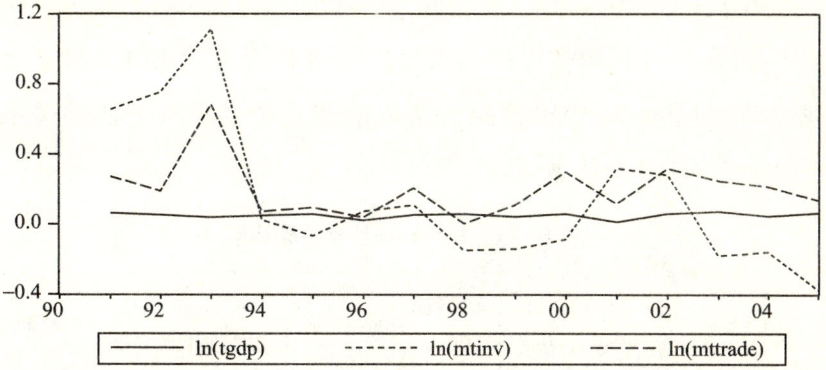

图 4－7　ln（tgdp）、ln（mtinv）和 ln（mttrade）差分序列趋势图

表 4－17　ln（tgdp）、ln（mttrade）和 ln（mtinv）相关系数

	ln（tgdp）	ln（mtinv）	ln（mttrade）
ln（tgdp）	1	0.6299	0.9832
ln（mtinv）	0.6299	1	0.7206
ln（mttrade）	0.9832	0.7206	1

ADF 单位根检验结果表明，水平序列 ln（tgdp）、ln（mttrade）和 ln（mtinv）不能拒绝单位根假设，存在单位根，因此是不平稳时间序列；而其一阶差分序列 Δln（tgdp）、Δln（mttrade）和 Δln（mtinv）全部拒绝单位根假设，不存在单位根，因此均为平稳时间序列。

表 4－18　ADF 单位根检验结果

变量	ADF 统计量	临界值	AIC	SC	D. W.	检验形式	结论
ln（tgdp）	-1.8609	-3.3393***	-5.3584	-5.1758	1.8406	(c, t, 1)	不平稳
ln（mtinv）	-4.2712	-4.8870 *	-0.1313	0.0860	1.4812	(c, t, 2)	不平稳
ln（mttrade）	-1.7429	-3.3820***	-1.6284	-1.3860	2.8065	(c, t, 3)	不平稳
Δln（tgdp）	-3.5109	-3.1222**	-5.1491	-5.0187	1.7823	(c, n, 1)	平稳
Δln（mtinv）	-4.0119	-3.8730**	0.0346	0.2366	1.4696	(c, t, 2)	平稳
Δln（mttrade）	1.4697	-3.1483**	-1.2424	-1.0808	1.7432	(c, n, 2)	平稳

2. 协整分析

由单位根检验可知，变量 ln（tgdp）、ln（mttrade）和 ln（mtinv）均为 I（1）单整序列，满足进行协整检验的条件。接下来，我们采用 Johansen 协整检验方法来确定三个变量间的协整关系。检验结果如表 4－19 所示。

表 4－19　Johansen 协整检验结果

检验变量	特征值 Eigenvalue	零假设（H_0）	备择假设（H_1）	似然比 Likelihood Ratio	5% 临界值	1% 临界值	结果
ln（tgdp）、	0. 832351	$r=0$	$r=1$	28. 71761	15. 41	20. 04	有 2 个
ln（mtinv）	0. 345029	$r\leqslant 1$	$r=2$	5. 501130	3. 76	6. 65	协整关系
ln（tgdp）、	0. 423535	$r=0$	$r=1$	20. 27106	15. 41	20. 04	有 1 个
ln（mttrade）	0. 039162	$r\leqslant 1$	$r=2$	0. 559297	3. 76	6. 65	协整关系
ln（mtinv）、	0. 826184	$r=0$	$r=1$	35. 15709	15. 41	20. 04	有 2 个
ln（mttrade）	0. 615046	$r\leqslant 1$	$r=2$	12. 41022	3. 76	6. 65	协整关系

注：（1）r 代表协整向量个数；（2）经过多次试验得到的检验滞后阶数，除 ln（tgdp）和 ln（mttrade）为 1 阶之外，其余均为 2 阶。

协整检验结果显示，表中各组变量间均存在一定的协整关系，各协整关系对应的长期方程分别为：

$$VECM_{21} = \ln(tgdp) - 1.673052\ln(mtinv) + 0.152338 \quad (2.1)$$
$$(0.65441)$$

Log likelihood：48. 39165

$$VECM_{22} = \ln(tgdp) - 0.280748\ln(mttrade) - 8.740294 \quad (2.2)$$
$$(0.01983)$$

Log likelihood：48. 60395

$$VECM_{23} = \ln(mttrade) - 1.497784\ln(mtinv) + 1.246987 \quad (2.3)$$
$$(0.23193)$$

Log likelihood：21. 08894

分别对序列 $VECM_{21}$、$VECM_{22}$ 和 $VECM_{23}$ 进行单位根检验，发现它们已经是平稳序列，并且取值在 0 附近上下波动，验证了协整关系的正确性。

协整方程显示，台湾 GDP（tgdp）、台商对大陆投资额（mtinv）以及两岸贸易额（mttrade）之间均存在正向的协整关系，这种长期均衡关系说明两岸经济合作对于台湾的经济总量增长具有积极、正向的拉动作用。由方程（2.1）和（2.2）的协整系数可知，台商对大陆投资每增加 1%，会带来台湾 GDP 增加约 1.67%；而两岸贸易每增加 1%，则会引致台湾 GDP 约 0.28% 的增长。相较于两岸贸易，台商对大陆投资对台湾经济增长的促进作用更加显著。方程（2.3）则进一步说明，台商对大陆投资每增加 1%，两岸贸易就会大约增加 1.50%，体现出两岸经济合作"投资驱动贸易"的发展特征。

3. 误差修正模型

采用向量误差修正模型对变量偏离其共同随机趋势时的调整速度进行分析，检验结果如表 4－20 所示。

表 4－20　误差修正模型检验结果

变量	误差修正项系数	Adj. R-squared	AIC	SC	Log Likelihood
ln（tgdp）、ln（mtinv）	－0.110675 （0.350978）	0.077456	－5.174369	－5.032759	41.80777
ln（tgdp）、ln（mttrade）	－0.061063 （－0.485670）	0.133920	－5.122219	－4.980609	41.41664
ln（mttrade）、ln（mtinv）	－0.073426 （1.047254）	0.393139	－1.099852	－0.958242	11.24889

检验结果显示，三组变量的误差修正模型的误差修正项系数均小于零，符合反向修正机制；模型整体的 AIC、SC 值均较小，对数似然统计量较大，拟合优度较佳，模型具备较强的解释能力。

由进一步分析可知，台湾 GDP 与台商对大陆投资误差修正模

型的系数估计值为 -0.1107，说明台商对大陆投资在短期内的波动将以11.07%的速度从反向向长期均衡状态调整，在这种波动的影响下，台湾GDP从非均衡状态向长期均衡状态调整大约需要9年时间。台湾GDP与两岸贸易的模型系数估计值为 -0.0611，说明两岸贸易的反向调整速度为6.11%，在这种波动影响下，台湾GDP从短期非均衡状态向长期均衡状态的调整相对更慢，需要大约16.4年的时间。另外，台商对大陆投资的短期内波动，会带来两岸贸易的波动，而这种波动的调整恢复期大约需要14.3年。

4. Granger因果关系检验

根据协整检验结果，台湾GDP与台商对大陆投资、台湾GDP与两岸贸易以及台商对大陆投资于两岸贸易三组变量之间存在一定的长期均衡的稳定关系。接下来我们运用Granger因果关系检验法对这种均衡关系中是否同时存在某种因果关系，以及因果关系的方向进行进一步验证。

表4-21 Granger因果关系检验结果

零假设	F统计量	概率	滞后期	结论
ln(tgdp) does not Granger Cause ln(mtinv)	1.62438	0.35971	4	ln(tgdp)⇏ln(mtinv)
ln(mtinv) does not Granger Cause ln(tgdp)	3.86628	0.09771	4	ln(mtinv)⇒ln(tgdp)
ln(tgdp) does not Granger Cause ln(mttrade)	4.25974	0.06134	1	ln(tgdp)⇒ln(mttrade)
ln(mttrade) does not Granger Cause ln(tgdp)	4.07921	0.08317	1	ln(mttrade)⇒ln(tgdp)
ln(mtinv) does not Granger Cause ln(mttrade)	14.36510	0.00381	3	ln(mtinv)⇒ln(mttrade)
ln(mttrade) does not Granger Cause ln(mtinv)	0.42450	0.74261	3	ln(mttrade)⇏ln(mtinv)

检验结果表明，三组变量中既有存在双向因果关系的两组变量，也有仅存在单向因果关系的两组变量。其中，台湾GDP变动不是台商对大陆投资变动的Granger原因，但是两岸贸易变化的Granger原因；台商对大陆投资变化是台湾GDP变化的Granger原因，而两岸贸易变化同样也是台湾GDP变化的Granger原因。这

说明台商对大陆投资不仅不会受到台湾经济总量规模波动的影响，还会对其发展产生反作用力；而两岸贸易发展状况与台湾经济荣枯之间则存在着双向的相互影响作用。此外，台商对大陆投资是两岸贸易发展的强因，但两岸贸易发展变化不会导致台商对大陆投资的变化。这也进一步印证了台商投资大陆对两岸贸易产生的是显著的“创造效应”，而非“替代效应”。

（二）两岸经济合作与台湾经济结构发展关系的实证检验

1. 单位根检验

在进行单位根检验之前，我们首先对 ln（tr_3）、ln（mttrade）和 ln（mtinv）的水平和差分序列图进行初步分析。

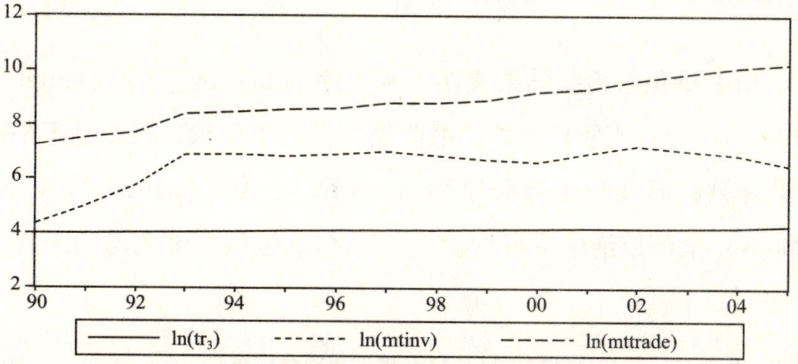

图 4－8　ln（tr_3）、ln（mtinv）和 ln（mttrade）水平序列趋势图

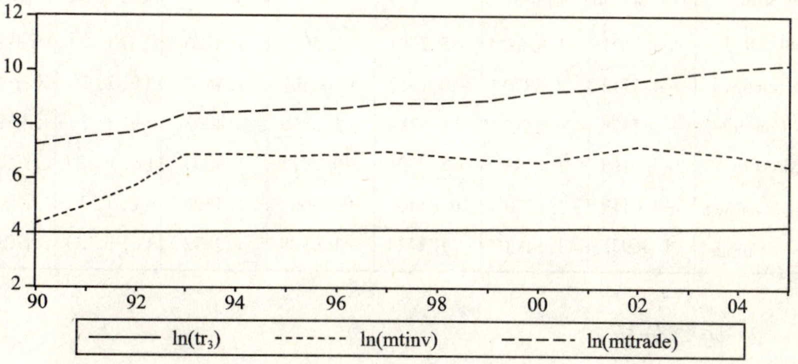

图 4－9　ln（tr_3）、ln（mtinv）和 ln（mttrade）差分序列趋势图

图4－8显示，ln（tr_3）、ln（mttrade）和ln（mtinv）均呈现方向较为一致的逐渐递增趋势，但三者应该都是非平稳序列。从图4－9可以进一步发现，ln（tr_3）、ln（mttrade）和ln（mtinv）的一阶差分序列应该均为平稳变量，并且变化周期相似。另外，三变量间具有较高的相关系数，因此我们可以初步判断它们之间存在某种协整关系。

表4－22　ln（tr_3）、ln（mttrade）和ln（mtinv）相关系数

	ln（tr_3）	ln（mtinv）	ln（mttrade）
ln（tr3）	1	0.6251	0.9704
ln（mtinv）	0.6251	1	0.7206
ln（mttrade）	0.9704	0.7206	1

ADF单位根检验结果表明，水平序列ln（tr_3）、ln（mttrade）和ln（mtinv）不能拒绝单位根假设，存在单位根，因此是不平稳时间序列；而其一阶差分序列Δln（tr_3）、Δln（mttrade）和Δln（mtinv）全部拒绝单位根假设，不存在单位根，因此均为平稳时间序列。

表4－23　ADF单位根检验结果

变量	ADF统计量	临界值	AIC	SC	D.W.	检验形式	结论
ln（tr_3）	－3.7021	－3.8288**	－5.7791	－5.5618	1.3126	（c，t，2）	不平稳
ln（mtinv）	－4.2712	－4.8870*	－0.1313	0.0860	1.4812	（c，t，2）	不平稳
ln（mttrade）	－1.7429	－3.3820***	－1.6284	－1.3860	2.8065	（c，t，3）	不平稳
Δln（tr_3）	－3.9165	－3.1483**	－5.7591	－5.5975	1.9004	（c，n，2）	平稳
Δln（mtinv）	－4.0119	－3.8730**	0.0346	0.2366	1.4696	（c，t，2）	平稳
Δln（mttrade）	1.4697	－3.1483**	－1.2424	－1.0808	1.7432	（c，n，2）	平稳

2. 协整分析

由单位根检验可知，变量ln（tr_3）、ln（mttrade）和ln（mtinv）均为I（1）单整序列，满足进行协整检验的条件。接下来，我们采用Johansen协整检验方法来确定三个变量间的协整关系。检验结果如表4－24所示。

表4－24　Johansen协整检验结果

检验变量	特征值 Eigenvalue	零假设（H_0）	备择假设（H_1）	似然比 Likelihood Ratio	5% 临界值	1% 临界值	结果
ln（tr_3）、ln（mtinv）	0.900183 0.006243	$r=0$ $r\leq 1$	$r=1$ $r=2$	30.03887 0.081410	15.41 3.76	20.04 6.65	有2个协整关系
ln（tr_3）、ln（mttrade）	0.389032 0.000250	$r=0$ $r\leq 1$	$r=1$ $r=2$	16.901453 0.003500	15.41 3.76	20.04 6.65	有1个协整关系

注：（1）r代表协整向量个数；（2）经过多次试验得到的检验滞后阶数，ln（tr_3）和ln（mtinv）为2阶，ln（tr_3）和ln（mttrade）为1阶；（3）对变量ln（mtinv）和ln（mttrade）的协整检验在表4－18中已经完成。

协整检验结果显示，表中各组变量间均存在一定的协整关系，各协整关系对应的长期方程分别为：

$$VECM_{24}=\ln(tr_3)-0.498156\ln(mtinv)-0.74467 \quad (2.4)$$
$$(0.15969)$$

Log likelihood：51.26867

$$VECM_{25}=\ln(tr_3)-0.106466\ln(mttrade)-3.187407 \quad (2.5)$$
$$(0.01059)$$

Log likelihood：48.86169

分别对序列$VECM_{24}$和$VECM_{25}$进行单位根检验，发现它们已经是平稳序列，并且取值在0附近上下波动，验证了协整关系的正确性。

根据协整方程可以发现，台湾第三产业占GDP的比重（tr_3）与两岸贸易额（mttrade）以及台湾对大陆投资额（mtinv）之间均存在正向的协整关系，这种长期均衡关系说明，两岸经济合作对于台湾经济结构发展具有正向拉动效应。方程的协整系数进一步显示，台商对大陆投资每增加1%，台湾第三产业占GDP的比重会相应增加约0.50%；两岸贸易额每增加1%，则会带来台湾第三产业占GDP的比重约0.11%的增长。由此我们可以初步判断，台商对大陆投资能够对台湾第三产业的成长产生更为强烈的正向拉动作用。

3. 误差修正模型

接下来我们采用向量误差修正模型对变量偏离其共同随机趋势时的调整速度进行分析，检验结果如表4－25所示。

表4－25　误差修正模型检验结果

变量	误差修正项系数	Adj. R-squared	AIC	SC	Log Likelihood
ln（tr_3）、ln（mtinv）	－0.124382（0.313743）	0.162432	－5.360777	－5.219167	43.20583
ln（tr_3）、ln（mttrade）	－0.392544（－1.946153）	0.306801	－5.549963	－5.408353	44.62472

检验结果中，三组变量的误差修正模型的误差修正项系数均小于零，符合反向修正机制；模型整体的AIC、SC值均较小，对数似然统计量较大，拟合优度较佳，具备较强的解释能力。

继续分析可知，台湾第三产业占GDP的比重与台商对大陆投资两变量间的误差修正模型系数估计值为－0.1244，说明台商对大陆投资在短期内的波动将以12.44%的速度从反向向长期均衡状态调整，在此波动影响下，台湾第三产业占GDP的比重从非均衡状态向长期均衡状态调整大约需要8年时间。台湾第三产业占GDP的比重与两岸贸易两变量间的误差修正模型系数估计值为－

0.3925，说明两岸贸易从短期非均衡向长期均衡的反向调整速度为39.25%，相应的，台湾第三产业占GDP的比重的均衡调整也更快，只需用到大约2.5年的时间。

4. Granger因果关系检验

根据协整检验结果，台湾第三产业占GDP的比重与台商对大陆投资以及台湾第三产业占GDP的比重与两岸贸易两组变量之间存在一定的长期均衡的稳定关系。接下来，我们采用Granger因果关系检验法对这种均衡关系中是否同时存在某种因果关系，以及因果关系的方向进行进一步验证。

表4-26　Granger因果关系检验结果

零假设	F统计量	概率	滞后期	结论
ln（tr_3） does not Granger Cause ln（mtinv）	4.77361	0.08489	4	ln（tr_3）$\Rightarrow$ln（mtinv）
ln（mtinv） does not Granger Cause ln（tr_3）	0.13146	0.96043	4	ln（mtinv）$\nRightarrow$ln（tr_3）
ln（tr_3） does not Granger Cause ln（mttrade）	1.68199	0.21904	1	ln（tr_3）$\nRightarrow$ln（mttrade）
ln（mttrade） does not Granger Cause ln（tr_3）	5.74034	0.03377	1	ln（mttrade）$\Rightarrow$ln（tr_3）

因果关系检验结果显示，两组变量均不存在双向因果关系，但具有单向因果关系。其中，台湾第三产业占GDP的比重变动是台商对大陆投资变动的Granger原因，但这种影响作用在滞后四期才明显表现出来，说明服务产业在台湾的发展在长期内能够推动以制造业转移为主体的台商对大陆投资，而台商对大陆投资对于台湾产业结构升级的直接导向性作用似乎还未能有效发挥出来。另外，两岸贸易变动是台湾第三产业占GDP的比重变动的Granger原因，且这种作用力在当期即能得以体现，说明两岸贸易关系走向是影响台湾经济结构变化的重要因素之一，但台湾经济结构变化不会显著影响两岸贸易关系的发展。

三、实证结果分析

经过一系列计算之后，我们可以对实证结果做出进一步的综合分析：

（一）反映台湾经济总量增长及经济结构演进的台湾 GDP、第三产业占 GDP 的比重，以及反映两岸经济合作发展的台商对大陆投资、两岸贸易，这四组变量均为非平稳的时间序列，但彼此之间具有较高的相关性，且存在长期均衡的正向协整关系，并呈现方向一致的共同增长趋势。

（二）台商对大陆投资与台湾经济增长及产业结构升级之间表现出强烈的协整关系，长期内对于台湾经济成长具有显著的促进作用。台商对大陆投资，最初在两岸贸易带动之下起步，伴随两岸经贸交往的增加而日趋活跃，到目前已经取代两岸贸易而成为两岸经济合作的主流。台商对大陆投资的产业形态，从最初的劳力密集型，逐渐发展到资本密集型，再向资本和技术密集型转变；投资的分工布局，从初期的产业间水平分工模式，逐步提升至产业内垂直分工模式，进而发展成为产业链的整体转移与升级；投资的成长策略，则由最初的以转移岛内夕阳产业、协助维持台湾在国际产业供应链中的竞争力为目标，过渡到以拓展大陆市场、实现全球商机为目标，未来还将继续深入到全面致力于两岸的技术合作与资源的共同开发。台商对大陆的阶梯式推进投资，充分体现出资本的逐利本质，完全遵循着市场的运行准则，为台湾经济提供了持续成长所必需的核心生产要素，即充足的资本、丰沛的劳动力、先进的技术以及不断提高的企业家管理水平。

首先，台资企业在大陆的成长壮大为台湾经济发展带来充足资本。由台商赴大陆投资所诱发的台湾对大陆顺差，累计已达

3987.6亿美元，若扣除台湾“钱进大陆”的439.1亿美元的总投资金额，台湾从大陆享受到的资金净流入高达3548.5亿美元，已成为台湾外汇存底增加的最主要资金来源①。台湾中华征信所在2005年所做的“大陆台商1000大”的调查结果显示，仅大陆台商前1000大企业2004年的营收总额就高达7336亿人民币，约为台湾当年GDP的四分之一、上海2003年全年GDP以及广州2003年GDP的两倍，台商实力可以称得上是“富可敌城”②。另据统计，台商在大陆投资所获得的丰厚利润每年都有近70%汇回台湾，为台湾经济发展不断注入资金；而台资企业的工作人员在大陆赚取薪酬，回台湾消费，也成为拉动台湾内部需求成长的重要力量。

其次，劳动密集型产业向大陆的转移使岛内释出大量技术专业人才、管理人才和普通劳动力。一方面，传统劳力密集型制造业企业将失去比较优势的生产环节转移至大陆，同时利用释出的各种人力资源，支持岛内制造业的升级。如果转移大陆的每一家工厂平均释放出3~5个专业技术人员和15~20个普通劳工③，则赴大陆投资的7万多家台资企业就能够累计释放30万左右的专业技术人员和100多万的普通劳工，为台湾制造业的升级提供技术和劳力上的有力保障。另一方面，大量的劳动力资源又保证了新兴的服务产业的发展。20世纪80年代中期以后，台湾开始进入后

---

① 截至2006年底，台湾外汇存底为2661.48亿美元，低于台湾对大陆的累计顺差总额。

② 实际上，这里的数据可能还低估了台商的真实实力。由于两岸分工普遍还是台湾接单、大陆出口，在营收和利润方面，很多大陆台商的生产零件由母公司提供，而产值只计算组装、加工的部分。因此，有些台商的真实实力，并未反映在财务报表的数据中。另外，还有更多未上市、独资的台商，隐藏在大陆的各个角落默默赚钱。彭涟漪：《两岸首次大规模调查〈台商排名专题报道系列一〉之〈台商投资大陆 四大现象〉》，台湾：《中国时报》，2005年12月5日，A8版。

③ 李非：《海峡两岸经济合作问题研究》，北京：九州出版社，2000年7月，第165页。

工业化发展时期，经济面临新的转型，加速发展第三产业成为转型的重要目标，对劳工的需求也随之扩张。据统计，1986 年至 1999 年，有 60 万以上的劳工被第三产业所吸收；第三产业在台湾 GNP 的比重从 47% 上升至 63%，提高了 16 个百分点①。这其中，由台商赴大陆投资所释放的劳动力无疑是劳工供给的主要来源。

第三，传统产业的移出、资金投入的支持，使台湾得以集中经济资源进行技术的研发和拓展。伴随越来越多的劳力密集型中小企业向大陆的转移，台湾当局对辅导岛内中小企业转型与发展的投入会相应减少，从而可以集中更多的经济资源和政策倾向扶植高科技产业的发展，促进产业升级。同时，众多台湾企业在两岸产业分工中遵循“微笑曲线”的布局原则，即强调台湾在“微笑曲线”的两端，专注于推动产品的上游研发制造以及国际化营销模式拓展，而大陆则处于曲线的下缘，作为台湾的生产制造基地及主要出口市场。据统计，在台湾当局积极鼓励台商回台投资举措推动下，2004 年以来，总计共有 44 家台商自大陆回流台湾投资设厂（还不包括科学园区内企业），投资总金额高达 234 亿元新台币，而回流投资几乎全部用于增资建设厂商在台湾的生产研发总部②，为维持台湾的产业国际竞争优势提供了有力保障。

最后，通过在大陆市场的深植运营，台商积累了更多样化的经营经验，管理水平不断提高。台湾企业在近 50 年的经济高速发展中积累了丰富的管理经验，培养出强大的市场拓展能力，但这种经验的成长环境是台湾这一海岛型的相对小型、单一的经济体，同时，其市场拓展的对象主要是针对于美、日、欧等市场经济机

---

① 章怡：《台商对外投资动向》，香港：《经济导报》周刊，2000－02－28。

② 明致：《台商经营与活动》，台湾：《两岸经贸月刊》，2005 年 3 月，第 35 页。

制建立已较为完善的资本主义国家。因此，在大陆这样一个幅员辽阔、形态多元、体制尚待健全的新兴社会主义市场经济体中的运营发展，无疑是对台商经营管理能力的一次全新的锤炼。事实上，许多台商正是在大陆市场的"摸爬滚打"过程中不断成长壮大的。目前，已有越来越多的台商运用其积累的"大陆经验"，从容应对不同挑战，广泛开拓发展空间，有的"从大陆红回台湾"①，更多的则是将其发展步伐由大陆迈向全球②。

（三）台商对大陆投资对于台湾经济成长的推动作用，主要是通过两岸贸易发展的间接传导来得以实现，台湾产业升级又能够进一步促进台商对大陆的投资，从而形成良性互动的经济循环系统。从表 4－27 可以发现，台湾对大陆贸易顺差占 GDP 的比重呈现逐年稳步上升趋势，2006 年已达 18.66%。对大陆出口以及两岸贸易对台湾经济增长的贡献百分比基本呈相同变化趋势。1992 年时两岸贸易对台湾 GDP 增长的贡献百分比就达到 85.41%，其后几年有所下降，但 1999 年以来，该比率又开始迅速回升，2002 年时首次突破 100%，达 106.70%，2003 年更是攀升至 111.08%，随后两年里也有不俗的表现。换言之，20 世纪末期以来，台湾经济的增长绝大部分都依赖于两岸贸易的成长。

---

① 该类型的典型代表企业为台湾的顶新国际集团。经过在大陆 10 余年的发展，顶新集团历经波折，几度沉浮，最终由彰化县的一家名不见经传的小油脂厂，成长为总投资额达 12 亿美元、年销售额超过 7 亿美元、年销量 65 亿包的大陆方便面市场的第一大企业。2002 年，顶新集团开始返台生产销售，上市一个月内销量即达 800 多万包，产品供不应求，并迅速在岛内市场掀起一阵旋风，使岛内沉寂已久的方便面市场重现生机，缔造出台资企业大陆发展的"神话"。

② 该类型的典型代表企业当属目前大陆规模最大的台资企业鸿海集团。通过在大陆不同地区广设生产据点、充分利用大陆"世界工厂"的强大生产优势，在不到 20 年时间内，鸿海成功造就发展出全球最具效率的电子代工营运模式，并将这一模式迅速复制到全球其他市场，开启"全球制造基地"的布局。

表4-27　两岸贸易对台湾经济增长贡献　　单位：%

年份	台湾对大陆顺差占GDP的比重	台湾实质GDP增长率（a）	台湾对大陆出口对GDP增长贡献百分点（b）	台湾对大陆出口对GDP增长贡献百分比（c）	台湾自大陆进口对GDP增长贡献百分点（d）	台湾自大陆进口对GDP增长贡献百分比（e）	两岸贸易对台湾GDP增长贡献百分点（f）	两岸贸易对台湾GDP增长贡献百分比（g）
1978	-0.17	13.67	—	—	—	—	—	—
1979	-0.11	8.44	—	—	0.04	0.43	-0.04	-0.43
1980	0.39	7.36	5.78	78.51	0.07	0.89	5.72	77.62
1981	0.64	6.24	0.50	8.09	-0.002	-0.03	0.51	8.12
1982	0.23	3.48	-0.20	-5.69	0.02	0.60	-0.22	-6.29
1983	0.13	8.32	-0.06	-0.67	0.01	0.15	-0.07	-0.82
1984	0.50	10.71	1.21	11.34	0.09	0.85	1.12	10.49
1985	1.40	5.02	2.09	41.63	-0.02	-0.35	2.11	41.98
1986	0.89	11.49	-0.19	-1.65	0.05	0.40	-0.24	-2.05
1987	0.93	12.66	0.62	4.90	0.29	2.26	0.33	2.64
1988	1.43	8.04	1.51	18.73	0.26	3.18	1.25	15.55
1989	1.55	8.45	0.57	6.71	0.09	1.05	0.48	5.66
1990	1.57	5.70	0.27	4.73	0.14	2.54	0.12	2.19
1991	0.97	7.58	1.10	14.54	0.30	3.91	0.81	10.63
1992	2.43	7.85	1.03	13.14	-0.003	-0.04	1.03	13.18
1993	5.12	6.90	6.09	88.30	0.20	2.89	5.89	85.41
1994	4.84	7.39	0.51	6.92	0.49	6.60	0.02	0.32
1995	5.41	6.49	0.28	4.27	0.45	6.92	-0.17	-2.65
1996	4.79	6.30	0.55	8.71	-0.10	-1.54	0.65	10.25
1997	4.50	6.59	0.09	1.39	0.25	3.78	-0.16	-2.39
1998	4.77	4.55	0.07	1.56	0.20	4.43	-0.13	-2.87
1999	5.41	5.75	1.18	20.58	0.03	0.50	1.15	20.08
2000	6.61	5.77	2.51	43.61	0.45	7.79	2.07	35.82
2001	7.94	-2.17	0.71	32.50	-0.01	0.65	0.72	33.15
2002	11.16	4.25	5.27	124.21	0.74	17.51	4.53	106.70
2003	13.50	3.43	4.91	143.06	1.10	31.98	3.81	111.08
2004	15.89	6.07	6.28	103.41	2.13	35.03	4.15	68.38
2005	16.82	4.09	3.30	80.79	1.06	25.92	2.24	54.87
2006	18.66	4.60	4.08	88.62	1.48	32.17	2.60	56.52

注：（1）台湾对大陆出口对GDP成长贡献百分点（b）＝对大陆出口成长率×对大陆出口占台湾总出口百分比×台湾总出口占GDP结构百分比；（2）台湾对大陆出口对GDP成长贡献百分比（c）＝（b）/（a）；（3）台湾自大陆进口对GDP成长贡献百分点（d）以及台湾自大陆进口对GDP成长贡献百分比（e）计算方法与（1）、（2）相同；（4）两岸贸易对台湾GDP成长贡献百分点（f）＝（b）－（d）；（5）两岸贸易对台湾GDP成长贡献百分比（g）＝（f）/（a）。

资料来源：（1）“Taiwan Statistical Data Book, 2005”，“Council for Economic Planning and Development”, Taipei, Taiwan, June 2005, P65；（2）台湾“统计资讯网”：《重要经社指标速报》，http://www.stat.gov.tw/public/Data/632161-7，2006-01-19；（3）中华人民共和国国务院台湾事务办公室：《两岸经贸统计数据》，http://www.gwytb.gov.cn/lajmsjgov.cn/lajmsj.htm，2006-02-01；（4）中华人民共和国商务部台港澳司：《统计资料》，http://tga.mofcom.gov.cn/jingmaotongji/jingmaotongji.html，2007-03-15。（5）本研究计算整理。

20世纪90年代以来，两岸贸易基本上已属于“投资驱动型”。台商在大陆投资办厂所需的机械设备、原材料及零组件大都从岛内输出。据统计，台商赴大陆投资向台湾回购的电子零组件及原材料比例达50%～80%，机械设备回购率更高达75%～95%。台湾对大陆出口的扩张刺激了台湾社会的总需求。台湾《2001年产业关联表》显示，在台湾整体经济部门产业关联环环相扣的效应带动下，对大陆贸易输出额的增加所间接引发的岛内产业产出增加值，占台湾总输出额增加所带动产出增加值的比重，在1993年已超过17%，1996年进一步超过21%，1997年更高达22.17%，之后两年则小幅回落至21.76%和20.82%。由此可知，台湾各产业为外销海外市场所增加的生产中，大陆市场早已超过五分之一的份额，而此项比率也远高于台湾对大陆市场的贸易出口依赖度。

在台湾经济增长得到有效促进的同时，从两岸贸易中赚取的丰厚资金支持、两岸产业分工布局释放出的岛内得以专心致力于创新研发的空间，共同形成一种巨大的推动力，加上大陆及国际市场不断扩大的产品需求所构成的牵引力，这两股力量汇成一股强有力的合力，鞭策台湾加快产业升级的步伐。而技术不断推陈出新、市场需求持续增加，以及企业产能面临扩充的更高要求，又会进一步推动台商对大陆投资向更纵深方向发展。因此我们可以认为，两岸经济合作已经形成一种良性发展的路径依赖。

（四）实证研究的客观性有力地证明，两岸经济合作对于台湾经济发展的推动作用是显而易见、毋庸置疑的，并且并不会给台湾带来所谓的“产业空洞化”危机。相反，正是通过与大陆日趋紧密的经贸联系，台湾经济成长与产业转型才能够获得源源不断的发展动力。因此，进一步排除两岸间的政治樊篱，尽量使政治阻隔对经济发展的影响最小化，同时，对享有的两岸贸易顺差善加利用，积极推动岛内产业结构升级以及台商对大陆的投资，这些，才应当是台湾当局促进岛内民生发展最负责任的做法。

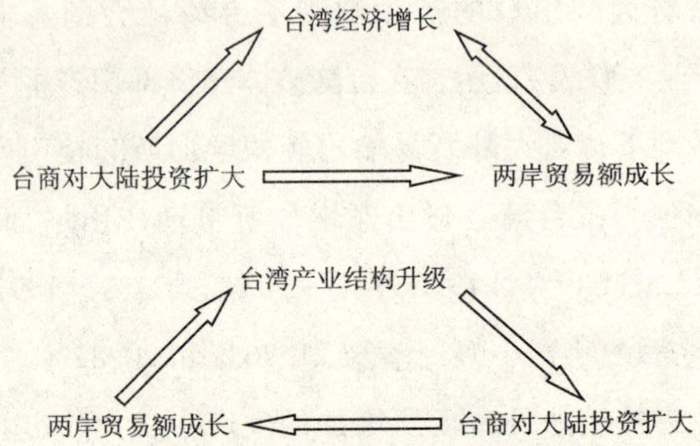

图 4－10　两岸经济合作循环系统

图示来源：根据本研究计算结果绘制。

第五章　至2010年大陆三大区域与台湾经济发展趋势预测

第一节　研究缘起

一、经济预测的基本方法

经济预测是以实际统计资料为基础，运用统计方法，揭示现象的变化特征和数量关系，对其未来发展状况进行估计和推断的方法。依据研究方法，经济预测可以分为：

（一）定性预测法。即以逻辑判断为主的预测方法，其主要目的是揭示现象在未来的性质表现或发展方向，以及推算预测对象未来的数量表现，但所用方法较为简单，定量结果较为粗略。具体方法包括领先指标法、主观概率法、专家意见法、群众评估法等。

（二）回归预测法。通过描述经济变量之间的统计依存关系，建立回归模型，从因变量的数值变化中预测自变量的数值变化。具体方法包括一元线性回归、多元线性回归以及非线性回归等。

（三）时间序列预测法。即通过由被研究对象所属时间，以及反映该现象一定时间条件下数量特征的指标值所组成的时间序列的分析方法，找出该序列的变动模式，对现象的未来发展状况进行测算和推断。该预测法可分为确定性模型，包括移动平均法、指数平滑法、长期趋势预测和季节变动预测等以及随机性模型（又称 ARIMA 模型），包括自回归模型（AR）、滑动平均模型（MA）和二者的混合模型（ARMA 或 ARIMA）①。

二、对大陆经济发展趋势预测的相关研究

学者对大陆经济发展的预测一般采用定量分析的方法。夏绍玮等（1994）提出了一组中国②社会消费和城乡居民消费的线性和非线性预测模型，对中国消费现状和发展前景进行了深入地研究分析；贺菊煌（1994）采用国际截面数据，运用改进后的双对数模型，对中国消费结构做出长期预测。另外，贺菊煌（2001）将中国经济长期增长的多部门模型变为单一部门模型，对 1992—2020 年中国人口总数、人口年龄结构、劳动力比重和城市人口比重、人口再生产指标以及经济增长等指标发展趋势做出了预测。中国社会科学院数量经济与技术经济研究所的姚愉芳、贺菊煌等学者，曾通过建立系统动力学和投入产出模型，对中国中长期经济社会发展的各个方面进行过一系列的预测（姚愉芳，贺菊煌，1994，1995，1995）。周鹏等（2003，2004）将动态投入产出技术与最优化方法相结合，针对中国经济的现状，建立了一个包括三个目标和四类约束的宏观经济预测模型，对国民收入、就业、各产业产值等宏观经济指标进行了预测。

---

① 黄良文，曾五一：《统计学原理》，北京：中国统计出版社，1999 年 3 月，第 318 页。
② 即“中国大陆”，下同。

三、对台湾经济及两岸经济关系发展预测的相关研究

学者对台湾经济及两岸关系走向的发展预测，多从定性与定量两方面进行。赵甲明（2000）主要从定性的角度，论述在经济全球化大趋势下、大陆与港澳台经济整合趋势中，以及在各种政治因素与经济因素的关系中，如何把握两岸经济关系走向。吴献斌（2003）则从经济发展的周期性、国际经济环境以及台湾自身经济三个方面，对21世纪头10年台湾经济发展趋势做出展望。李非（1996）采用附带偏差修正因素的“平均速度预测模型”，对1996—2000年台湾经济增长速度，以及经济增长与各主要经济变量之间的关系做出了预测，并在此基础上，预测了台湾经济结构的变动。李非（2002）通过高位预测、中位预测、低位预测以及综合预测方法，得到21世纪初期台湾经济发展趋势。此外，李非等（2004）在分析影响台湾经济增长的主要相关因素基础上，采用时间序列的一元线性回归模型，预测至2020年台湾经济增长趋势和经济结构变化，并就台湾经济发展与两岸经贸交流之间的相互关系进行了论述。胡劲（1998）建立了3个中小型规模的大陆、台湾和香港的宏观经济计量模型，将投资矩阵和贸易矩阵连接起来，构造成总体的经济计量连接模型，并仿真模拟了两岸三通实现与否、实现内容、时间前后的几种情况下，大陆、台湾及香港1998—2010年的经济发展趋势。

从现有对大陆及台湾经济发展趋势预测的文献中可以发现，对整体区域的宏观经济发展趋势预测较多，但涉及分地区、分省的趋势预测很少；对两岸各自的经济发展趋势预测较多，但对两岸间发展状况进行对比的研究则鲜有。鉴于此，我们接下来将会就相关的问题进行尝试性的探讨分析。

第二节　模型预测过程与结果分析

一、模型预测过程

（一）预测方法说明

经济发展是经济增长与经济结构变化的综合过程。因此，本书对大陆三大区域与台湾经济发展的预测，主要集中于对各区域的经济总体规模，以及产业结构演变发展趋势的预测，即同时从经济的总量扩张与结构演进两方面进行考察。另外，为使预测结果更具参考性，我们还将分别对大陆三大区域中经济发展最为热络、外向性相对最高、经济整体规模与台湾已十分接近的四个省份（即南部沿海地区的广东省、东部沿海地区的江苏和浙江省以及北部沿海地区的山东省）的经济发展趋势做出预测。需要特别指出的是，我们的实证分析是建立在两个假设前提之下，即：(1) 未来五年，国际经济环境相对稳定，不会发生转折性波动；(2) 两岸经济关系仍按目前状况正常发展，不会因非经济因素的干扰而发生重大偏离。

在方法选取方面，本书拟运用 Eviews 3.1 统计分析软件，通过普通最小二乘法（Ordinary Least Squares），建立经济发展时间序列的一元线性回归模型作为预测依据。其中，时间（记为 t）为解释变量（即自变量），被解释变量（即因变量）分别为地区生产总值（记为 gdp）、区域总人口①（记为 pop）、区域第二产业产

① 实际计算中，需要通过对区域的地区生产总值及总人口的预测，推导出区域人均地区生产总值的预测值。

值（记为ind）以及第三产业产值（记为ser）。另外，我们还将对两岸贸易（记为cs-trade）的发展趋势做出预测。

数据的选择上，我们将从大陆三大区域中各省市1981－2005年各年统计年鉴及统计公报、《中国统计年鉴》1981－2005年各卷，台湾“Council for Economic Planning and Development”编撰的“Taiwan Statistical Data Book, 2005”，以及“台湾统计资讯网”中，选取1980－2005年的连续26年的相应指标数据，作为回归样本进入模型。为消除大陆与台湾币值的差异对回归分析的影响，保证数据的统一性和可比性，我们将原始数据按每年的当年美元兑人民币、美元兑台币中间汇率进行折算。进一步地，为将被解释变量与解释变量的非线性关系转化成线性关系，同时减少异常点、残差的非正态分布以及异方差性对模型拟合优度的影响，我们对每一变量均取自然对数，记为$\ln y$和$\ln x$①。一元线性回归模型表达式为：

$$\ln y = c + a\ln x$$

其中，c为常数项，a为自变量的回归系数，即解释变量对被解释变量的弹性，能够体现各指标随时间推移而发展变化的幅度。

（二）回归结果输出

分别将相应数据输入分析软件程序中，可以得到回归结果如表5－1、5－2所示。回归结果的主要描述统计量中，反映各常数及回归系数估计值显著性的t统计量均能够通过显著水平为0.01的t检验；反映模型拟合效果的R_2以及调整后的R_2值均接近于1；反映模型整体显著性的F统计量均较大，而反映变量间线性关系的F检验的相伴概率则均为0.0000。因此，我们可以认为，模型拟合优度相当高，从而能够保证达到较理想的预测效果。

---

①　这里的x和y分别为解释变量和被解释变量。

表5-1 大陆三大区域与台湾经济发展趋势预测模型回归结果

区域	因变量(y)	常数(c)	回归系数(a)	R_2	调整后 R_2	F统计量	F检验的相伴概率
南部沿海地区	ln(sou-gdp)	5.0847 (93.1066)	0.1119 (31.6359)	0.9766	0.9756	1000.8290	0.0000
	ln(sou-pop)	9.0144 (2696.9150)	0.0161 (74.4279)	0.9957	0.9955	5539.5130	0.0000
	ln(sou-ind)	4.0444 (59.7643)	0.1255 (28.6459)	0.9716	0.9704	820.5872	0.0000
	ln(sou-ser)	3.7770 (100.7057)	0.1279 (52.6480)	0.9914	0.9911	2771.8150	0.0000
东部沿海地区	ln(ea-gdp)	5.7424 (69.6086)	0.0944 (17.6768)	0.9287	0.9257	312.4705	0.0000
	ln(ea-pop)	9.3031 (2239.5030)	0.0087 (32.3237)	0.9775	0.9766	1044.8240	0.0000
	ln(ea-ind)	5.2000 (64.1599)	0.0880 (16.7686)	0.9214	0.9181	281.1854	0.0000
	ln(ea-ser)	3.9367 (51.0677)	0.1341 (26.8645)	0.9678	0.9665	721.7014	0.0000
北部沿海地区	ln(nor-gdp)	5.6878 (75.1773)	0.0929 (18.9642)	0.9374	0.9348	359.6423	0.0000
	ln(nor-pop)	9.5604 (1427.2070)	0.0114 (26.2907)	0.9664	0.9650	691.2010	0.0000
	ln(nor-ind)	5.0255 (62.7146)	0.0904 (17.4208)	0.9267	0.9237	303.4855	0.0000
	ln(nor-ser)	3.8776 (56.0253)	0.1329 (29.6566)	0.9734	0.9723	879.5133	0.0000
台湾地区	ln(tw-gdp)	6.1570 (60.8683)	0.0886 (13.5340)	0.8842	0.8793	183.1686	0.0000
	ln(tw-pop)	7.5019 (1629.6730)	0.0096 (32.2014)	0.9774	0.9764	1036.9270	0.0000
	ln(tw-ind)	5.4794 (49.4658)	0.0680 (9.4830)	0.7893	0.7806	89.9276	0.0000
	ln(tw-man)	5.2445 (50.2847)	0.0698 (10.3284)	0.8163	0.8087	106.6747	0.0000
	ln(tw-ser)	5.3394 (51.7686)	0.1068 (15.9987)	0.9143	0.9107	255.9594	0.0000
	ln(cs-trade)	0.8630 (5.5292)	0.2398 (23.7268)	0.9591	0.9574	562.9631	0.0000
大陆地区	ln(main-gdp)	7.6021 (141.1759)	0.0796 (22.8347)	0.9560	0.9542	521.4238	0.0000
	ln(main-pop)	11.5004 (2166.8200)	0.0118 (34.3714)	0.9801	0.9793	1181.3960	0.0000

注:括号中数字为各系数的t检验值,下同。

表5－2　大陆四省份经济发展趋势预测模型回归结果

区域	因变量(y)	常数(c)	回归系数(a)	R_2	调整后 R_2	F统计量	F检验的相伴概率
广东	ln(gd-gdp)	4.7391 (89.7571)	0.1113 (32.5511)	0.9779	0.9769	1059.5750	0.0000
	ln(gd-pop)	8.5423 (2526.3720)	0.0173 (78.9968)	0.9962	0.9960	6240.9940	0.0000
	ln(gd-ind)	3.7546 (57.3532)	0.1248 (29.4306)	0.9730	0.9719	866.1610	0.0000
	ln(gd-ser)	3.4372 (100.5551)	0.1261 (56.9627)	0.9927	0.9924	3244.7470	0.0000
江苏	ln(js-gdp)	4.8826 (70.5879)	0.0985 (21.9910)	0.9527	0.9507	483.6054	0.0000
	ln(js-pop)	8.6890 (1429.8890)	0.0098 (24.9619)	0.9629	0.9614	623.0984	0.0000
	ln(js-ind)	4.1844 (60.3681)	0.1004 (22.3730)	0.9542	0.9523	500.5514	0.0000
	ln(js-ser)	3.0939 (46.3719)	0.1334 (30.8761)	0.9754	0.9744	953.3330	0.0000
浙江	ln(zj-gdp)	4.7477 (57.5362)	0.1040 (19.4579)	0.9404	0.9379	378.6083	0.0000
	ln(zj-pop)	8.2583 (1761.2280)	0.0077 (25.4811)	0.9644	0.9629	649.2839	0.0000
	ln(zj-ind)	3.5444 (57.7692)	0.1116 (27.0469)	0.9695	0.9682	731.5331	0.0000
	ln(zj-ser)	2.0065 (23.1863)	0.1693 (29.0847)	0.9735	0.9724	845.9194	0.0000
山东	ln(sd-gdp)	5.3732 (80.2556)	0.1758 (40.5604)	0.9856	0.9850	1645.1420	0.0000
	ln(sd-pop)	8.9045 (1221.6770)	0.0096 (20.3643)	0.9453	0.9430	414.7046	0.0000
	ln(sd-ind)	3.9614 (57.4990)	0.1087 (24.3573)	0.9611	0.9595	593.2759	0.0000
	ln(sd-ser)	1.9022 (15.3864)	0.1867 (23.3207)	0.9577	0.9560	543.8530	0.0000

二、预测结果分析

（一）大陆三大区域与台湾经济发展趋势预测结果比较分析

1. 经济规模预测

将时间变量的相应值代入大陆三大区域与台湾经济规模预测模型，可以得到置信度为95%①的2006－2010年大陆三大区域与台湾经济规模的预测区间值，如表5－3所示。

表5－3　模型预测结果——经济规模

单位：亿美元；美元；%

年份	南部沿海地区		东部沿海地区		北部沿海地区		台湾地区		大陆地区	
	GDP	人均GDP	GDP	人均GDP	GDP	人均GDP	GDP	人均GDP	GDP	人均GDP
2006	3730～3943	2937～3105	5070～5338	3654～3847	5155～5545	2670～2872	3576～3866	15330～16572	22564～26300	1661～1936
2007	4016～4475	3112～3467	5621～6198	4016～4428	5513～6119	2823～3133	3759～4003	15982～17018	23200～28808	1688～2096
2008	4330～5081	3301～3875	6239～7184	4419～5089	6042～6959	3059～3523	3919～4142	16523～17461	24912～31604	1791～2272
2009	4673～5774	3506～4332	6932～7664	4868～5839	6632～7920	3319～3964	4086～4281	17084～17901	26772～34721	1902～2467
2010	5049～6563	3727～4845	7710～9614	5367～6692	7292～9016	3609～4462	4259～4422	17665～18338	28795～38193	2022～2681
增长率	7.86～13.58	6.14～11.77	11.08～15.84	10.09～14.84	11.40～12.92	7.82～11.64	3.42～4.47	2.56～3.61	6.29～9.78	5.04～8.49

注："增长率"为按照当期价格计算，即未剔除价格波动影响的名义年平均增长率，一般来讲略高于剔除价格波动的实质年平均增长率，下同。

（1）从表5－3的预测结果可知，2006－2010年，大陆将基本保持目前的整体高速发展态势，GDP将从2.3万亿～2.6万亿

① 即可以有95%的把握，被解释变量未来值会落在该预测区间内，下同。

美元左右的水平，增长至2.9万亿~3.8万亿美元，年均递增率在6.29%~9.78%之间；而由于庞大的人口规模，人均GDP增长相对较慢，大致从1600~1900美元左右，增加到2000~2700美元左右，年均增速大致在5%~8.5%之间。

（2）台湾GDP将从3700亿美元左右增长至4300亿美元左右，基本保持中低速增长状态，年均增速在3.4%~4.5%之间；人均GDP增速更慢，大致在2.6%~3.6%之间，从16000美元左右增长到18000美元左右的水平。

（3）大陆东部沿海地区将持续总体经济规模和增长速度的相对优势，GDP将从5000多亿美元增加至约8000亿~10000亿美元，几乎翻一倍，并创造出约占大陆1/4的国内生产总值，年均增速大致在11%~16%之间；人均GDP将从3700美元左右，增加至6000美元左右的水平，年均递增10%~15%。

（4）北部沿海地区经济规模也呈稳步快速成长态势，与东部沿海地区差距将逐步缩小。其GDP将由5000多亿美元增加至9000亿美元左右，年均增长在11%~13%之间；人均GDP也将从2800多美元增加至近4500美元，年均增速在7.8%~11.6%之间。

（5）2006-2010年，南部沿海地区经济将保持中高速成长，GDP从近4000亿美元的水平增长到6000亿美元左右，年均增速在7.86%~13.58%之间，经济规模高于台湾，但与大陆东部沿海和北部沿海地区的差距会逐渐拉大；人均GDP大致由3000美元增加到3700~4800美元左右，年均增速在6.14%~11.77%之间。

（6）若进一步将上述预测结果做横向比较，我们可以发现，发展速度的不同，带来两岸经济规模对比的变化。在经济总量水平上，2006年大陆GDP大约为台湾的6.31~6.81倍，至2010年将扩大到约6.76~8.64倍；大陆东部沿海和北部沿海地区GDP为台湾GDP的倍数，也将由2006年的约1.44倍，扩大到2010年的2倍左右；南部沿海地区经济规模较台湾的领先幅度也将逐步提高。在人均水平方面，两岸差距也不断缩小。其中，大陆人均GDP与台湾人均GDP的比例，由2006年的约1/9，上升到2010年的约1/8；大陆东部、南部和北部沿海地区人均GDP与台湾人均GDP的比例，也将分别由2006年的约1/4、1/5和1/6，上升到2010年的约1/3、1/4和1/5。

2. 产业发展预测

将时间变量的相应值代入大陆三大区域与台湾产业发展预测模型，可以得到置信度为95%的2006-2010年大陆三大区域与台湾产业产值及结构演进的预测区间值，如表5-4、5-5所示。

表5-4　模型预测结果——产业产值

单位：亿美元;%

年份	南部沿海地区		东部沿海地区		北部沿海地区		台湾地区		
	第二产业	第三产业	第二产业	第三产业	第二产业	第三产业	第二产业	制造业	第三产业
2006	1763~1878	1571~1746	2750~2924	2099~2330	2489~2547	2018~2342	932~1077	796~963	2458~2750
2007	1929~2157	1722~1980	2989~3406	2363~2737	2614~2945	2223~2680	943~1078	806~974	2622~2891
2008	2152~2492	1893~2248	3254~3840	2665~3211	2904~3403	2454~3071	945~1077	807~985	2773~3035
2009	2402~2875	2087~2552	3548~4333	3010~3764	3229~3929	2715~3523	945~1074	808~994	2932~3182
2010	2684~3314	2306~2949	3875~4894	3403~4408	3545~4535	3010~4046	945~1069	807~1002	3099~3334
增长率	11.08~15.25	10.07~14.00	8.96~13.74	12.84~17.28	9.64~15.51	10.51~14.65	-0.19~0.30	0.35~1.00	4.93~5.96

表5-5　模型预测结果——产业结构　　单位：%

年份	南部沿海地区		东部沿海地区		北部沿海地区		台湾地区		
	第二产业	第三产业	第二产业	第三产业	第二产业	第三产业	第二产业		第三产业
								制造业	
2006	47.27~47.64	42.13~44.28	54.23~54.77	41.40~43.65	45.93~48.27	39.14~42.24	26.07~27.86	22.26~24.91	68.74~71.15
2007	48.04~48.21	42.88~44.26	53.17~54.95	42.04~44.16	47.42~48.13	40.32~43.80	25.09~26.93	21.43~24.34	69.75~72.21
2008	49.04~49.71	43.72~44.23	52.15~53.44	42.72~44.69	48.06~48.89	40.62~44.13	24.12~26.01	20.60~23.78	70.76~73.27
2009	49.80~51.41	44.21~44.66	51.18~52.10	43.41~45.26	48.69~49.61	40.94~44.49	23.13~25.09	19.78~23.22	71.76~74.34
2010	50.50~53.16	44.94~45.69	50.26~50.90	44.13~45.85	49.30~50.29	41.27~44.88	22.15~24.17	18.95~22.66	72.76~75.40
增长*	2.86~5.89	0.66~3.55	-3.97~-3.87	2.20~2.74	1.03~4.36	2.13~2.64	-3.92~-3.69	-3.31~-2.25	4.02~4.25

注："*"为增长百分点，下同。

（1）2006-2010年，大陆东部沿海地区第二产业和第三产业产值将继续保持快速上升趋势，其中，第三产业增长更快。第二产业产值将从2800亿美元左右，增加到3900亿~4900亿美元左右，年均增速大致在9%~14%之间；产业产值占GDP的比重则缓慢下降，由2006年的约54%，降至2010年的约50%，下降近4个百分点。第三产业产值将从2300亿美元左右，增加到3400亿~4400亿美元左右，年均增速达到12.84%~17.28%；产业产值占GDP的比重逐步上升，由约43%，升至近46%，升幅超过2个百分点。

（2）未来五年，北部沿海地区第二产业和第三产业的产值及其占GDP的比重，都将有较大幅度提高。其中，第二产业产值将由2006年的2500亿美元左右，增长到2010年的3500亿~4500

亿美元左右，年均增速大致在10%～16%之间；产业产值占GDP的比重，则由46%～48%左右，上升到约50%，增幅在1到4.36个百分点。第三产业产值则将从不到2400亿美元，增加到3000亿～4000亿美元左右，年均递增11%到15%；产业产值占GDP的比重，由39.14%～42.24%，逐步上升至41.27%～44.88%的水平，增长约2到3个百分点。

（3）南部沿海地区第二产业和第三产业均将呈稳步成长趋势。第二产业产值将由1800亿美元左右，增加至3000亿美元左右，年均增长在11%～15.25%之间；产值占GDP的比重，也将由约47%，上升到50.50%～53.16%的水平，增加约3到6个百分点。第三产业产值则大致从1600亿美元左右，增长到2300亿～3000亿美元，平均每年增幅超过10%，最高可达到14%；产值占GDP的比重，将从42.13%～44.28%之间，上升到约45%～47%，增加0.66到3.55个百分点。

（4）2006－2010年，台湾第二产业及制造业增幅十分有限，而第三产业将继续保持中低速增长趋势。第二产业产值基本保持1000亿美元的规模，最高仅有0.3%的增幅，甚至有可能出现0.19%的微幅负增长；产值占GDP的比重将从27%左右，逐步下降至22.15%～24.17%，减少约4个百分点。占第二产业主导地位的制造业产值将出现不到1%的增速，最低仅增长0.35%，产值水平基本徘徊于800亿～1000亿美元之间；结构比重从22%～25%左右，减至低于23%的水平，减少约2到3个百分点。第三产业产值及其比重继续保持稳定的上升趋势，预计到2010年，产值将达到3100亿～3300亿美元的规模，平均每年递增5%～6%；其占GDP的比重上升4个百分点左右，最高可达75.4%。

（5）产业发展趋势显示，2006—2010年期间，大陆三大区域第二产业和第三产业产值均将保持稳健成长，第二产业仍将在经济发展中处于主导地位，占GDP的比重高于第三产业。此外，第二产业产值结构，除东部沿海地区呈现缓慢下降趋势之外，北部沿海地区和南部沿海地区均将继续上升；而三个地区的第三产业产值结构都会逐步增长。台湾产业结构变动趋势是，服务业作为带动经济成长的支柱性产业，仍将继续保持中低速增长势头，经济地位日益上升。在服务业结构比重不断扩大的同时，物质生产部门的地位不断下降，不仅农业生产呈现停滞状态，工业生产也因制造业的萎缩而增速下降，产值规模基本维持在大陆三大区域产值水平的1/3左右。

（二）大陆四省份与台湾经济发展预测结果比较

1. 经济规模预测

将时间变量的相应值代入大陆四省与台湾经济规模预测模型，可以得到置信度为95%的2006－2010年大陆四省与台湾经济规模的预测区间值，如表5－6所示。

（1）从表5－6结果可知，2006－2010年，广东省经济发展将继续保持高速增长趋势，GDP将从2800亿美元的规模，增加到5000亿美元左右的水平，年均增速最低也接近12%，最高将超过17%；人均GDP将大致由3500美元左右，增长到5000～6500美元左右的水平，平均每年递增超过10%，最高可达15.66%。

（2）江苏省经济规模也将稳步成长。GDP将从2200亿～2600亿美元左右，上升至3200亿～4500亿美元的规模，年均增速在9.72%～14.90%之间；人均GDP则由3000美元左右，扩大到超过4000美元，最高可超过5600美元，年均递增大致在9%～14%之间。

表 5-6 模型预测结果——经济规模

单位：亿美元；美元;%

年份	广东		江苏		浙江		山东		台湾	
	GDP	人均GDP	GDP	人均GDP	GDP	人均GDP	GDP	人均GDP	GDP	人均GDP
2006	2686 ~2946	3338 ~3661	2183 ~2569	2838 ~3340	1686 ~2020	3545 ~4247	2688 ~2850	2835 ~3005	3576 ~3866	15330 ~16572
2007	3135 ~3518	3844 ~4313	2299 ~2953	2964 ~3808	1904 ~2382	3973 ~4969	3095 ~3532	3236 ~3693	3759 ~4003	15982 ~17018
2008	3516 ~4227	4251 ~5111	2556 ~3394	3267 ~4339	2021 ~2602	4184 ~5387	3575 ~4357	3707 ~4518	3919 ~4142	16523 ~17461
2009	3820 ~4805	4556 ~5731	2843 ~3899	3604 ~4942	2265 ~3031	4653 ~6226	4097 ~4883	4214 ~5023	4086 ~4281	17084 ~17901
2010	4220 ~5566	4967 ~6551	3163 ~4477	3977 ~5628	2541 ~3528	5179 ~7191	4635 ~5576	4728 ~5689	4259 ~4422	17665 ~18338
增长率	11.96 ~17.24	10.45 ~15.66	9.72 ~14.90	8.80 ~13.93	10.79 ~14.96	9.90 ~14.07	14.59 ~18.27	13.65 ~17.29	3.42 ~4.47	2.56 ~3.61

（3）浙江省经济规模相对较小，但增势同样可观。2006 年，GDP 大致在 1700 亿 ~2000 亿美元左右，到 2010 年，将增至 2500 亿 ~3500 亿美元，平均每年增幅超过 10%，最快将达近 15%；人均 GDP 增长基数较高，2006 年时将达到 3500 ~4300 美元的水平，2010 年更将增长至 5200 ~7200 美元左右，年均增速在 10% ~14% 之间。

（4）山东省在未来五年中，为大陆四省中经济发展最为迅速的省份。GDP 将由 2006 年的 2700 亿 ~2800 亿美元左右，大幅增加至 2010 年的 4600 亿 ~5600 亿美元左右的规模，年均增速超过 14%，最高有可能超过 18%；由于该省的人口规模大，一定程度上会稀释 GDP 的增长效果，但人均 GDP 仍将由大约 3000 美元，增至 4700 ~5700 美元的水平，平均每年递增超过 13%，最高增速可达 17.29%。

（5）目前，大陆四省经济规模与台湾仍存在相当差距，但这种差距会伴随四省经济的快速发展而逐渐缩小。预计到2009年左右，山东省GDP将首先超过台湾，而广东省经济规模也将大致在2011年甚至更早的时间，追及并超过台湾。另外，江苏和浙江两省若保持现有的发展速度，经济总量将分别大致在2012年和2014年赶超台湾。尤其值得注意的是，2008年左右，广东省长期占据的“大陆经济第一大省”的地位将被山东省所取代。在人均规模方面，2006年，大陆四省人均GDP水平为台湾的1/5到1/4左右，但到了2010年，这一比例将上升至1/3到2/5。

2. 产业发展预测

将时间变量的相应值代入大陆四省与台湾产业发展预测模型，可以得到置信度为95%的2006－2010年大陆四省与台湾产业产值及结构演进的预测区间值，如表5－7、5－8所示。

表5－7　模型预测结果——产业产值

单位：亿美元;%

年份	广东		江苏		浙江		山东		台湾	
	第二产业	第三产业	第二产业	第三产业	第二产业	第三产业	第二产业	第三产业	第二产业	第三产业
2006	1330~1579	1186~1225	1141~1300	738~1068	885~982	661~958	1314~1571	733~864	932~1077	2458~2750
2007	1477~1821	1244~1521	1190~1593	838~1239	976~1201	792~1117	1489~1923	864~1146	943~1078	2622~2891
2008	1603~2097	1494~1876	1379~1815	927~1435	1018~1334	857~1226	1645~2263	1005~1342	945~1077	2773~3035
2009	1745~2411	1726~2172	1550~2068	1027~1660	1102~1484	1003~1430	1821~2558	1123~1794	945~1074	2932~3182
2010	1906~2768	1901~2538	1732~2357	1142~1918	1182~1653	1109~1701	2020~3015	1291~2157	945~1067	3099~3334
增长率	9.41~15.07	12.52~19.97	11.00~13.91	11.54~15.76	7.51~13.90	13.82~15.43	11.35~17.69	15.20~25.71	-0.19~0.30	4.93~5.96

表 5-8　模型预测结果——产业结构　　单位：%

年份	广东		江苏		浙江		山东		台湾	
	第二产业	第三产业	第二产业	第三产业	第二产业	第三产业	第二产业	第三产业	第二产业	第三产业
2006	49.52 ~53.61	41.58 ~44.14	50.60 ~52.27	33.80 ~41.58	48.61 ~52.46	39.20 ~47.45	48.89 ~55.14	27.26 ~30.30	26.07 ~27.86	68.74 ~71.15
2007	47.10 ~51.77	39.67 ~43.24	51.78 ~53.95	36.45 ~41.95	50.41 ~51.24	41.58 ~46.89	48.12 ~54.43	27.90 ~32.44	25.09 ~26.93	69.75 ~72.21
2008	45.58 ~49.61	42.50 ~44.37	53.46 ~53.96	36.25 ~42.28	50.37 ~51.28	42.38 ~47.13	46.02 ~51.94	28.10 ~30.80	24.12 ~26.01	70.76 ~73.27
2009	45.69 ~50.18	45.18 ~45.21	53.03 ~54.52	36.14 ~42.58	48.63 ~48.97	44.28 ~47.18	44.46 ~52.38	27.41 ~36.73	23.13 ~25.09	71.76 ~74.34
2010	45.16 ~49.74	45.04 ~45.59	52.65 ~54.77	36.11 ~42.85	46.52 ~46.85	43.67 ~48.23	43.59 ~54.07	27.85 ~38.68	22.15 ~24.17	72.76 ~75.40
增长	-4.37 ~-3.87	0.89 ~4.01	2.05 ~2.49	1.26 ~2.30	-5.94 ~-1.76	0.78 ~4.46	-5.30 ~-1.07	0.59 ~8.38	-3.92 ~-3.69	4.02 ~4.25

（1）2006-2010年，广东省第二产业和第三产业产值增长迅速，但第二产业占GDP的比重有所下降，第三产业比重则基本呈上升趋势。第二产业产值将由1300亿~1600亿美元左右的规模，上升至1900亿~2800亿美元的水平，年均增速在9.41%~15.07%之间；产值结构将由最高接近54%的水平，降至50%以下，下降约4个百分点。第三产业产值则将由1200亿美元左右，扩大到超过1900亿美元的水平，最高可达2500亿美元，产值将是2006年的2倍多，平均每年递增超过12%，最快可接近20%；其占GDP的比重将上升0.89到4.01个百分点，达到45%以上。

（2）江苏省第二产业和第三产业产值及占GDP的比重均将有大幅提高。第二产业产值从不到1300亿美元，增加至2000多亿美元，年均增速超过11%；产值占GDP的比重也将由不到53%，升至接近55%，上升约2个百分点。第三产业产值增速更快，年平均递增在12%～16%之间，由740亿～1100亿美元左右，增加到1100亿～1900亿美元的规模；结构比重将上升1.26到2.3个百分点，由占GDP的33.8%～41.58%，提高到36.11%～42.85%的水平。

（3）在未来五年中，浙江省产业结构的变动趋势是，第二产业占GDP的比重有所下降，而第三产业比重则逐步上升。第二产业产值将由不到1000亿美元，增至1200亿～1600亿美元左右，年均增速在7.91%～13.9%之间；占GDP的比重则"先升后降"，2006至2008年，上升到50%以上，之后缓慢下降，到2010年，降至不及47%，最大降幅近6个百分点。第三产业产值将稳步增长，由1000亿美元以下，增加到1100亿～1700亿美元的水平，平均每年递增超过13%，最高可达15.43%；结构比重由39.20%～47.45%，提高到43.67%～48.23%，增加0.78到4.46个百分点。

（4）至2010年，山东省第二产业产值规模将超过其他三省以及台湾，第三产业也将呈现迅猛增势。第二产业产值由1300亿～1600亿美元左右的规模，增长至2000亿～3000亿美元左右的水平，年均增速超过11%，最高有可能达到18%；产值占GDP的比重则有所下降，将大致由49%～55%，回落至43%～54%左右，降幅约为1到5个百分点。第三产业规模增长基数较小，仅为800亿美元左右，但到2010年将迅速增至1300亿～2200亿美元的水平，年均增速高达15.20%～25.71%；结构比重则由27.26%～30.30%，最高可升至38.68%的水平，增加0.59到8.38个百分点。

（5）2006－2010年，大陆四省的第二产业规模均将持续扩张，稳健成长，与台湾几乎处于停滞状态的第二产业发展状况形成鲜明对比。山东省仍然是增长最快的省份，第二产业产值在2007年将超过广东省而跻身大陆第一位，到2010年，产业规模将是台湾的2~3倍；广东和江苏两省目前第二产业规模也已超过台湾，到2010年，将进一步扩大为台湾的两倍多；浙江则预计将在2007年与台湾发展持平，之后领先幅度逐步拉大，2010年时产业产值将超过台湾约200亿~500亿美元。第三产业发展方面，台湾则将保持“先动优势”，但在大陆四省的强劲追赶下，这一优势将日益减退。以广东省为例，2006年，其第三产业产值大约为台湾的45%，而2010年，这一比例已上升到70%左右。

（三）两岸贸易额预测结果分析

最后，我们再将时间变量的相应值代入两岸贸易发展预测模型，可以得到置信度为95%的2006－2010年两岸贸易额的预测区间值，如表5－9所示。

表5－9　模型预测结果——两岸贸易总额

年份	两岸贸易总额（亿美元）
2006	945~1100
2007	1053~1369
2008	1177~1693
2009	1317~1884
2010	1478~2054
增长率（%）	11.81~16.89

表中预测结果显示，2006－2010年，两岸贸易将保持稳步发展态势，贸易总额将由2006年的945亿~1100亿美元的水平，增长到2010年的1478亿~2054亿美元的规模，即有可能达到2006年的两倍多，平均每年递增率在11.81%~16.89%之间。

第三节　两岸经济整合的现实基础与发展趋势

一、两岸经济整合的现实基础

进入21世纪，国际经济竞争逐渐演变为各种比较利益的较量。各国或地区利用自身的资源优势发展相互之间的互补、互利和互惠的经济合作关系，已成为世界经济发展的潮流①。作为这股大潮中的一部分，两岸经济整合在未来的纵深发展，将建立在岛内因素、两岸因素以及国际因素三个重要现实基础之上。

（一）台湾经济发展需要，是形成两岸经济整合的“原动力”

根据李嘉图的“比较成本说”，区域之间在生产成本相对低的地区生产竞争力相对强的产品，通过国际贸易与国际分工实行优势互补②。海峡两岸各具发展经济的优势条件，在资源配置、产业分工、商品构成以及信息交流等方面，具有很强的互补性，都希望能够最大限度的发挥各自的比较优势，达成最有利的资源互补和最有效的产业分工，以创造出高度的国际竞争力，减少两岸间的非良性竞争③。

在长达近半个世纪的历程中，台湾经济高速发展的动力，相继来源于廉价的劳动力和土地等静态比较优势，以及不断增强的资金和技术等动态比较优势。然而，随着新旧要素禀赋在经济发展与产业升级、转型中的投入与消耗，台湾的静态比较优势已相对减弱，

---

① 李非：《台湾经济发展通论》，北京：九州出版社，2004年6月，第503页。

② 褚保一主编：《经济大辞典（世界经济卷）》，上海：辞书出版社，1985年6月，第91页。

③ 李非：《海峡两岸经济合作问题研究》，北京：九州出版社，2000年7月，第18页。

后来积聚的动态比较优势也失去昔日推动经济进步的强劲动力。伴随投资环境的渐趋恶化，长期以来支撑经济成长的加工装配业逐渐失去生存空间，岛内企业不得不将趋于成熟的产业不断向周边地区转移，从以轻纺工业为代表的劳力密集型产业，到以石化工业为代表的资本密集型产业，再到以电子信息工业为代表的技术密集型产业，纷纷将生产基地移往祖国大陆，与当地廉价的劳动力资源优势相结合，保持在生产成本上的竞争优势，继续延长产品的生命周期，形成企业生产的“第二春”。另一方面，台湾企业将高档产品的生产、设计和研发“根留台湾”，利用大陆研究技术和科技人才力量，加快知识与技术密集型产业发展，提高产品的附加价值，以保持产品在生命周期上的领先优势，达到产业升级目的①。从与大陆不断加深的经济合作关系中，台湾获得了巨大利益，其加工产业利用在大陆的高效率生产据点，作为将成品出口到全球市场的跳板，发展空间得到极大延伸扩展。同时，产业技术水平的提高，加速了台湾经济转型步伐，并有助于突破经济发展的瓶颈。

事实上，与大陆的经济整合目前已成为台湾最重要的利基。首先，台湾对大陆表现出高度的贸易依赖。两岸贸易额自20世纪90年代开始迅速上升，至2006年，已达1078.4亿美元，占台湾对外贸易总额的1/4，大陆已成为台湾最大的贸易伙伴和出口市场。台湾对大陆贸易依赖度的上升速度明显高于大陆对台湾的贸易依赖度，2006年达到25.27%，比大陆高出19.15个百分点，尤其是对大陆出口依赖度更是达到38.89%，远高于大陆对台湾的2.14%的出口依赖度。更重要的是，从1992年起，大陆就取代美国而成为台湾的最大贸易顺差来源地。2006年，两岸顺差高达

① 李非：《台湾经济发展通论》，北京：九州出版社，2004年6月，第386页。

663亿美元，是当年台湾外贸顺差（212.9亿美元）的3倍多。而如果扣除台湾在两岸贸易中享有的顺差，台湾外贸顺差将转为严重的逆差（450亿美元）。因此，从某种意义上说，台湾对大陆的贸易顺差弥补了台湾对日本、韩国贸易出现的庞大逆差缺口。预计在未来的五年中，两岸贸易仍将持续扩张，并有可能达到1500亿到2000亿美元的水平，每年保持12%到17%左右的增长幅度，对台湾经济的影响力会越来越大。

其次，两岸经济合作对台湾经济总量及结构具有强烈的提升作用。早在20世纪90年代初期，两岸贸易对台湾GDP增长的贡献率就曾达到过85.41%，之后虽有所回落，但进入21世纪又大幅度提高，2002、2003年连续两年超过100%，到2006年也有56.52%的高水平，是近年来台湾经济得以由衰退到回升再至中低速增长的重要动力来源。通过我们的实证研究可以进一步发现，台湾对大陆投资对其GDP的增长弹性达到1.6731，对其产业结构的提升弹性达到0.4982，而两岸贸易对台湾GDP的增长弹性则为0.2807，对产业结构的提升弹性也达0.1065①。实证研究结果还表明，相对于两岸经济合作对大陆经济规模及产业结构的影响作用，台湾受益更丰。由此可见，台湾经济的自身发展需要以及两岸经济的互补互利性，决定了两岸经济合作的必然性。

（二）两岸经济实力消长，将巩固大陆吸引台湾的“向心力”

伴随两岸经济发展水平与综合实力对比的变化，大陆对台湾产生越来越强的“向心吸力”，台湾经济对大陆的依赖程度不断加深。大陆在过去25年里，经济取得长足发展，综合实力迅速增强，不仅与台湾经济差距缩小，在经济规模与发展速度上，更已

① 详见本书第四章的实证研究结果。

远远将台湾抛在身后。在经济总量方面，1980年，大陆GDP为2927亿美元，仅比台湾GDP的414亿美元多出2500亿美元左右；到2000年，大陆GDP已突破1万亿美元，2005年，经济规模再次跨过2万亿美元大关，达22564亿美元，比台湾的3459亿美元多出1万9千亿美元，已是台湾的6.52倍；预计到2010年，两岸GDP差距将进一步扩大到2.4万亿到3.4万亿美元，大陆经济规模最高有望达到台湾的8倍多。在经济增长速度方面，近25年里，大陆GDP年均增长率达到8.51%，其中，20世纪90年代，年平均增速为10.79%，21世纪头五年里，增长率更是高达15.86%，预计在接下来的五年中，还将继续保持6.29%~9.78%的高增长。而台湾经济在20世纪60、70年代的起飞期之后，逐渐转入调整，增长趋缓。70年代年平均增长率在10%左右，到80年代已下降到8%，90年代更是只及6%，2000年政党轮替之后，年平均增长率再度下挫到2.36%。在未来的五年中，经济景气虽然会有所回升，但逐年增长幅度也将仅徘徊于3.42%~4.47%之间。

若从区域的角度来看，大陆部分发达地区与台湾的差距也正在加速缩小。以大陆沿海地区为例，东部沿海地区、北部沿海地区和南部沿海地区，同样以初期十分有限的经济规模为起点，在比台湾更快的发展加速度下，分别于2003①和2005年，将与台湾的经济差距追赶为零。照此速度，到2010年，台湾GDP将不及东部沿海地区和北部沿海地区的1/2，也将比南部沿海地区的经济总量少出800亿－2000亿美元左右。更进一步的，我们还可以发现，大陆四个经济最发达省份，即广东、江苏、浙江以及山东省，也会分别大致在2011年、2012年、2014年以及2009年，赶上并超过台湾的经济规

① 东部沿海地区和北部沿海地区同样都于2003年追及台湾GDP水平。

模，并且在人均GDP水平与台湾的比例上，分别由目前的约1/5～1/4，迅速提高到2010年的1/3～2/5左右的水平。

在两岸经济规模消长变化的同时，台湾以往足可引以为傲的经济竞争力优势正在逐渐衰退。通过实证比较可知，目前，在经济实力竞争力方面，台湾已不及大陆东部沿海、北部沿海以及南部沿海地区，且落后幅度已较大；唯有经济潜力竞争力，台湾还能够保持一定领先，但在外临大陆东部沿海地区及北部沿海地区迎头赶上的追击之势，内受台湾当局执政效能低下、层层自我设限的空耗掩扯的情形之下，其优势地位似乎已岌岌可危①。在对岸的光芒笼罩下，台湾逐渐黯然失色，大陆尤其是沿海地区已取代台湾而成为亚洲经济的新亮点，对外辐射出强大的磁吸力。2006年，大陆共吸引外来实际直接投资694.7亿美元，而台湾当年核准侨外投资金额仅为139.7亿美元，若根据2003年到资额与当局公布额的比例（4.53∶35.75）计算，实际到资额还不及20亿美元，不到大陆的1/30。在台湾，已有63.5%的欧美外商认为，大陆是目前亚洲最能吸引外人投资的地区，而选择台湾的则仅占2.6%②。两岸经济竞争力的此消彼长，物流行业的发展对比可谓个中缩影。全球三大快递业巨头——联邦快递（FedEx）、优比速（UPS）以及敦豪（DHL），在不断加大对大陆投资、积极竞逐大陆转运中心龙头地位的同时，纷纷缩小在台湾的营运规模，甚至不约而同地将转运中心迁出台湾。2005年底，上海港首次超越新加坡而成为全球第一大货物港，而长期保持世界前三位的高雄港，

---

① 详见本书第三章的实证研究结果。

② 黄汉华：《2005外商投资意愿调查 台湾，只剩人才是诱因》，台湾：《远见杂志》，2005年12月1日，第244页。

近年来排名却一跌再跌，一路下滑到第七位，运量持续萎缩，发展前景渺茫①。

经济发展水平的日趋接近，为两岸经济整合奠定越来越坚实的基础。被誉为“亚洲经济快车的火车头”的中国大陆，未来充满无限商机。如果台湾能够继续遵循业已形成的“以大陆为发展腹地—加强两岸经济合作—获得自身经济发展”的良性路径依赖，则必会从大陆经济发展中分享到丰盛的果实。我们可以认为，两岸经济合作的发展动能，在初期，主要是由两岸经济发展程度的“台湾高，大陆低”的落差势能转化而来；而目前，则来源于大陆对台湾的强烈“向心引力”；在不久的将来，当大陆（尤其是沿海地区）经济发展超越台湾时，两岸对比格局会发生调转，极有可能出现“大陆高，台湾低”的全新态势，届时，台湾要具备跟上这班“经济快车的火车头”的动能，就不仅仅是要依靠大陆的磁吸效应，还必须借助于积极加入“经济区域化进程”的这股外力推动了。

（三）世界经济区域化浪潮，扮演着两岸经济整合的“外部推手”

从世界经济发展趋向看，经济区域化潮流正日益成为推动两岸经济合作关系发展的外部力量。随着国际关系日益走向多元化，世界越来越深的进入“地缘经济时代”，逐步形成以经济利益为导向的国际新秩序②。经济区域化促进了欧洲联盟和北美自由贸易区的加速形成和扩大，推动了亚太经济合作的发展进程，引发了因区域贸易转移而出现的“多米诺骨牌效应”③。在这股风潮带动

---

① 中国台湾网：《台湾经济被边缘化 高雄港排名滑落成最好例证》，http：//www.chinataiwan. org/web/webportal/W5269847/Uyyping/A239392. html，2006－04－18。

② 李非：《台湾经济发展通论》，北京：九州出版社，2004年6月，第385页。

③ 褚保一等：《世界经济学原理》，北京：中国财政经济出版社，1989年3月，第332页。

下，亚洲地区的自由贸易运动蓄势待发。从本世纪初形成的东盟“10+3”，到有可能由此扩大演变而成的东盟“10+6”、“10+7”，再到预期于2010年成立的东亚“自由贸易区”以及2020年进一步形成的“东协经济共同体”，东亚地区经济合作的新机制日趋明朗。地区之间的经济利益错综交织、相互影响，形成了“你中有我、我中有你”的局面。

作为在东亚经济整合中扮演着积极角色的中国大陆，已成为带动该地区经济成长的重要引擎。事实上，台湾与大陆的经济整合程度，并不及美国、日本及韩国，这也显示出两岸之间尚存经济更紧密合作的极大空间①。然而，值得注意的是，到目前为止，台湾仅加入了两个国际贸易组织，即亚太经合组织（APEC）和世界贸易组织（WTO），也仅与巴拿马签署了自由贸易协议，但前者运转迟缓，成效不彰，后者则对台湾经济发展助益甚微。由于受到当局不愿扬弃意识形态以务实开拓经济空间、在两岸关系上固步自封的政治困阻，在东亚区域经济整合不断向前推动的同时，台湾却被排除在外，并面临“边陲化”的危机。根据林祖嘉（2005）的推算，台湾与东盟“10+3”各国的贸易额占其对外贸易总额的近六成，同时日本、韩国出口产品对台湾具有强烈的替代效应。未来，在自由贸易区的会员国之间享受全面优惠关税、甚至零关税贸易待遇时，台湾的产品还必须续缴10%到15%的关税，产品竞争力将大受打击。而如果再受到投资移出等因素的影响，台湾经济成长率可能会直接下降1到2个百分点。为避免在未来沦为“亚细亚的孤儿”，台湾唯有正视现实，去除“政治干

① 华而诚等：《东亚区域经济整合对两岸经济的机会与挑战》，台湾：《两岸经贸月刊》，2005年7月10日，第163期，第20页。

预经济的黑手"①，顺应全球化发展趋势的潮流，在利益诱因下，加强与大陆的经济合作，积极营造两岸经济良性互动，回归到正在成形的东亚区域经济整合进程中，善用各方的经济优势，发展自身经济，形成立体的发展格局，才能够将由此产生的生产力"乘数效应"的推力，转化为经济发展的助力。

二、两岸经济整合的发展趋势

经济增长预测模型的测定结果显示，至2010年，大陆经济会保持高速增长态势，台湾经济则仍将维持中低速成长，并且这种成长是建立在两岸经济关系正常发展的基础上。也即，在未来，台湾唯有与大陆建立更加紧密的经济合作关系，才能够获得支撑经济成长、保持经济竞争优势的源源不断的动力。总体来看，两岸经济整合未来的发展趋势是，合作形式由间接、单向和局部向直接、双向和全面过渡，合作范围由生产领域向服务领域转化，合作层次由制造生产向产业科技提升，合作主体由中小企业向大企业转变，合作区域由南向北、由沿海向内陆扩张，而合作机制则将由松散、局部的联系，逐步走向全面、紧密的一体化安排。

（一）合作形式趋向直接、双向和全面

首先，伴随两岸贸易规模的不断扩大，两岸贸易形式由间接逐渐向直接转变的趋势日益明显。在经济效益驱动下，两岸贸易形态发展从20世纪80年代和90年代经香港的转口贸易、转运贸易和过境贸易，到形式上办理"航自第三地"过境手续的"转单

① 高孔廉等：《区域经济整合给台湾经济发展的启示》，台湾：《"国家"政策论坛》，2004年1月，第122页。

不转运”的“准直接”贸易，再到“境外航运中心”、“经贸营运特区”等转口货物的直航，直至“厦门—高雄”、“福州—高雄”间的“试点直航”以及“厦门—金门”、“马尾—马祖”间的“小三通”，间接通航的手续不断简化，直接通航的趋势越来越明显。2006年4月，大陆方面更提出类似于“中三通”的概念，即扩大福建沿海与金门、马祖海上客货运直航的功能与范围，推动两岸贸易货物经金门、马祖、澎湖的中转。这一形式的早日实现，将是朝向两岸货物直航，乃至全面直接“三通”的目标迈出的重要一步。

其次，两岸客流日趋热络，“直航模式”有望取得突破。日益频繁的两岸经贸往来，带来两岸人员流动的不断增多，截至2006年底，两岸人员往来累计已突破4200万人次，其中，“小三通”累计人员往来超过95万人次①。密切的人员来往，要求突破两岸长期以来客运的“间接通航”模式。继2003年两岸首次实现台商单向“春节包机”之后，2005年又成功实现双向、对飞、不落地、多点（北京、上海、广州、台北、高雄）的历史性跨越，2006年在搭载对象（惠及所有台湾居民）、航点（增加厦门）以及航次（由2005年的24次增加到36次）等方面再次取得进展，两岸直航协商与合作模式已然成形。在“共同参与、合作经营、利益共享、互惠双赢”的共识下，如果未来两岸能够求同存异，共同努力，两岸客货运包机将有望实现节日化、周末化，并最终实现常态化。

① 数据来源：根据台湾“内政部警政署入出境管理局”：《大陆人民来台人数》、《金马“小三通”人员往来统计》相关数据计算得到，http：//www. mac. gov. tw/gb/gb/gov/index. htm，2007－02－18。

第三，大陆将继续展现强大的国力与实力，绕过台湾当局，以大手笔、全方位的利益让渡方式，采取各种措施，积极引导两岸经济合作向双向、直接、全面的方向过渡与发展。从2005年“连胡会”，大陆主动提供的台湾水果免关税入境销售、三百亿人民币企业贷款、调降台湾留学生学费标准、允许台湾留学生当地就业以及赠送一对熊猫等“大礼”，到2006年“国共两岸经贸论坛”，大陆进一步采取的促进两岸交流合作、惠及台湾同胞的十五项政策措施，再到2007年“两岸经贸文化交流论坛”大陆推出的涵盖两岸直航、教育及旅游等方面的更加务实、细致、深入的13项举措，两岸交流从以往仅限于经贸领域，延伸至遍及经济、农业、教育、观光、医疗、文化以及民众交流等经济社会的各个层面，受惠对象也从企业扩大到涵盖个人，昭示出两岸经济整合即将步入的全新阶段。

（二）服务领域合作日益增多

现阶段，台湾对大陆投资仍以制造业为主，服务业投资十分有限。据台湾“经济部投审会”的统计，2006年台湾核准对外投资（不包括中国大陆）总额为43.15亿美元，其中服务业投资金额为28.07亿美元，占到34.96%；核准对大陆投资总额则达到76.42亿美元，占台湾核准对外投资总额的63.91%，但其中服务业投资仅为9.74亿美元，只占12.75%；而截止到2006年底，在台商投资大陆累计总金额的439.1亿美元中，服务业总投资累计也仅占9.79%，共计42.98亿美元①。台湾对大陆的服务业投资

① 数据来源：根据台湾“经济部投资审议委员会”《华侨及“外国人”投资、对外投资、对中国大陆投资统计年报2006年》相关数据计算得到，http：//www. moeaic. gov. tw/system_ external/ctlr？PRO = PublicationLoad&id = 21，2007 - 02 - 21。

远远低于台湾对外投资服务业的平均水平，未来两岸服务产业合作应会有很大的发展空间。

由于台湾当局的限制，目前台商在大陆的服务业投资主要集中于批发零售业、运输业、国际贸易业、餐饮业以及金融保险业等传统生产型低附加价值产业。未来，伴随台商不断向大陆转移生产基地，两岸服务领域合作会加快步伐，电信、集成电路设计、金融证券、商业物流、医疗保险、人才培训、文化创意、环境设计、资讯研发、环保、咨询等新兴知识型高附加价值服务产业，有望成为两岸经济合作的下一波投资热点。此外，台湾要建设“区域营运中心”，必须以“进出中国大陆市场的门户”作为发展目标，在经济转型的现实压力下，未来岛内对大陆人员、产品、资金以及信息的进入限制也会逐步放宽①。

（三）产业合作超越制造加工层次

制造业仍将是两岸产业合作的主体。根据预测，台湾制造业在未来将基本维持低度增长态势，在经济结构中的比重下滑至23%以下，最低降至不及19%，产值也将在800亿~1000亿美元左右徘徊。这就意味着岛内加工制造业在今后相当长的一段时间里，仍会进一步面临关闭停产、更新转产或生产线外移的选择，并将继续沿袭以往模式，与一水之隔的大陆，进行更深入广泛的资源优势的互补结合。台湾向大陆的产业转移涵盖传统的轻纺工业、食品工业、重化工业和机械制造业等，以及技术密集型的部分高科技产业，如电子及电器制造业等，并将从以加工出口为主的初级形式，逐步发展到拓展市场和资源开发等深层次的高级形式。据台湾“经济部”统计，台湾接单大陆

---

① 李非：《台湾经济发展通论》，北京：九州出版社，2004年6月，第504页。

生产的比例，2003年7月为23.9%，到2005年6月，已增长到40.5%，其中，电子信息业所占比例更超过七成[①]。预计未来这一比例还会继续上升。

在高科技产业，两岸已逐渐超越“台湾研发，大陆制造”的产品品级垂直分工，开始走向合作研发的功能性水平分工布局。台湾科学技术较侧重于应用与开发研究，强调技术的实用性、先进性、适应性和市场化，但科技基础研究薄弱、研究深度不足、人力资源有限、科学的“自有技术”低，这就恰好能够与大陆基础理论实力雄厚、科技人力资源充沛，科技体系独立性强、但市场拓展能力相对不足的特征相结合，形成有效互补。据调查显示，台湾信息电子业厂商在大陆开展研发活动的比例目前已接近50%[②]，大陆已经成为台湾信息电子业相当重要的海外研发基地。此外，两岸产业间已开始出现“试产”与“量产”的分工形式，即厂商在产品开发完成后，先在台湾进行试产，试产稳定后，再将量产工作快速移往大陆。未来，两岸高科技产业将进一步拓展至共建研发基地、促进人员交流、创立产业合作机制等更高层次的合作，台湾将成为台商资金调度中心，而生产、营销、研发等环节将逐渐扩展到大陆。

（四）大企业投资逐渐占据主导地位

伴随两岸经贸关系的不断深入，初期到大陆投资的、以从事中下游工业生产为主的中小企业，会进一步拉动对台湾生产原材料及半成品的需求，从而促进以从事中上游工业生产为主的大型

---

① 万敏婉：《生产外移40.5%，台湾是坐拥金山的乞丐?》，台湾：《远见杂志》，2005年10月1日，第130页。

② 陈信宏：《两岸的产业竞合已经超越制造生产层次》，台湾：《经济前瞻》，2005年，第100期，第100页。

企业乃至集团企业、公营企业，前来大陆投资设厂，形成大、中、小企业并重发展，上、中、下游企业相互关联的投资格局①。在台商投资大陆最早的广东省，目前投资超千万美元以上的台资企业共有600多家，超亿美元的企业达到29家，台湾前100家大企业中，已有统一、声宝、中日集团、春源钢铁、永丰余、台塑集团和大众电脑等数十家大企业、大财团相继进入②。2002年台湾当局有限度的先后开放笔记本计算机、8英寸芯片厂等高科技项目“登陆”后，台湾电子大厂，包括广达、仁宝、明电、华硕、威盛、台积电、联电、宏仁、英业达等大企业纷纷进驻大陆，并带动相关配套企业形成产业链。

未来，在两个重要利好讯息影响下，台湾在大陆投资格局由大企业主导的趋势将会更加明显。一是2006年4月，总产值占台湾GDP 48%的50多家台湾大型企业集团派出代表，参加了首届“国共两岸经贸论坛”，与大陆方面共同商讨两岸经济未来合作方向，其中包括鸿海集团、中信金控、富邦金控、裕隆集团、长荣集团、台湾水泥、台塑集团、统一集团以及台积电等，几乎全部为各产业的龙头企业，且代表着不同政治背景；二是2006年4月27日，台湾当局宣布开放岛内“低阶半导体封装测试”以及“四寸以下面板中段制程”业者对大陆的投资，自此，统宝、友达、元太、日月光以及矽品等大型面板制造及芯片封测企业的投资封锁将获解除，并可望受惠③。这些都预示着未来将会有更多的台

---

① 李非：《台湾经济发展通论》，北京：九州出版社，2004年6月，第402、505页。

② 新华网：《台资企业大陆投资渐趋大型化、集团化》，http://news.xinhuanet.com/tai_gang_ao/2006-01/08/content_4023549.htm，2006-01-08。

③ 中国台湾网：《台当局小步开放电子业西进》，http://www.chinataiwan.org/web/webportal/W5267114/Ulixuebin/A248692.html，2006-04-29。

湾大企业摆脱政治束缚，进一步加快两岸布局步伐，并向纵深拓展对大陆投资领域。

（五）合作区域呈现北扩趋势

台商对大陆投资的热点区域，将从过去以大陆南部沿海地区为主，逐步转向东部沿海地区，未来还将进一步向以环渤海经济圈为主的北部沿海地区扩展，并会继续深入大陆中西部地区。近年来，台商对珠江三角洲和闽东南地区的投资步伐明显放慢，投资重心向上海北移，并辐射到以苏南、浙北为两翼的整个长江三角洲地区。根据台湾工业总会公布的资料，1993 年，台商在粤、闽两省的投资占对大陆投资总额的约 48%，在江苏和上海投资约占 26%；但 2004 年时，前者已下降至 28%，而后者则大幅上升到 55%，彰显出投资分布的逆转①。东部沿海已成为台湾电子信息产业投资最为集中的地区，比例占 80% 以上。在新一波的“增资热潮”中，将会有越来越多的台商将大陆营运总部或生产据点转移到这一地区。

21 世纪初期，台商投资将继续向北延伸，逐步发展到以京津冀为中心、辽东半岛和山东半岛为两翼的环渤海经济圈。台商在该地区投资主要集中于高科技和服务领域，包括计算机软硬件、生物医药、光机电一体化、金融、保险以及电信等产业。未来，该地区有望成为继珠江三角洲、长江三角洲之后，大陆第三个电子信息产业发展中心和区域制造中心。从更长远趋势来看，台商对大陆投资将进一步由东向西、由沿海向内陆辐射，对经济发展水平较高、基础条件较好、科技实力较强的中西部地区中心城市的投资会日益增多，并最终形成全方位的发展格局。

① 蔡嵩婷：《长三角台商多元化发展》，香港：《经济导报》周刊，2005 年 11 月 14 日。

（六）两岸经济合作逐步走向建制性安排

在两岸经济交流与合作日益密切的趋势下，台湾与祖国大陆最终将出现某些经济技术层面的建制性安排，形成某种程度的经济整合趋势。这种“经济整合”就是在彼此不改变现行经济体制、不影响其他地区实际利益的前提下，使自发、松散、缺乏规范、不稳定的经济交流，通过一些建制性安排，逐步发展成“规范化”的经济合作关系①。未来，一旦两岸间政治壁垒拆除工作迈出一小步，两岸由于经济关联的相互作用而引致的经济联系，或经济一体化的发展就将迈出一大步。无政府参与的、无双方共同制定制度规范的、自发的“功能性一体化”，向政府参与的、双方共同制定制度规范的、自觉的“制度性一体化”的过渡，从目前的大势来看，既是可能的，也是必要的②。而这种两岸经济“制度性一体化”的具体模式，可以包括特惠关税区、自由贸易区、关税同盟、共同市场、经济联盟、货币一体化以及完全的经济一体化等③。

总之，随着两岸经济实力差距的不断缩小，以及经济因素在两岸关系中的地位和影响日趋明显，大陆正显示出强大的经济实力与广阔的发展前景，而台湾经济优势不再，在两岸关系中的“经济筹码”也日渐消失。两岸经济综合实力和竞争力的对比与消长、两岸经济交流的密切与发展、台湾对大陆经济依赖的不断加

---

① 罗祥喜：《“中华经济协作系统”建制化的策略探讨》，《台湾研究》，1994年第1期，第50页。

② 曹小衡：《海峡两岸经济一体化的选择与定位》，《台湾研究》，2001年第3期，第26页。

③ 关于这一问题，在李非（2004）以及曹小衡（2001）中有详尽论述。目前两岸有关“经济一体化”模式的较具代表性的主张，主要包括“两岸自由贸易区”、“两岸共同市场”以及“两岸更紧密经济合作关系”等。

深，以及台湾从两岸经济合作中的巨大受益，都是不随人们意愿而改变的、必须正视的客观事实。未来两岸经济整合应在两岸经济发展水平相当的前提下，基于两岸长远利益的考量，从“以民为本，为民谋利”的基点出发，建立并遵循对双方都有利的发展模式。尤其值得注意的是，未来两岸经济整合，其思路应是“融合”，而非“对立”；其性质应是双方互惠双赢的“正和”的“合作博弈”，而非一方受益、另一方受损的“零和”，甚至两败俱伤的“负和”的“非合作博弈”；其形式应是对经济利益的“疏导”，而非“围堵”；其格局应是两岸间的“合作”，而非“竞争”；其经济效果则将是“放大”，而非“压缩”。

“随着经济基础的变更，全部庞大的上层建筑也会或快或慢地发生变革。”① 两岸经济整合会释放出经济基础的柔性力量，促使两岸民间形成横向交融、相互连缀的利益团体②，有效降低彼此间的敌意与不信任、疏通原本的歧义，并将势不可挡地创造出“政府”层面的政策产出，使台湾当局难以违背广大社会利益，而最终走向两岸的政治整合。因此，我们相信，两岸经济更深入紧密的交互融合，必会有力推动两岸共生共荣，维护两岸繁荣稳定，最终为两岸和平统一大业奠定坚实的经济基础。

---

① 马克思：《马克思恩格斯选集 第2卷》，北京：人民出版社，1995年，第83页。

② 耿曙，林瑞华：《两岸经济整合的政治影响：分析两岸整合的理论架构》，第11页，http：//www. usc. cuhk. edu. cn/wk_ wzdetails. asp？id =4126，2004 -04 -30。

结　论

一、本研究主要结论

（一）台湾仍然具备较强的经济竞争力，但大陆沿海地区赶超之势日益明显

1. 2004 年台湾与大陆沿海三大区域的经济竞争力比较结果为：台湾列第一位，经济竞争力最强，其次为大陆东部沿海地区，第三是大陆北部沿海地区，最后为大陆南部沿海地区。

2. 分项比较结果显示，台湾经济发展潜力最强，但发展实力最弱；大陆东部沿海地区经济发展实力最强，但发展潜力逊色于台湾与大陆北部沿海地区，排第三；北部沿海地区经济发展已迎头赶上，实力仅次于东部沿海地区而排第二，潜力仅次于台湾，也排第二；南部沿海地区与前三位差距较为明显，发展实力与潜力均陪末座。

3. 大陆沿海三大区域在经济发展速度与规模上，均较台湾展现出更强劲的竞争力；但在人均水平与经济增长的集约化程度上，则普遍落后于台湾，也就是说，经济发展的“量”已超过台湾，但“质”仍与台湾存在相当差距。

4. 尽管台湾经济发展的软环境最好，基础设施、制度建设、人力资本、研发实力，乃至民众素质，都有雄厚积累和优势，但其发展潜力受到压抑，无法有效转化为经济发展动能。

5. 大陆沿海三大区域均能在各自优势产业发展的支点上，实现经济稳步增长。东部沿海地区已成为大陆经济的新增长“引擎”，北部沿海地区具备良好发展环境，经济发展势头迅猛，而南部沿海地区软环境建设相对滞后，经济增长后劲相对不足。大陆整体经济版图正呈现出“由南向东，再逐渐至北”的推移方向。

（二）两岸经济合作对双方都有裨益，台湾从中受惠更多、对大陆依赖更强烈

1. 反映江苏省经济总量增长及经济结构演进的江苏省 GDP、第二产业占 GDP 的比重，以及反映江苏省与台湾经济合作发展的台商对江苏投资、江苏与台湾两地间贸易，这四组变量彼此之间具有较高的相关性。在长期，四组变量间存在强烈的正向协整关系，并呈现方向一致的共同增长趋势；其短期波动，也能够通过误差修正项所含有的长期信息加以调整，而不会偏移长期趋势。相较于苏台两地间贸易，台商对江苏投资能够更加显著地促进江苏省经济总量增长和经济结构提升。

2. 江苏省经济增长与产业结构升级、台商对江苏投资规模扩大以及苏台贸易额成长三者之间因果传承、相互促进，形成一个价值创造不断扩张的良性循环系统。未来两地经济的深入整合仍然存在相当大的“内延外伸”的拓展空间。江苏省一方面应加强自身建设，增强经济增长对台资引入和对台贸易发展的直接导向性作用，另一方面也需要积极推动两地间贸易形态由“单向”向“双向”发展。

3. 反映台湾经济总量增长及经济结构演进的台湾 GDP、第三产业占 GDP 的比重，以及反映两岸经济合作发展的台商对大陆投资、两岸贸易，这四组变量彼此之间具有较高的相关性。在长期，四组变量间存在强烈的正向协整关系，并呈现方向一致的共同增长趋势；其短期波动，也能够通过误差修正项所含有的长期信息加以调整，而不会偏移长期趋势。两岸经济存在显著的整合趋势。

4. 台湾经济对大陆的依赖遵循着良性的发展路径，表现为：台商对大陆投资对于台湾经济成长的推动作用，主要通过两岸贸易发展的间接传导得以实现，台湾产业升级又能够进一步促进台商对大陆的投资。相对于两岸经济合作对大陆经济规模及产业结构的影响作用，台湾受益更丰。两岸经济合作并不会给台湾带来所谓的“产业空洞化”危机；相反，正是通过与大陆日趋紧密的经贸联系，台湾经济成长与产业转型才能够获得源源不断的发展动力。

（三）未来两岸经济差距会加速缩小，台湾经济唯有与大陆更紧密融合方能保持竞争优势

1. 2005 年，大陆经济规模已是台湾的 6.52 倍，预计到 2010 年，将扩大到台湾的 8 倍多，台湾 GDP 将不及大陆东部沿海地区和北部沿海地区的 1/2，也将比南部沿海地区的经济总量少出 800 亿 ~ 2000 亿美元左右。大陆四个经济最发达省份，即广东、江苏、浙江以及山东省，也会分别大致在 2011 年、2012 年、2014 年以及 2009 年，赶上并超过台湾的经济规模，并且在人均 GDP 水平与台湾的差距上，分别由目前的约 3/4 ~ 4/5，缩小至 2010 年的 3/5 ~ 2/3。

2. 台湾经济对大陆的强烈依赖、两岸经济实力和竞争力的消长，以及世界经济区域化浪潮，为两岸经济深入整合奠定坚实现实基础。台湾唯有与大陆建立更加紧密的经济合作关系，才能够获得支撑经济成长、保持经济竞争优势的源源不断的动力。总体来看，两岸经济整合未来的发展趋势是，合作形式由间接、单向和局部向直接、双向和全面过渡，合作范围由生产领域向服务领域转化，合作层次由制造生产向产业科技提升，合作主体由中小企业向大企业转变，合作区域由南向北、由沿海向内陆扩张，而合作机制则将由松散、局部的联系，逐步走向全面、紧密的一体化安排。

二、后续研究方向

（一）研究范围的拓展

若将研究的地域范围向宏观方向拓展，则可以将与台湾经济竞争力比较的研究对象，扩大至大陆中、西部地区，乃至整个大陆地区；也可以对大陆各个区域以及大陆整体与台湾经济合作的经济增长效应做出实证分析。

研究范围向微观方向的拓展，一是可以将研究地域细分至大陆各个省市，二是可以将研究对象推至产业领域。

（二）研究方法的扩充

本书对经济竞争力的比较分析，主要建立在定量数据的基础上，今后可以通过访谈或问卷调查等形式，得到定性数据，将定量与定性结果相结合，对其进行更深入、全面的评估。

（三）研究时序的延伸

研究的时序跨度可以做前向和后向的延伸，即通过对研究对象发展历史和现状的比较，判断其发展方向，把握其变化规律，并在此基础上，对研究对象的发展趋势做持续性、追踪式的研究。

参考文献

（按文中引用顺序排列）

[1] 李非．海峡两岸经济合作问题研究［M］．北京：九州出版社，2000.

[2] 江泽民．为促进祖国统一大业的完成而继续奋斗［N］．人民日报，1995－01－31（1）．

[3] 张敦富主编．区域经济学原理［M］．北京：中国轻工业出版社，2001.

[4] Myrdal, G.. Economic Theory and Underdeveloped Regions［M］. London: Duckworth, 1957.

[5] Hirschman, A.. The Strategy of Economic Development［M］. New Haven, Conn. Yale University Press, 1958.

[6] Isard, W.. Methods of Regional Analysis［M］. Cambridge, MIT Press, 1960.

[7] 周起业，刘再兴，祝诚，张可云．区域经济学［M］．北京：中国人民大学出版社，1989.

[8] 陈栋生．区域经济学［M］．郑州：河南人民出版社，1993.

[9]［英］大卫·李嘉图．政治经济学及赋税原理［M］．北京：商务印书馆，1965.

[10]［德］冯·杜能．孤立国同农业和国民经济的关系［M］．北京：商务印书馆，1997.

[11]［德］阿尔弗雷德·韦伯．工业区位论［M］．北京：商务印书馆，1997.

[12] [德] 沃尔特·克里斯泰勒．德国南部中心地原理 [M]．北京：商务印书馆，1998.

[13] [德] 奥格斯特·廖什．经济空间秩序 [M]．北京：商务印书馆，1995.

[14] 王秉安，陈振华，叶穗山主编．区域竞争力理论与实践 [M]．北京：航空工业出版社，2000.

[15] [法] 弗朗索瓦·佩鲁．新发展观 [M]．北京：华夏出版社，1987.

[16] [法] Bouldeville, J. R.. Problems of Regional Economic Planning [M]. Edinburgh University Press, 1966.

[17] [美] 赫希曼．经济发展战略 [M]．北京：经济科学出版社，1992.

[18] 张可云．区域经济政策——理论基础与欧盟国家实践 [M]．北京：中国轻工业出版社，2001.

[19] [美] 埃德加·M·胡佛．区域经济学导论 [M]．上海：远东出版社，1992.

[20] [美] Perloff, H. S., Dunn, E. S., Lampard, E. E., Muth, R. F.. Resources and Economic Growth [M]. Baltimore, 1960.

[21] [荷] Klaassen, L. H.. Area Social and Economic Redevelopment [M]. OECD, 1965.

[22] [美] Hansen, N.. French Regional Planning [M]. Indiana University Press, 1968.

[23] [前苏联] A·H·契斯巴耶夫．经济区的发展、理论和研究方法 [M]．北京：海潮出版社，1990.

[24] 陈鸿宇主编．区域经济学新论 [M]．广州：广东经济出版社，1998.

[25] 张金锁，康凯编．区域经济学 [M]．天津：天津大学出版社，1998.

[26] 程必定．区域经济学：关于理论和政策的探讨 [M]．合肥：安徽人民出版社，1989.

[27] 孟庆红．区域优势的经济学分析 [M]．成都：西南财经大学出版社，2000.

[28] 韦伟等．中国地区比较优势分析［M］．北京：中国计划出版社，1992.

[29] 邓伟根．区域产业经济分析［M］．广州：暨南大学出版社，1993.

[30] World Economic Forum. Growth Competitiveness Index and Methodology [EB/01]. http://www.weforum.org/pdf/Gcr/GCR_2003_2004/GCI_Chapter.pdf, 2004-08-13.

[31] The International Institute for Management Development. The World Competitiveness Center, Methodology [EB/01]. http://www02.imd.ch/wcc/methodology/, 2005-05-12.

[32]［美］迈克尔·波特．国家竞争优势［M］．北京：华夏出版社，2002.

[33] 狄昂照，吴明录，韩松，李正平．国际竞争力［M］．北京：改革出版社，1992.

[34] 任海平主编．各国综合国力排行榜［M］．北京：中国经济出版社，1998.

[35] 原国家体改委经济体制改革研究院，中国人民大学，深圳综合开发院联合研究组．中国国际竞争力发展报告（1996）［M］．北京：中国人民大学出版社，1997.

[36] 金碚主编．中国工业国际竞争力——理论、方法与实证研究［M］．北京：经济管理出版社，1997.

[37] 张金昌．国际竞争力评价的理论和方法［M］．北京：经济科学出版社，2002.

[38] 倪鹏飞．中国城市竞争力理论研究与实证分析［M］．北京：中国经济出版社，2001.

[39] 郝寿义，倪鹏飞．中国城市竞争力研究——以若干城市为例［J］．经济科学，1998，(3)：50-56.

[40] 王国贞，崔会东，李美菊，张力．河北省地区竞争力评价与分析［J］．经济师，2001，(12)：107-108.

[41] 曹远征，孙安琴．1998年中国国际竞争力评价［J］．国际经济评论，1998，（Z4）：29－31.

[42] 汪明峰．城市竞争、职能与竞争力：一个理论分析框架．现代城市研究，2002，（2）：44－48.

[43] 苏晓红．抓住西方开发机遇，提升河南区域竞争力［J］．河南社会科学，2002，（2）：64－66.

[44] 朱铁臻．经济全球化与提高城市竞争力［J］．现代经济探讨，2001，（4）：3－7.

[45] 王秉安，陈振华，徐小佶，姜华，罗海成．区域竞争力研究——理论探讨［J］．福建行政学院福建经济管理干部学院学报，1999，（1）：3－5.

[46] 姚士谋，于春，年福华．城市化问题的深度认识——关于提升南京城市竞争力［J］．南京社会科学，2002，（S1）：254－260.

[47] 张为付，张二震．对提高南京城市综合竞争力若干问题的研究［J］．南京社会科学，2001，（S2）：5－13.

[48] 徐康宁，施海洋，臧新．国内中心城市经济发展环境与竞争力比较研究［J］．科技与经济，2001，（5）：1－6.

[49] 刘春敏．提升南京综合竞争力的思考［J］．南京社会科学，2002，（S1）：29－34.

[50] 王秉安，李闽榕．福建经济综合竞争力研究［M］．福州：福建人民出版社，2004.

[51] Michael E. Porter. Competitiveness Strategy［M］. The Free Press, 1980.

[52] Michael E. Porter. Competitiveness Advantage［M］. The Free Press, 1985.

[53] Michael E. Porter. Competitiveness of Nations［M］. The Free Press, 1990.

[54] 胡兆量，李慕贞，郭振准，杨兆椿，况鸿章．经济地理学导论［M］．北京：商务印书馆，1987.

[55]［日］青木昌彦等．经济体制的比较制度分析［M］．北京：中国发展出版社，1999.

[56]［日］青木昌彦．比较制度分析［M］．上海：上海远东出版

社，2001.

[57] [美] 迈克尔·E·波特. 国家竞争优势 [M]. 北京：华夏出版社，2002.

[58] Kravis, I. B., A. Heston, R. Summers.. International Comparisons of Real Product and Purchasing Power [M]. Baltimore, Md.: Johns Hopkins University Press, 1978.

[59] Hill, P.. International Price Level and Purchasing Power Parities [J]. OECD Economic Studies, 1986, (6): 133-159.

[60] D. Jorgenson, M. Kuroda. Productivity and International Competitiveness in Japan and the U.S., 1960-1985. Edited by Bert G. Hickman, International Productivity and Competitiveness [M]. New York: Oxford Press, 1992.

[61] Carmichael, E. A.. Canada's Manufacturing Sector: Performance in the 1970s [J]. Canadian Study, 1978, (5): 51-62.

[62] Lundberg, Lars. Technology, Factor Proportions and Competitiveness [J]. Journal of Economics, 1990, (2): 173-188.

[63] 任若恩. 关于中国制造业国际竞争力的初步研究 [J]. 中国软科学，1996，(9)：74-82.

[64] 任若恩. 关于中国制造业国际竞争力的进一步研究 [J]. 经济研究，1998，(2)：3-13.

[65] IMD. World Competitiveness Center, Fundamentals [EB/01]. http://www01.imd.ch/wcc/fundamentals/, 2005-05-12.

[66] IMD. World Competitiveness Center, List of Criteria [EB/01]. http://www01.imd.ch/wcc/criteria/, 2005-05-12.

[67] 姚俊梅，瑞士国际管理学院. IMD 世界竞争力年鉴 [M]. 北京：中国财政经济出版社，2002.

[68] WEF. Global Competitiveness Report 2003-2004, Executive Summary [EB/01]. http://www.weforum.org/pdf/Gcr/GCR_2003_2004/Executive_Summary.pdf, 2004-08-13.

[69] WEF. Global Competitiveness Report 2003 - 2004, Composition of Global Competitiveness Index [EB/01]. http://www.weforum.org/pdf/Gcr/Composition_of_Growth_Competitiveness_Index, 2005 - 08 - 13.

[70] 裴长洪.利用外资与产业竞争力[M].北京:社会科学文献出版社,1998.

[71] 邹薇.关于中国国际竞争力的实证测度与理论研究[J].经济评论,1999,(5):27-32.

[72] 朱庆芳,吴寒光.社会指标体系[M].北京:中国社会科学出版社,2001.

[73] 郭克莎.中国工业缩小与国际先进水平差距的主要途径[J].开放时代,2001,(6):7-12.

[74] 彭丽红.企业竞争力——理论和实证研究[M].北京:经济科学出版社,2000.

[75] 韩中和.企业竞争力——理论与案例分析[M].上海:复旦大学出版社,2000.

[76] 吕书正.1956-1978年中国经济社会发展的国际比较[J].首都师范大学学报(社会科学版),2003,(1):57-63.

[77] 岳兵,付红娟,王雪梅.中国地区经济发展水平综合评价的方法研究[J].天津大学学报,2000,(11):725-729.

[78] 白志刚,王建群.我国地区综合经济实力的评价与分析[J].江苏统计,2001,(10):33-35.

[79] 倪鹏飞主编.中国城市竞争力报告.No.1:推销:让中国城市沸腾[M].北京:社会科学文献出版社,2003.

[80] 倪鹏飞主编.中国城市竞争力报告.No.2:定位:让中国城市共赢[M].北京:社会科学文献出版社,2004.

[81] 倪鹏飞主编.中国城市竞争力报告.No.3:集群:中国经济的龙脉[M].北京:社会科学文献出版社,2005.

[82] 樊纲,王小鲁,张立文,朱恒鹏.中国各地区市场化相对进程报告

[J]. 经济研究, 2003, (3): 9-18.

[83] 张旺峰, 冯宗周. 西北五省区区域竞争力比较分析 [J]. 甘肃社会科学, 2004, (3): 145-147.

[84] 付海丰. 深沪城市综合竞争力比较研究 [J]. 特区经济, 2002, (4): 29-33.

[85] 宋光辉, 刘长风. 广东经济与"泛珠三角"区域竞争力分析 [J]. 国际经贸探索, 2004, (9): 8-10, 34.

[86] 福建省委政策研究室课题组. 福建与珠三角和长三角区域发展比较 [J]. 区域经济, 2002, (7): 17-20.

[87] 王斌, 杨德刚, 徐文洁. 西部十二省 (市) 经济发展水平的区域差异研究 [J]. 干旱区资源与环境, 2004, (1): 23-26.

[88] 彭建, 林家元, 王晓东, 张文江. 四川省经济发展水平的区域差异研究 [J]. 地理学与国土研究, 2001, (11): 53-57.

[89] 王建民. 海峡两岸社会经济发展综合实力比较 [J]. 台湾研究, 1997, (3): 12-18.

[90] 刘立菁. 闽台竞争优势研究 [J]. 台湾研究集刊, 2005, (2): 19-27.

[91] 张传国. 厦门港与高雄港综合竞争力的定量化比较研究 [J]. 台湾研究, 2005, (2): 25-30.

[92] 郝望. 从两岸经济实力对比看中国统一前景 [J]. 台湾研究, 2003, (4): 27-32.

[93] 张向前. 两岸四地人力资源与经济发展综合评价指标体系构建分析 [J]. 内江师范学院学报, 2004, (4): 75-80.

[94] 吴进泰. 台湾、大陆、东协四国投资环境的比较 [J]. 台湾: 台湾经济研究月刊, 1993, (12): 35-38.

[95] 赖钰城, 林琬婷. 由海峡两岸劳动力结构来看台湾竞争优势 [J]. 台湾: 台湾经济金融月刊, 2005, (3): 81-103.

[96] 韦端. 台湾地区地方竞争力评估指标建构之初探 [R]. 台湾: 财团法人国家政策研究基金会, 2002.

[97] 吴迎春．与世界接轨——地方竞争力崛起［J］．台湾：天下杂志，2003，(280)：100－147.

[98] 宋玉珍．城市竞争力评比初探［J］．台湾：台湾经济论衡，2005，(7)：1－21.

[99] 练有为．两岸经济竞赛——台湾与中国大陆工业生产效率评析［J］．台湾：台湾经济金融月刊，2005，(4)：1－14.

[100] 任耀廷．两岸与日美经济竞争力结构的演变（1980～2002）［J］．台湾：台湾经济金融月刊，2005，(7)：67－88.

[101] 任耀廷．从竞争力结构看日本与东亚国家的经济发展关系（上）［J］．台湾：台湾经济金融月刊，2005，(10)：47－66.

[102] 任耀廷．从竞争力结构看日本与东亚国家的经济发展关系（下）［J］．台湾：台湾经济金融月刊，2005，(11)：86－109.

[103]“台湾区电机电子工业同业工会”，主持人林震岩．大陆地区投资环境与风险调查2000［R］．台北：商周编辑顾问股份有限公司，2000.

[104]“台湾区电机电子工业同业工会”，主持人林祖嘉．2001年大陆地区投资环境与风险调查［R］．台北：商周编辑顾问股份有限公司，2001.

[105]“台湾区电机电子工业同业工会”，主持人吕鸿德．2002年中国大陆投资环境与风险调查［R］．台北：商周编辑顾问股份有限公司，2002.

[106]“台湾区电机电子工业同业工会”，主持人陈丽瑛．当商机遇上风险——2003年中国大陆投资环境与风险调查［R］．台北：商周编辑顾问股份有限公司，2003.

[107]“台湾区电机电子工业同业工会”，主持人吕鸿德．两力两度见商机——2004年中国大陆投资环境与风险调查［R］．台北：商周编辑顾问股份有限公司，2004.

[108]“台湾区电机电子工业同业工会”，主持人吕鸿德．内销内贸引商机——2005年中国大陆投资环境与风险调查［R］．台北：商周编辑顾问股份有限公司，2005.

[109] 国务院发展研究中心发展战略和区域经济研究部．权威报告：中国大

陆，划分八大社会经济区域［EB/01］．http：//past. people. com. cn/GB/jinji/36/20030402/960888. html，2003－04－02.

［110］［新］联合早报．城市竞争力 台北居两岸第一［EB/01］．http：//www. zaobao. com/special/newspapers/2005/10/others051026l. html，2005－10－26.

［111］国家统计局．中国统计年鉴．2005［M］．北京：中国统计出版社，2005.

［112］国家统计局综合司．中国区域经济统计年鉴 2004［M］．北京：中国财政经济出版社，2005.

［113］中华人民共和国财政部．中国财政年鉴．2004［M］．北京：中国财政杂志社，2004.

［114］《中国税务年鉴》编辑委员会．中国税务年鉴．2004［M］．北京：中国税务出版社，2004.

［115］中国证券监督管理委员会．中国证券期货统计年鉴．2005［M］．上海：学林出版社，2005.

［116］国家统计局贸易外经统计司．中国对外经济统计年鉴 2004［M］．北京：中国统计出版社，2005.

［117］国家统计局农村社会经济调查司．中国农村统计年鉴．2005［M］．北京：中国统计出版社，2005.

［118］张晓松主编．中国高科技产业发展年鉴．2005［M］．北京：北京理工大学出版社，2005.

［119］台湾“统计资讯网”．重要经社指标速报［EB/01］．http：//www. stat. gov. tw/public/Data/632－16173671. xls，2006－01－19.

［120］国家统计局工业交通统计司，国家发展和改革委员会能源局．中国能源统计年鉴．2004［M］．北京：中国统计出版社，2005.

［121］中国电信博物馆．中国电信年鉴．2004［M］．北京：燕山出版社，2005.

［122］广东年鉴编撰委员会．广东年鉴．2005［M］．广州：广东年鉴社，2005.

［123］福建省统计局．福建省2004年国民经济和社会发展统计公报［EB/01］．http：//www. statsfj. gov. cn/tjgb/1200502180033. htm，2005－02－16.

［124］海南省统计局．2004年海南省经济和社会发展统计公报［EB/01］．http：//www. statistic. hainan. gov. cn/ReadNews. asp？NewsID＝1107，2005－01－25.

［125］上海市统计局．2004年上海市国民经济和社会发展统计公报［EB/01］．http：//www. shanghai. gov. cn/shanghai/node2314/node2319/node11494/node12335/userobject21ai99783. html，2005－01－25.

［126］江苏省统计局．江苏统计年鉴．2005［EB/01］．http：//www. jssb. gov. cn/sjzl/tjnj/2005/tjnj. htm，2005－11－15.

［127］浙江省统计局．浙江省统计局关于2004年浙江省国民经济和社会发展的统计公报［EB/01］．http：//www. zj. stats. gov. cn/content/tjgb/index. asp？scode＝A040100&syear＝2005，2005－03－11.

［128］山东省统计局．山东省2004年国民经济与社会发展统计公报［EB/01］．http：//www. statsd. gov. cn/tjgb/tjgb. asp，2005－02－26.

［129］河北省统计局．河北省2004年国民经济和社会发展的统计公报［EB/01］．http：//www. hetj. gov. cn/tjgb/2003/tjgb2004. htm，2005－02－25.

［130］天津市统计局．2004年天津市国民经济和社会发展统计公报［EB/01］．http：//www. stat－tj. gov. cn/2004gb. htm，2005－01－22.

［131］北京市地方志编撰委员会．北京年鉴．2005［M］．北京：北京年鉴社，2005.

［132］台湾“Council for Economic Planning and Development”．Taiwan Statistical Data Book，2005［M］．台北：“Council for Economic Planning and Development”，2005.

［133］台湾“行政院主计处”．统计月报．第477期［J］．台湾：“行政院主计处”，2005，（10）：7－59.

［134］台湾“行政院主计处”．“国民”经济动向统计季报［J］．台湾：“行政院主计处”，2005，（9）：2－16.

［135］台湾“财政部统计处”．台湾地区财政统计月报［J］．台湾：“财政

部统计处”，2005，(9)：24－73.

[136] 台湾“中央银行经济研究处”．金融统计月报［J］．台湾：“中央银行经济研究处”，2005，(9)：1－9.

[137] 台湾“行政院主计处”．物价统计月报．第417期［J］．台湾：“行政院主计处”，2005，(9)：10－16.

[138] 台湾“财政部统计处”．台湾地区进出口贸易统计月报［J］．台湾：“财政部统计处”，2005，(9)：11－87.

[139] 李非．台湾经济发展通论［M］．北京：九州出版社，2004年.

[140] 台湾“经济部主计处”．2004年台湾地区工业生产统计年报［J］．台湾：“经济部统计处”，2005，(3)：2－65，92－116.

[141] 台湾“交通部统计处”．交通统计月报［J］．台湾：“交通部统计处”，2005，(7)：28－225.

[142] 台湾“交通部观光局”官方网站．http：//www. taiwantvl. com/official_website. html［EB/01］．2005－12－24.

[143] 台湾“行政院主计处”．“国情”统计通报专题分析之近年“国营”事业经营概况［EB/01］．http：//www. stat. gov. tw/ct. asp？xItem＝5144&ctNode＝1831，2004－09－14.

[144]［美］H·钱纳里．工业化和经济增长的比较研究［M］．上海：上海三联书店，1989.

[145] 新华网江苏频道．把脉“外资江苏”［EB/01］．http：//www. js. xinhuanet. com/xin_ tea_ ba/200－404/07/content_ 1934290. htm，2004－04－07.

[146] 南方网．身陷十面埋伏的广东在为谁哭泣？［EB/01］．http：//www. southcn. com/nfsq/lnpl/sdsk/200511070404. htm，2005－11－07.

[147] 北京青年报．北京开发区打造“双生态企业发展空间”［EB/01］．http：//www. ynet. com/view. jsp？oid＝4664051，2006－02－10.

[148] 海峡西岸经济区网．2005年长江和珠江三角洲经济发展研究［EB/01］．http：//www. hxxa. gov. cn/view_ news. asp？newsid＝1488，2005－12－20.

[149] 明致．台商经营与活动［J］．台湾“海峡两岸交流基金会”：两岸

经贸月刊，2005年9月10日，(165)：33.

[150] 中国台湾网．加强限制企业投资大陆 台当局不得人心 [EB/01]．http：//www. chinataiwan. org/web/webportal/W2001027/Uliuf/A225599. html，2006-03-30/2006-04-03

[151] 台湾"行政院主计处"．"国情"统计通报专题分析之"我国"中小企业经营概况 [EB/01]．http：//www. stat. gov. tw/public/Data/512411122671. pdf，2005-01-04.

[152] 赵建忠．如何放大IC业长三角效应 [EB/01]．http：//www. chinaecnet. com/ztps/zt041851. asp，2004-04-30.

[153] 中国台湾网．未来5年长三角将建设14条以上城市轨道交通路线 [EB/01]．http：//www. chinataiwan. org/web/webportal/W4602056/Uliutt/A236190. html，2006-04-13.

[154] 新华社．长三角信息网：今年冬天长三角缺电依然严重 [EB/01]．http：/www. forclear. com/blogview. asp? logID=96，2004-11-19.

[155] 世界商业评论．中国环渤海经济圈面临新一轮起飞契机 [EB/01]．http：//re. icxo. com/htmlnews/2004/08/10/292058. htm，2004-08-10.

[156] WEF. Global Competitiveness Report 2005-2006，Executive Summary [EB/01]．http：//www. weforum. org/pdf/Gcr/GCR_ 05_ 06/Executive_ Summary. pdf，2005-09-28.

[157] 台湾"行政院主计处"．"国情"统计通报专题分析之人类发展指数(HDI)之"国际"比较2003年 [EB/01]．http：//www. stat. gov. tw/public/Data/510181662971. pdf，2005-10-18.

[158] 林美姿，黄汉华，王怡芬．首都两岸四地 城市竞争力大评比 看见城市生命力 [J]．台湾：远见杂志，2005，(11)：94-103.

[159] 慧聪网．台商投资祖国大陆五大热点区域 [EB/01]．http：//info. news. hc360. com/html/001/002/009/018/114338. htm，2005-05-17.

[160] 新华网．环渤海经济圈发展正着重解决六大问题 [EB/01]．http：//www. tj. xinhua. org/ztbd/bohai/4. htm，2005-09-03.

[161] 新华网：工作在这里 生活在别处："长三角人"呼之欲出 [EB/01]. http：//news. xinhuanet. com/newscenter/2003 -10/08/content_ 1113647. htm，2003 -10 -08.

[162] 郭洪．投资长三角 [EB/01]．http：//www. investzj. com. cn/sanji. asp? id_ forum =005677，2003 -07 -16.

[163] 中国台湾网．陈水扁正在玩衰台湾经济 [EB/01]．http：//www. chinataiwan. org/webportal/W5267105/Ulybo/A240007. html，2006 -04 -18.

[164] 社论．揭露当前台湾经济的"真相" [N]．台湾：经济日报，2005 -11 -24 (A2).

[165] 社论．谁能让台湾回到未来? [N]．台湾：经济日报，2004 -09 -15 (A2).

[166] 黄汉华．2005 外商投资意愿调查 台湾，只剩人才是诱因 [EB/01]．台湾：远见杂志，2005，(12)：238 -248.

[167] 张兆安．长江三角洲经济共同发展的趋势和优势 [J]．台湾：台湾经济研究月刊，2004，(1)：84 -87.

[168] 新浪网．科技带动发展 浙江省国际竞争力排名分析报告 [EB/01]．http：//gov. finance. sina. com. cn/zsyz/2006 -04 -07/82910. html，2006 -04 -07.

[169] 张军．资本形成、投资效率与中国的经济增长——实证研究 [M]．北京：清华大学出版社，2005.

[170] 李明武．对外贸易与经济增长关系研究综述——兼从现代经济理论角度的解读 [J]．学术论坛，2004，(3)：56 -60.

[171] 陈传兴．对外贸易与经济增长理论的若干思考 [J]．福建论坛．人文社会科学版，2005，(12)：12 -15.

[172] [英] 亚当·斯密．国民财富的性质和原因的研究 [M]．北京：商务印书馆，1972.

[173] [英] 大卫·李嘉图．政治经济学及赋税原理 [M]．北京：商务印书馆，1962.

[174] [英] J·S·穆勒．政治经济学原理 [M]．北京：商务印书

馆，1991.

[175]［美］R·纳克斯．世界经济中的均衡与发展［M］．纽约，牛津出版社，1961.

[176]［英］D·H·罗伯特逊．国际贸易的未来［J］．纽约：国际贸易论文集，1949.

[177]［英］G·M·迈耶．经济发展中的主要问题［M］．伦敦：牛津大学出版社，1989.

[178]［英］J·M·凯恩斯．就业、利息与货币通论［M］．北京：商务印书馆，1999.

[179] 易行健，李军波，杨碧云．我国对外贸易与经济增长之间关系的实证检验：1978—2002［J］．石家庄经济学院学报，2004，(4)：428-431.

[180]［美］P·克鲁格曼．克鲁格曼国际贸易新理论［M］．北京：中国社会科学出版社，2001.

[181] Romer, Paul M.. Inereasing Returns and Long-Run Growth [J]. Journal of Political Economy 1986, (94): 1002 - 1037.

[182] Kwan, A. C. C, J. A. Cotsomitis.. Economic Growth and the Expanding Export Sector: China 1953 ~ 1985 [J]. International Economic Journal, 1991, (5): 105-117.

[183] Liu, X., H. Song and P. Romilly.. An Empirical Investigation of the Causal Relationship Between Openness and Economic Growth in China [J]. Applied Economic, 1997, (29): 1679-1686.

[184] 白雪梅．我国对外开放与经济增长因果关系的实证研究［J］．数量经济技术经济研究，1999，(11)：73-75.

[185] 董秘刚．我国对外贸易与经济增长相关性分析［J］．西北大学学报（哲学社会科学版），2000，(11)：81-85.

[186] 魏巍贤．中国出口对经济增长贡献的实证研究［J］．商业研究，1999，(1)：91-92.

[187] 许和连，赖明勇．我国出口与经济增长关系分析［J］．湖南大学学

报（社会科学版），2001，（9）：33 - 35.

[188] 许和连，赖明勇．出口贸易带动经济增长假设在中国的进一步验证 [J]．湖南大学学报（自然科学版），2002，（6）：124 - 128.

[189] 王坤，张书云．中国对外贸易与经济增长关系的协整分析 [J]．数量经济技术经济研究，2004，（4）：26 - 33.

[190] 苏盛安，赵付民．我国 GDP、消费、投资和进出口贸易之间的协整分析 [J]．统计与决策，2005，（5）：83 - 85.

[191] 许启发，蒋翠霞．对外贸易与经济增长的相关分析 [J]．预测，2002，（2）：14 - 18.

[192] 包群，许和连，赖明勇．贸易开放与经济增长：理论及中国的经验研究 [J]．世界经济，2003，（2）：10 - 18.

[193] 张立光，郭妍．我国贸易开放度与经济增长关系的实证研究 [J]．财经研究，2004，（3）：113 - 121.

[194] 汪浩瀚．外贸对经济增长的影响分析：理论与经验模型验证 [J]．经济地理，2005，（7）：449 - 452.

[195] 曾卫峰，陈重．厦门对外贸易对其经济增长的影响 [J]．国际贸易问题，2001，（4）：36 - 41.

[196] 李小平，朱钟棣．对外贸易与经济增长的协整及因果关系检验——对上海市 1978 ~ 2001 年数据的实证分析 [J]．上海财经大学学报，2004，（4）：38 - 44.

[197] 梁碧波，雷友发．对外贸易对广东经济增长贡献的实证分析 [J]．南方经济，2004，（2）：59 - 62.

[198] 杨秀琴，熊启泉，江华．广东对外贸易与经济增长关系的协整分析 [J]．华南农业大学学报（社会科学版），2005，（2）：71 - 77.

[199] 林祖嘉．台湾经济发展与两岸经贸依存度之研究 [J]．台湾：大选后两岸经贸事务研讨会论文集，2004，（6）：2 - 1 - 2 - 17.

[200] 高长．台海两岸贸易、投资与相互依赖关系之探讨 [J]．对外开放与国际经济合作，1999，（12）：34 - 35.

[201] 吴忠吉．台湾经济与两岸贸易分析［J］．世界经济与政治论坛，2004，(1)：79－82.

[202] 胡中祥，王其文，黄涛．两岸贸易对台湾总体经济影响的计量模型［J］．经济科学，2001，(1)：55－62.

[203] 戴淑庚，邓利娟．两岸贸易对台湾经济影响的计量分析［J］．台湾研究集刊，1998，(1)：1－11.

[204] Chenery Hollis B.. Foreign Assistance and Economic Development [J]. American Economic Review, 1966, (66): 679－733.

[205] Solow Robert M.. Technical Change and the Aggregate Production Function [J]. Review of Economics and Statistics, 1957, (39): 312－320.

[206] Lucas Robert E., Jr.. On the Mechanics of Economic Development [J]. Journal of Monetary Economics, 1988, (22): 3－42.

[207] Romer Paul M.. Increasing Returns and Long－Run Growth [J]. Journal of Political Economy, 1986, (94): 1002－1037.

[208] 沈坤荣．外国直接投资与中国经济增长［J］．管理世界，1999，(5)：22－34.

[209] Coe DS, Helpman E, Hooffmaister, A.. North－south R&D Spillovers [J]. CEPR Discussion Paper, 1995, No. 1133.

[210] Keller W.. Absorptive Capacity: On the Creation and Acquisition of Technology in Development [J]. Journal of Development, 1996, (49): 199－227.

[211] 王艳丽，刘传哲．外商直接投资与我国经济增长问题研究综述［J］．中国矿业大学学报（社会科学版），2005，(4)：76－81.

[212] Jansen K.. The Macroeconomic Effects of Direct Foreign Investment: the Case of Thailand [J]. World Development, 1995, (23): 193－210.

[213] Athukorala P., J. Menon.. Developing with Foreign Investment: Malaysia [J]. The Australian Economic Review, 1995, (1): 9－12.

[214] Borensztein, Eduardo, Jose De Gregorio, Jong－Wha Lee.. How Does Foreign Direct Investment Affect Economic Growth [J]. NBER Working Papers

No. 5057, National Bureau of Economic Research, 1995.

[215] Balasubramanyan V., Salisu M., Sapsford D.. Foreign Direct Investment and Growth in EP and IS Countries [J]. The Economics Journal, 1996, (1): 92-105.

[216] A Bende - Nabende, J. L. Ford.. Policy and Endogenous Growth: Multiplier Effects from a Small Dynamic Model for Taiwan, 1959-1995 [J]. World Development, 1998, Vol. 26, No. 7.

[217] Arrken, Brian, J., Ann F. Harrison.. Do Domestic Firms Benefit from Direct Foreign Investment? Evidence from Venezuela [J]. American Economic Review, 1999, (89): 232-237.

[218] De Mello, Luiz R. Jr.. Foreign Direct Investment - led Growth: Evidence from Time Series and Panel Data [J]. Oxford Economic Papers, 1999, (51): 133-151.

[219] Cornwall J., Cornwall W.. Growth Theory and Economic Structure [J]. Economics, 1994, (61): 237-251.

[220] Easterly W.. How Much Do Distortions Affect Growth [J]. Journal of Monetary Economics, 1999, (32): 187-212.

[221] L. P. King, B Varadi.. Beyond Manichean Economics: Foreign Direct Investment and Growth in the Transition from Socialism [J]. Communist and Post - Communist Studies, 2002, (35): 1-21.

[222] Nathalie Fabry, Sylvain Zeghni.. Foreign Direct Investment in Russia: How the Investment Climate Matters [J]. Communist and Post - Communist Studies, 2002, 35: 289-303.

[223] Chung Chen, Lawrence Chang and Yimin Zhang. The Role of Foreign Direct Investment in China's Post - 1978 Economic Development [J]. World Development, 1995, (4): 691-703.

[224] Yanrui Wu.. Measuring the Performance of Foreign Direct Investment: a Case Study of China [J]. Economics Letters, 2000, 66: 148-150.

[225] 王新. 外商直接投资对中国经济增长的贡献 [J]. 外国经济与管理,

1999,(3):3-7.

[226] 萧政,沈艳. 外国直接投资与经济增长的关系及影响 [J]. 经济理论与经济管理,2002,(1):11-16.

[227] 沈坤荣,耿强. 外国直接投资、技术外溢与内生经济增长 [J]. 中国社会科学,2001,(5):82-93.

[228] 张纪康. 直接投资与市场结构效应 [M]. 上海:上海财经大学出版社,1999.

[229] 黄华民. 外商直接投资与我国实质经济关系的实证分析 [J]. 南开经济研究,2000,(5):46-51.

[230] 周淑景. 外商直接投资与中国经济发展研究 [J]. 财经问题研究,2000,(7):42-45.

[231] 窦祥胜. 国际资本流动增长因素结构变迁与经济增长 [J]. 经济理论与经济管理,2002,(2):16-21.

[232] 刘恩专. 外国直接投资的出口效应分析 [J]. 当代经济科学,1999,(2):62-67.

[233] 李静萍. 经济全球化对中国经济增长的贡献分析 [J]. 经济理论与经济管理,2001,(7):5-9.

[234] 杜江,高建文. 外国直接投资与中国经济增长的因果关系分析 [J]. 世界经济文汇,2002,(1):32-36.

[235] 魏巧琴,杨大楷. 对外直接投资与经济增长的关系研究 [J]. 数量经济技术经济研究,2003,(1):93-97.

[236] 任永菊. 外国直接投资与中国经济增长之间关系的实证分析 [J]. 经济科学,2003,(5):113-120.

[237] 陈伟国,赵兵. 外国直接投资与经济增长的相关性分析 [J]. 西南民族大学学报(自然科学版),2004,(4):498-501.

[238] 潘文卿,李子奈. 祖国大陆经济对台商直接投资的依存研究:一个基于连接模型的分析 [J]. 世界经济,2001,(10):17-25.

[239] 黄景顺,胡日东. 台商投资祖国大陆的经济效应分析 [J]. 台湾农

业探索，2004，(1)：15－19.

［240］李保明，刘震涛．台商投资的贸易效应实证分析［J］．经济科学，2004，(3)：106－112.

［241］张传国．台商投资与两岸贸易互动效应的实证分析［J］．台湾研究集刊，2004，(4)：62－67.

［242］赖明勇，许和连，包群．出口贸易与经济增长：理论、模型和实证［M］．上海：上海三联书店，2003.

［243］张立光，郭妍．我国贸易开放度与经济增长关系的实证分析［J］．财经研究，2004，(3)：113－121.

［244］Engle，R. F. and Granger，C. W.. Co－integration and Error Correction Representation，Estimation and Testing［J］．Econometrical，1987，(4)：1057－1072.

［245］Johansen，S. and Juselius，K.. Maximum Likelihood Estimation and Inference on Co－integration with Applications to the Demand for Money［J］．Oxford Bulletin of Economics and Statistics，1995，(52)：162－210.

［246］Johansen，S. Statistical Analysis of Co－integration Vectors［J］．Journal of Economic Dynamicsand Control，1988，(12)：231－254.

［247］Johansen，S. Likelihood Bases Inference in Co－integrated Vector Autoregressive Models［M］．London：Oxford University Press，1991.

［248］Granger C W J.. Investigating Causal Relationships by Econometrics and Cross－spectral Models［J］．Econometric，1969，(37)：424－438.

［249］Sims C A.. Money，Income and Causality［J］．American Economic Review，1972，(62)：540－552.

［250］Granger C W J.. Some Recent Developments in a Concept of Causality［J］. Journal of Econometrics，1988，(39)：199－211.

［251］周茂清．江苏、台湾两省经济合作问题研究（续）［J］．江苏经济探讨，1997，(5)：43－47.

［252］江苏省对外贸易经济合作厅．数据资料［EB/01］．http：//

www. jsdoftec. gov. cn/DataSearch. asp, 2006 - 02 - 01.

[253] 江苏省统计局. 江苏统计年鉴 2005（电子版）[EB/01]. http://www. jssb. gov. cn/sjzl/tjnj/2005/tjnj. htm, 2006 - 02 - 01.

[254] 中华人民共和国国务院台湾事务办公室. 两岸经贸统计数据 [EB/01]. http://www. gwytb. gov. cn/lajmsj. htm, 2006 - 02 - 01.

[255] 台湾"行政院大陆委员会". 两岸经济统计月报 第156期 [EB/01]. http://www. mac. gov. cn/big5/statistic/em/156/index. htm, 2006 - 02 - 01.

[256] 江苏省统计局. 江苏统计年鉴 2000（电子版）[EB/01]. http://www. jssb. gov. cn/sjzl/tjnj/2000/tjnj. htm, 2006 - 02 - 15.

[257] 江苏省统计局. 江苏统计年鉴 2001（电子版）[EB/01]. http://www. jssb. gov. cn/sjzl/tjnj/2001/tjnj. htm, 2006 - 02 - 15.

[258] 江苏省统计局. 江苏统计年鉴 2002（电子版）[EB/01]. http://www. jssb. gov. cn/sjzl/tjnj/2002/tjnj. htm, 2006 - 02 - 01.

[259] 江苏省统计局. 江苏统计年鉴 2003（电子版）[EB/01]. http://www. jssb. gov. cn/sjzl/tjnj/2003/tjnj. htm, 2006 - 02 - 01.

[260] 江苏省统计局. 江苏统计年鉴 2004（电子版）[EB/01]. http://www. jssb. gov. cn/sjzl/tjnj/2004/tjnj. htm, 2006 - 02 - 01.

[261] 台湾"经济部投资审议委员会". 华侨及外国人投资、对外投资、对中国大陆投资统计月报 2005 年 9 月 [EB/01]. http://www. moeaic. gov. tw/system_ external/ctlr? PRO = Publi-cation-Load&id = 21, 2005 - 09 - 21.

[262] 人民网. 台资聚集江苏 苏台经济合作前景阔 [EB/01]. http://www. people. com. cn/GB/14 - 801/14860/2097388. html, 2003 - 09 - 19.

[263] 中国网. 苏南成为台商投资大陆最钟情的热土 [EB/01]. http://english. hannan. edu. cn/chinese/2002/Jan/97532. htm, 2002 - 01 - 15.

[264] 文新传媒. 近四年江苏吸引台资居大陆首位 [EB/01]. http//www. whb. com. cn/csjjj/t2005 - 0111_ 357567. htm, 2005 - 01 - 11.

[265] 江苏省统计局. 台商投资在江苏的发展趋势及其影响 [EB/01]. http://www. jssb. gov. cn/tjfx/tjfxzl/80200501040129. htm, 2004 - 12 - 27.

［266］浙商网．沪苏浙地区：台资进入“各取所需”［EB/01］．http：//biz. zjol. com. cn/05biz/system/2005/05/18/006114041shtml，2005－05－18.

［267］慧聪网．台商在中国大陆投资概况——昆山［EB/01］．http：//info. news. hc360. com/html/0－01/002/009/018/114097. htm，2005－05－17.

［268］台湾“经济部国际贸易局”．2006年两岸贸易情势分析［EB/01］．http：//ekm92. trade. gov. tw/BOFT/OpenFileService4，2007－03－03.

［269］台湾“行政院大陆委员会”．两岸经济统计月报 第169期之台商对大陆投资统计—行业别［EB/01］．http：//www. mac. gov. cn/big5/statistic/em/156/11. pdf，2007－02－01.

［270］中国台湾网．台湾上市、上柜公司06年投资大陆获利双创新高［EB/01］. http：//www. chinataiwan. org/web/webportal/W5269005/Uzhangfy/A492614. html，2007－05－03.

［271］台湾“行政院大陆委员会”．两岸经济统计月报 第169期之台商对大陆投资统计—地区别［EB/01］．http：//210. 34. 17. 189/strait _ trade/2006trade/169－2006/11. pdf，2007－02－01.

［272］彭涟漪．两岸首次大规模调查《台商排名专题报道系列一》之台商投资大陆 四大现象［N］．台湾：中国时报，2005－12－05，（A8）.

［273］章怡．台商对外投资动向［J］．香港：经济导报周刊，2000－02－28.

［274］台湾“统计资讯网”．2001年台湾地区产业关联表（49部门）［EB/01］. http：//www. stat. gov. tw/ct. asp？xItem＝9486&ctNode＝671，2006－02－03.

［275］明致．台商经营与活动［J］．台湾：两岸经贸月刊，2005，（3）：32－35.

［276］黄良文，曾五一．统计学原理［M］．北京：中国统计出版社，1999.

［277］夏绍玮，胡方杞，刘学东．中国消费的线性与非线性预测模型［J］. 系统工程理论与实践，1994，（2）：44－51.

［278］姚愉芳，贺菊煌．中国经济、社会发展前景展望［J］．经济研究参考，1994，（36）：24－35.

[279] 贺菊煌．中国消费结构的长期预测——中国中长期经济社会发展与预测模型（二）[J]．数量经济技术经济研究，1994，(1)：18－24.

[280] 姚愉芳，贺菊煌．中国中长期经济、社会发展与数学模型（三）——系统动力学与投入产出模型应用于中国中长期经济、社会发展预测[J]．数量经济技术经济研究，1995，(5)：18－28.

[281] 姚愉芳，贺菊煌．中国中长期经济、社会发展与数学模型（四）——中长期经济、社会发展预测分析[J]．数量经济技术经济研究，1995，(12)：33－43.

[282] 贺菊煌．中国人口与经济长期预测模型[J]．数量经济技术经济研究，2000，(9)：40－44.

[283] 周鹏，唐焕文．一个中国宏观经济预测模型算法及应用[J]．大连理工大学学报，2003，(3)：137－140.

[284] 周鹏，唐焕文，赵晶，毛海军．中国宏观经济预测模型算法及应用[J]．大连理工大学学报，2004，(5)：342－346.

[285] 赵甲明．如何把握两岸经济关系走向[J]．清华大学学报（哲学社会科学版），2000，(2)：10－12.

[286] 李非．未来台湾经济发展趋势预测[J]．厦门大学学报（哲社版），1996，(3)：35－41.

[287] 胡劲．中国大陆、台湾、香港经济计量连接模型趋势模拟与政策建议[J]．华侨大学学报（哲学社会科学版），1998，(3)：1－12.

[288] 李非．21世纪初期台湾经济发展趋势[J]．台湾研究，2002，(2)：57－64.

[289] 吴献斌．新世纪头10年台湾经济趋势展望[J]．晋东南师范专科学校学报，2003，(8)：19－21.

[290] 李非，张玉冰．至2020年台湾经济发展趋势与两岸关系[J]．台湾研究集刊，2004，(2)：9－20.

[291] 国家统计局．中国统计年鉴．1981—2005[M]．北京：中国统计出版社，1981—2005各年．

[292] 褚保一．经济大辞典（世界经济卷）［M］．上海：辞书出版社，1985.

[293] 中国台湾网．台湾经济被边缘化 高雄港排名滑落成最好例证［EB/01］．http：//www. china taiwan. org/web/webportal/W5269847/Uyyping/A239392. html，2006－04－18.

[294] 褚保一，张幼文．世界经济学原理［M］．北京：中国财政经济出版社，1989.

[295] 华而诚，郭俊贤．东亚区域经济整合对两岸经济的机会与挑战［J］．台湾：两岸经贸月刊，2005，(163)：18－20.

[296] 林祖嘉．2010 大陆东协自由贸易区，台湾边缘化的开始［R］．台湾："财团法人国家政策研究基金会""国政"研究报告，科经（研）094－002号，2005－01－03.

[297] 高孔廉，邓岱贤．区域经济整合给台湾经济发展的启示［J］．台湾："国家"政策论坛，2004，(1)：116－122.

[298] 台湾"内政部警政署入出境管理局"．大陆人民来台人数［EB/01］．http：//www. mac. gov. tw/gb/gb/gov/index. htm，2007－02－18.

[299] 台湾"内政部警政署入出境管理局"．金马"小三通"人员往来统计［EB/01］．http：//www. mac. gov. tw/gb/gb/gov/index. htm，2007－02－18.

[300] 台湾"经济部投资审议委员会"．华侨及外国人投资、对外投资、对中国大陆投资统计年报．2006 年［EB/01］．http：//www. moeaic. gov. tw/system_external/ctlr？PRO＝Publication Load-&id＝21，2007－02－21.

[301] 万敏婉．生产外移 40.5%，台湾是坐拥金山的乞丐？［J］．台湾：远见杂志，2005，(10)：130－132.

[302] 陈信宏．两岸的产业竞合已经超越制造生产层次［J］．台湾：经济前瞻，2005，(100)：100－105.

[303] 新华网．台资企业大陆投资渐趋大型化、集团化［EB/01］．http：//news. xinhuanet. com/tai_gang_ao/2006－01/08/content_4023549. htm，2006－01－08.

[304] 中国台湾网．台当局小步开放电子业西进［EB/01］．http：//www. chinataiwan. org/web/webportal/W5267114/Ulixuebin/A248692. html，2006－04－29.

[305] 蔡嵩婷．长三角台商多元化发展［J］．香港：经济导报周刊，2005－11－14.

[306] 罗祥喜．“中华经济协作系统”建制化的策略探讨［J］．台湾研究，1994，(1)：50－56.

[307] 曹小衡．海峡两岸经济一体化的选择与定位［J］．台湾研究，2001，(3)：23－31.

[308] 王建民．两岸经济实力的消长及其意义［J］．两岸关系，2002，(4)：18－19.

[309] 马克思，恩格斯．马克思恩格斯选集 第2卷［M］．北京：人民出版社，1995.

[310] 耿曙，林瑞华．两岸经济整合的政治影响：分析两岸整合的理论架构［EB/01］．http：//www. usc. cuhk. edu. hk/wk_ wzdetails. asp? id＝4126，2004－04－30.

附表

第三章第一节　总体经济规模原始数据

省份	GDP（亿元）		人口（万人）		个人可支配收入（元）		基尼系数		人均最终消费支出（元）		恩格尔系数		政府最终消费支出（亿元）		固定投资（亿元）		总储蓄额（亿元）		资本形成总额（亿元）
	2003	2004	2003	2004	2003	2004	2003	2004	2003	2004	2003	2004	2003	2004	2003	2004	2003	2004	2004
广东	13762	16039	7954. 2	8303. 7	12380	13628	0. 3367	0. 3413	9635	10695	0. 372	0. 37	2666. 1	2844. 3	4990. 2	5983. 3	14062	16193	6365. 4
福建	5232. 2	6053	3488	3511	9995. 9	11175	0. 41	0. 42	7353. 1	8161. 2	0. 422	0. 416	823. 16	940. 35	1740	1899. 1	2924. 5	3322. 3	2824. 1
海南	715. 69	769. 36	810. 51	817. 83	7257	7736	0. 2133	0. 2179	5499. 5	5802	0. 48	0. 466	90. 95	107. 11	276. 26	322. 5	581. 96	645. 48	366. 16
上海	6250. 8	7450	1711	1742	14867	16683	0. 27	0. 3	11040	12631	0. 37	0. 36	646. 84	785. 23	2648. 4	3246. 2	5784. 3	6917. 9	3607. 1
江苏	13501	15403	7405. 8	7432. 5	9259. 7	10482	0. 3704	0. 3655	6708. 1	7332	0. 38	0. 34	1574. 51	2086. 1	5334. 1	68276	7640. 6	8863. 1	8026. 1
浙江	9836. 4	11243	4679. 3	4719. 6	13544	14546	0. 3046	0. 3245	9713. 2	10636	0. 366	0. 362	360. 2	1506. 9	4945. 9	5945	6551. 6	7364	5748. 9
山东	13435	15491	9125	9180	8396. 6	9437. 8	0. 37	0. 39	6067. 1	6673. 8	0. 338	0. 346	1795. 5	2264. 8	5511. 4	7589. 3	6770. 4	7721. 5	7625. 3
河北	7827. 2	8769	6769. 4	6808. 8	7241. 6	7951. 3	0. 3361	0. 341	5438. 5	5819. 2	0. 352	0. 368	928. 44	1123. 9	2496. 4	3215. 3	5457	6341	3997. 2
北京	3663. 1	4283	1456. 4	1492. 7	13882	15638	0. 441	0. 466	11124	12200	0. 317	0. 322	758. 6	910. 32	2157. 3	2528. 3	5293. 5	6122. 3	2707. 9
天津	2534	2932	1011. 3	1023. 7	10312	11467	0. 315	0. 33	7866	8802	0. 377	0. 372	411. 83	466. 49	1046. 5	1259	1991. 9	2261. 5	1673. 7
台湾	25370	26817	2260. 5	2268. 9	81694. 5	84159. 9	0. 343	0. 338	68082	70830	0. 2355	0. 226	3202. 8	3184. 3	4693	5390. 3	3839. 1	3806. 7	4927. 8

第三章第一节　财政金融环境原始数据

省份	财政收入（亿元）		税性收入（亿元）		财政支出（亿元）		金融机构年末存款余额（亿元）		金融机构年末贷款余额（亿元）		金融机构现金净投放（亿元）		国内外上市公司数（家）	上市公司总资产（亿元）	全年股票成交金额（亿元）
	2003	2004	2003	2004	2003	2004	2003	2004	2003	2004	2003	2004	2004	2004	2004
广东	3280. 36	3539. 51	2162. 86	2333. 73	1694. 96	1852. 59	29628. 85	33213. 49	19400. 67	21916. 77	1020. 24	1036. 11	72	2890. 13	3695. 54
福建	525. 54	622. 76	425. 43	504. 13	452. 28	505. 2	5178. 13	5984. 32	3706. 87	4360. 64	51. 3	34. 05	45	836. 75	1005. 32
海南	102. 04	122. 76	76. 63	92. 19	114. 82	141. 11	1050. 29	1159. 31	796. 01	920. 55	3. 8	12. 1	21	534. 89	197. 92
上海	2828. 13	3591. 73	2442. 9	3102. 49	1102. 44	1395. 69	17345. 37	19994. 05	13005. 08	14972. 01	352. 31	388. 92	148	11636. 16	6564. 87
江苏	1720. 81	2216. 4	1707. 94	2199. 82	1105. 5	1296. 7	15380. 93	18211. 02	11206. 13	13480. 98	388. 95	381. 94	88	515. 21	1893. 05
浙江	1468. 34	1424. 29	1158. 97	1124. 2	897. 11	1063. 08	15418. 9	17855. 1	12402. 7	14982. 5	383. 5	403. 2	84	1511. 06	1893. 67
山东	2121. 81	2675. 6	932. 62	1176. 03	1010. 7	1188. 6	12443. 1	14514. 3	10309. 7	11782. 8	53. 3	33. 99	76	2493. 71	1718. 16
河北	634. 83	778. 3	548. 34	672. 26	646. 52	753. 2	7960. 3	9249. 9	5522. 6	6152. 2	271. 1	331. 7	35	1196. 31	644. 39
北京	647. 2	830	1550. 88	1909. 21	809. 4	974. 4	18298. 5	21625. 9	11143. 2	12600. 2	−90. 54	−203. 84	82	15329. 53	4834. 4
天津	396. 31	502. 13	599. 73	769. 87	349. 96	431. 5	4360. 4	5139. 72	3532. 8	4146. 49	89. 9	89. 9	23	595. 02	561. 16
台湾	6259. 09	6545. 80	4736. 88	5071. 43	6303. 59	6683. 51	54367. 29	58141. 34	39847. 75	44871. 44	−16835	−16427. 5	697	12645. 2	60444. 51

第三章第一节 劳动力和就业原始数据

省份	人口自然增长率(%)	15－64岁人口数(人)	受中等以上教育人口(人)	人均工资(元)	就业总人口(万人)		工业就业人口(万人)		服务业就业人口(万人)		国有企业就业人口(万人)	制造业职工人数(万人)	制造业工资总额(亿元)	技术密集型产业从业人员数(万人)	失业率(%)
	2004	2004	2004	2004	2003	2004	2003	2004	2003	2004	2004	2004	2004	2004	2004
广东	8.1	5380.23	1432.51	21138	4395.93	4691.89	1149.9	1293.42	1410.1	1627.5	374.3	315.3	523.2	240	2.7
福建	5.96	2545.65	634.27	15603	1756.71	1795.42	488.3	520	522.6	534	151.28	180.8	233.4	89.9	4
海南	8.98	562	168.01	11715	360.49	373.11	34.8	36	108.5	112	58.1	7	8.2	20.7	3.6
上海	－1.2	1310.66	772.88	24398	813.05	836.87	317.09	316.34	421.97	453.58	149.3	98	274.7	138.05	4.5
江苏	2.25	5459.52	1337.27	18202	4458	4482.52	1402.5	1416.5	1381.3	1389.6	293	223	336.6	185.2	4.1
浙江	4.95	3528.16	986.13	23101	2918.6	2940	1092.4	1228.9	909.95	1031.6	179.1	151.6	217.4	127.4	4.1
山东	6.01	6791.72	1652.07	14272	5111.8	5728.1	1272.5	1425.9	1301.3	1458.2	492.5	279.6	314.4	240	3.4
河北	5.79	5100.41	1223.29	12925	3470.2	3515.6	936.9	940	782.5	798	360.8	119.6	144.2	167	4
北京	0.7	1161.18	674.53	29674	703.3	854.1	225.8	232.8	414.8	559.7	199.5	98	218.5	224.91	1.3
天津	1.34	777.43	371.64	17810	510.79	530.2	219.43	223	208.28	221.9	92.1	72.2	134.3	53	3.76
台湾	3.59	1615.16	1803.33	510480	957.3	978.6	333.5	344.5	563.8	569.9	99.4	242	2948.36	115.88	4.44

第三章第一节　物价稳定性原始数据

省份	消费物价指数（%）	工业品出厂价格指数（%）	房地产价格指数（%）	全社会最终消费（亿元）	
	2004	2004	2004	2003	2004
广东	103	101.7	103.8	7566.13	8774.75
福建	104	102.6	104.2	2682.76	3019.57
海南	104.4	100	101.9	355.22	401.85
上海	102.4	103.6	115.9	2769.74	3261.42
江苏	104.1	106.5	104.4	5484.04	6667.64
浙江	103.9	105	109.9	4368.5	4723.33
山东	103.6	106.4	106.2	5787.76	6810.2
河北	104.3	111.6	108	1967.87	2264.55
北京	100.8	101.5	104.5	1134.69	1272.6
天津	102.3	104.1	113.5	3259.52	3743.05
台湾	101.62	106.1	99.9	19160.5	18620

第三章第一节　经济外向性原始数据

省份	进出口总额（亿美元）		进口总额（亿美元）		出口总额（亿美元）		工业品出口总额（亿美元）	实际外资流量（亿美元）		实际外资存量（亿美元）	
	2003	2004	2003	2004	2003	2004	2004	2003	2004	2003	2004
广东	2835.6	3571.3	1306.8	1655.7	1528.8	1915.6	1329.2	97.34	128.99	1404.88	1505
福建	353.27	475.5	141.93	181.53	211.34	293.97	241.24	40.77	65.6	459.1	524.7
海南	22.77	34.02	14.1	23.09	8.67	10.93	8.2	6.18	6.7	86.18	92.88
上海	1123.78	1600.26	639.36	865.06	484.96	735.2	678.6	58.54	65.41	496.09	561.5
江苏	1136.46	1708.1	545.2	832.52	591.21	875.58	664.69	105.67	121	745.4	866.4
浙江	614.04	852.29	198.17	270.7	416	581.59	525.95	75.82	97.5	353	450.5
山东	446.59	607.81	180.89	249.09	265.73	358.73	298.68	76.18	98.21	443.79	542
河北	89.78	135.3	30.54	41.9	59.26	93.4	48.36	15.59	19.8	148	168
北京	685	946.6	516.1	740.8	168.9	205.7	91.58	21.5	30.8	324.2	355
天津	293.43	420.19	149.92	211.54	143.5	208.65	166.11	16.33	24.72	151.4	176.12
台湾	2714.29	3419.04	1272.49	1678.9	1441.8	1740.14	1715.52	35.76	39.53	525.89	565.42

第三章第一节 农业发展质量原始数据

省份	农业增加值（亿元）		农业出口总额（亿美元）		农业就业人口（人）	
	2003	2004	2003	2004	2003	2004
广东	1195.22	1245.42	28.9597	34.4271	1559.6	1770.97
福建	744.37	777.87	12.8672	17.8693	745.8	741.42
海南	266	287.3	0.9832	1.1931	210.6	225.11
上海	101.8	96.71	6.7313	7.7922	73.7	66.95
江苏	1240.9	1315.4	7.9965	8.7399	1250	1676.42
浙江	786.9	816	17.8028	22.3789	877.6	850
山东	1663.5	1778.3	47.4815	55.8775	2276.9	2844
河北	1284.3	1370.4	5.7644	6.8762	1670.1	1777.6
北京	101	105.39	10.052	8.7061	66.9	61.6
天津	97.9	102.29	4.8049	4.4564	82.3	85.3
台湾	894.71	966.3	21.476	24.625	69.88	64.2

第三章第一节 工业发展质量原始数据

省份	工业增加值（亿元）		工业产品出口总额（亿美元）	高新技术产品产值（亿元）	企业数（个）	工业就业人口（万人）	劳动生产率（元/人）
	2003	2004	2004	2004	2004	2004	2004
广东	6675.96	8011.15	1881.2	2220	25956	1293.42	87230
福建	2192.8	2532.68	277.17	1377.75	10428	520	74952
海南	120.34	140.44	10.69	30.66	532	36	96979
上海	3008.52	3492.89	726.26	3187.03	12557	316.34	147212
江苏	6004.65	7781.54	861.11	4810.26	27123	1416.5	101623.7
浙江	4599.15	5381	553.3	1412.64	31887	1228.9	74129
山东	6440.38	7799.3	314.214	1272.88	20304	1425.9	100694
河北	3609.56	4154.6	74.8	282.08	8006	940	90524.8
北京	1081.48	1290.2	186.8	1423.42	4324	232.8	112377
天津	1182.49	1436.73	174.74	1504.37	5076	223	96312
台湾	7755.47	7921.82	1715.52	6271.8	134200	344.5	229951.2

第三章第一节　服务业发展质量原始数据

省份	服务业增加值（亿元）		服务业从业人数（万人）	
	2003	2004	2003	2004
广东	5347.6	5903.75	1410.1	1627.5
福建	2098.32	2324.94	522.6	534
海南	275.23	301.65	108.5	112
上海	3157.96	3565.34	421.97	453.58
江苏	4567.37	5426.65	1381.3	1389.6
浙江	3847.23	4382	909.95	1031.6
山东	4441.59	4987.91	1301.3	1458.2
河北	2456.18	2763.2	782.5	798
北京	2255.6	2570	414.8	559.7
天津	1136.46	1269.43	208.28	221.9
台湾	17182.8	18428.83	563.8	569.8

第三章第一节　企业规模结构原始数据

省份	城市企业数（个）		企业总从业人员（万人）	企业总资产（亿元）	企业产品增加值（亿元）	企业产品销售总额（亿元）	企业利润额（亿元）	企业产销率（%）	企业经济效益综合指数
	2003	2004	2004	2004	2004	2004	2004	2004	2004
广东	24494	25956	814.21	21798.11	7086.4	26691.35	1274.29	97.85	155.9
福建	9208	10428	245.81	5815.9	1845.8	6212.68	350.64	97.5	155.2
海南	619	532	9.62	477.24	102.7	348.14	27.66	97.4	172.7
上海	11098	12557	238.93	13684.78	3427	13863.25	1003.48	99.1	202.79
江苏	23862	27123	623.1	20227.3	6447.5	24492.28	1111.42	97.9	166.3
浙江	25526	31887	563	15222.05	4173.4	16693.54	942.8	97.7	155.9
山东	16177	20304	647.81	17620.36	6498.3	21055.08	1383.57	98.11	185.8
河北	7923	8006	273.55	7836.16	2459.2	8132.17	513.2	98.4	169.9
北京	4019	4324	719.2	6082.44	1259.5	5110.84	310.85	99.09	178.44
天津	5341	5076	117.97	5113.82	1395.6	5494.61	412.53	97.77	169.9
台湾	274636	272072	344.5	21753.58	31687.29	110436	220.872	97.28	143.82

第三章第一节　基本基础设施原始数据(2004年)

省份	15－64岁人口（人）	15岁以下人口（人）	64岁以上人口（人）	城镇人口（万人）	城市人口密度(人/平方公里)	城市面积（万平方公里）	国土面积（万平方公里）	实有住宅建筑面积（万平方米）	城市用水普及率（户/百户）	户数	用水普及面（户）
广东	5380.23	2287.47	636.02	3797.92	1659	2.289283	18	91519.2	95.14	20694617	19688859
福建	2545.65	665.45	299.9	1467.6	1026	1.430409	12.14	30246.1	95..9	10865424	10419942
海南	562	194.24	61.59	257.83	3421	0.075367	3.5	5058.7	89.64	1966874	1763106
上海	1310.66	165.09	266.25	1344.21	1970	0.6341	0.6341	35211	100	6049689	6049689
江苏	5459.52	1170.39	802.59	3581	1375	2.604364	10.26	62600	94	23748447	22323540
浙江	3528.16	728.78	462.63	1290.44	1189	1.085315	10.18	56152.5	98.86	15778468	15598593
山东	6791.72	1538.49	849.79	3993.3	952	4.194643	15.67	60664.5	75.46	30253623	22829384
河北	5100.41	1162.07	546.27	2361.5	2107	1.120788	19	47797.5	99.94	19599379	19587619
北京	1161.18	167.86	163.66	849.5	2623	0.323866	1.68	26199.8	100	4917184	4917184
天津	777.43	135.99	110.25	556.18	852	0.652793	1.13	13465.3	100	3292961	3292961
台湾	1615.16	438.71	215.05	1902.91	626.98	3.035041	3.6	99514	91.88	7179943	6597000

第三章第一节　基本基础设施原始数据　续表 1(2004 年)

省份	汽车拥有量（万辆）	人均水资源（立方米）	年水资源总量（亿立方米）	2003 年能源强度（吨/万元）	能源产量（万吨标准煤）	能源总消耗（万吨标准煤）	2003 年工业能源消耗量（万吨标准煤）	能源进口量（万吨标准煤）	工业用户平均电价（元/度）	铁路长度（公里）	高速公路长度（公里）
广东	305.4	1844.6	1458.4	0.76	2889.9	10413.67	8266.91	4633.13	0.542	2181.4	2519
福建	58.01	2319.9	806.6	0.51	1475.15	2656.25	1715.15	1328.13	0.6	1453.9	1043
海南	14.55	3615.9	291.8	0.59	17.82	419.58	178.4	85.14	0.602	385.6	625
上海	83.51	90.6	15.1	0.86	62.22	5406.63	3598.53	2291.83	0.63	263.5	485
江苏	161.19	837.3	619.1	0.78	2213.02	10555.67	9020.46	1128	0.72	1606.4	2423
浙江	162.34	1231.9	574.5	0.99	369.67	9739.69	7566.269	1738.74	0.708	1249.9	1475
山东	211.43	537.9	489.7	0.84	14285.51	11292.71	8686.67	783.44	0.58	3262.5	3033
河北	180.91	226.7	153.1	1.3	5913.66	10154.74	6410	377	0.64	4671.5	1706
北京	182.42	127.8	18.4	1.53	684.77	5587.76	3149.37	163.93	0.55	1124.6	525
天津	58.34	105.1	10.6	1.99	1880.47	5044.1	2704.28	394.72	0.616	661.6	517
台湾	638.9186	775.75	176	0.5715	374.5418	14499.16	8063.81	14190.33	0.45	2681	21016

第三章第一节　基本基础设施原始数据　续表 2(2004 年)

省份	机场货运量(万吨)	铁路货运量(万吨)	水路货运量(万吨)	公路货运量(万吨)	机场客运量(万人)	铁路客运量(万人)	水路客运量(万人)	公路客运量(万人)	星级酒店个数(个)	年接待境外游客数(万)
广东	42	8169	24829	81792	1700	8459	1853	131435	967	1563.65
福建	24.46	4722	7565	25964	506.31	1754	897	50682	305	172.9
海南	9.49	468	1941	6168	809.19	16	794	24981	199	30.86
上海	196.26	1284	30148	31554	2474.26	4076	1142	2465	338	385.45
江苏	118	5266	24812	69058	165	6085	100	122218	590	306.57
浙江	18.37	3663	35871	78540	811.09	6255	2311	142177	733	276.67
山东	6.82	14850	7287	106887	321.78	3876	1241	84290	482	119.31
河北	2.74	15744	1701	66227	24.49	5270	无	72500	313	58.07
北京	47.634	2065	无	29256	1245.5	5437	无	41463	617	315.5
天津	7.08	6113	10474	19650	110.2	1499	无	2457	87	61.59
台湾	182.31	1184.2	5585.29	34486.4	4411.7	16800	39.4	101200	400	295.03

第三章第一节　技术基础设施原始数据（2004 年）

省份	邮电通信业从业人员（万人）	邮政局所数（个）	邮路总长度（公里）	本地固定电话（万户）	移动电话（万户）	互联网用户数（万户）	通信业务增加值（亿元）
广东	13.26	4294	330783	3253.6	5373.9	1188	1186.79
福建	4	1674	142804	1366.7	1138.1	326	208.39
海南	0.88	506	34831	217.8	165	47	3.17
上海	3.56	616	198572	899.4	1311.3	441	311.2
江苏	6.83	3207	113950	2729.4	2232.9	666	555.65
浙江	5.91	2405	119537	2154	2322.5	534	494.66
山东	6.9	6608	162232	2592.4	1909.4	848	278.17
河北	6.17	2484	54120	1621.9	1512.9	387	272.17
北京	7.13	845	390587	899.6	1340.7	402	182.27
天津	1.68	406	21705	439.3	423.6	193	120.34
台湾	232.9	1752	1904894	1365.6	2152.8	1380	922.5

第三章第一节　体制和调控环境原始数据（2004 年）

省份	非公有制经济产值（亿元）	非公有企业从业人员数（万人）	固定资产总投资（亿元）	基本建设投资（亿元）	地方税收收入（亿元）	地方财政收入（亿元）	公共管理和社会组织从业人员（万人）
广东	9623.68	4317.59	5983.27	2434.9	1190.47	1416.87	76.6
福建	3026.57	1644.14	1899.1	581.67	243.65	333.36	28.6
海南	316.048	315.01	322.5	232	56.72	69.39	8.3
上海	2899.99	687.57	3084.66	672.58	688.78	1119.72	17.1
江苏	6971	4189.52	6827.6	1122.36	833.71	980.4	53.7
浙江	7083	2760.9	5944.65	1671.03	727.2	805.89	39.2
山东	6971	5235.6	7589.3	4490.66	413.41	828.4	87.7
河北	4418.45	3154.8	3215.3	1232.13	225.47	407.8	67.9
北京	1713.32	654.6	2528.3	631.4	633.67	744.5	29
天津	1407.3	438.1	1258.98	314.7	167.37	237.6	13.3
台湾	23599.2	879.21	5390.27	1539.5	3050.29	4393.04	37.3

第三章第一节 科研和教育环境原始数据（2004年）

省份	R&D支出（亿元）		R&D从业人员数（万人）	发明专利持有数（项）	教育经费支出（亿元）		文盲人口数（万人）	高等教育毛入学率（%）
	2003	2004			2003	2004		
广东	179.84	203.68	10	31446	622.27	740.5	332	20
福建	37.51	45.5	3.5	4758	196.58	217.18	250	15
海南	5.45	6.1	1	278	32.92	36.45	54.95	18
上海	128.92	170.56	11	10625	307.02	344.06	104.35	55
江苏	150.46	213.98	8	11330	465.38	535.53	587.17	29
浙江	77.81	95	6.5	15249	411.58	498.79	358.69	30
山东	268	309.8	7	9733	374.09	419.14	767.98	16
河北	38.12	42.5	7	3407	232	256.18	389.65	17
北京	256.19	300	29	9005	392.88	436.19	60.25	52
天津	40.43	49.84	4.45	2578	111.86	128.23	50	52
台湾	602.05	697.25	15.7225	53034	1587.13	1655.27	64.44	80.05

第三章第一节 社会基础设施原始数据（2004年）

省份	公共图书馆个数（个）	文化场所个数（个）	卫生机构个数（个）	医生及护理人员数（万人）	医院床位数（个）
广东	129	331	15744	34.8203	198645
福建	82	243	8672	11.7937	80272
海南	19	51	2515	3.6835	18144
上海	35	170	2551	13.0823	85315
江苏	101	376	13400	30.6639	186282
浙江	84	234	11937	22.1539	134491
山东	140	419	16526	37.7950	229418
河北	148	346	17760	26.8399	157626
北京	25	453	4835	15.3367	77141
天津	31	36	2560	7.7548	40969
台湾	510	337	19240	19.2611	143343

第三章第一节　科技和教育环境原始数据　续表1（2004年）

省份	小学学校数（个）	小学学生数（万人）	小学专任教师数（万人）	初中高中校数（个）	初中高中学生数（万人）	初中高中专任老师数（万人）	高等学校数（个）	高校学生数（万人）	高校专任老师数（万人）	在学研究生人数（万人）
广东	21944	1049.62	39.65	4925	646.41	32.28	94	72.69	4.7	3.7
福建	11614	286.94	17.10	2411	292.18	15.39	53	32.57	2.04	1.83
海南	3192	100.18	5.01	635	59.29	2.90	14	5.79	0.37	0.3
上海	658	54.29	3.81	1004	105.36	6.12	59	41.57	2.87	6.94
江苏	6723	528.21	26.49	3701	596.04	30.82	112	99.48	5.9	6.79
浙江	6747	344.31	16.01	3146	338.99	19.43	67	57.28	3.58	2.21
山东	16943	627.80	37.88	5367	733.15	43.16	97	94.61	5.38	2.8
河北	22953	547	32.48	5541	595.99	32.61	87	69.74	3.92	1.49
北京	1504	51.60	4.88	908	86.93	6.21	77	49.95	4.35	14.4
天津	1099	55.48	4.21	803	73.43	4.98	40	28.57	1.9	2.45
台湾	2646	188.35	10.29	1196	174.99	9.74	159	128.59	4.86	16.04

第五章第二节　各区域 GDP 原始数据（亿美元）

年份	广东	福建	海南	上海	江苏	浙江	山东	河北	北京	天津	台湾
1980	161.74	56.40	14.50	202.07	207.19	117.90	191.83	142.04	90.10	67.07	414.18
1981	170.29	61.94	15.39	190.46	205.28	120.69	201.75	130.51	81.61	63.32	482.18
1982	179.60	62.25	15.25	178.09	206.16	124.41	190.19	132.91	81.87	60.29	485.68
1983	186.64	64.67	15.75	178.07	221.52	128.32	214.17	143.35	92.69	62.46	524.21
1984	197.14	67.49	15.98	167.96	222.97	136.66	217.37	142.77	93.09	63.37	591.39
1985	196.61	68.27	14.73	158.94	221.96	131.44	188.06	135.10	87.55	59.83	620.62
1986	193.33	64.45	13.91	142.15	215.75	129.00	172.57	126.46	82.50	56.38	754.34
1987	227.48	75.02	15.39	146.55	247.80	154.05	197.64	140.22	87.81	59.11	1015.70
1988	310.41	102.96	20.72	174.18	324.78	192.21	245.90	188.42	110.21	69.76	1231.46
1989	366.82	121.72	24.27	184.96	351.01	209.69	312.03	218.49	121.08	75.24	1491.41
1990	325.90	109.18	21.42	158.13	296.10	174.94	278.73	187.37	108.87	65.00	1601.73
1991	355.70	116.46	22.64	167.92	300.86	184.78	294.66	201.41	112.52	64.39	1793.70
1992	443.81	142.28	32.95	202.06	387.32	221.34	359.39	231.83	128.58	74.57	2122
1993	595.61	195.82	44.79	262.35	520.34	331.40	482.39	293.45	149.87	93.04	2242.66
1994	524.05	194.42	38.40	228.80	470.77	309.43	449.28	253.81	125.78	84.14	2442.78
1995	780.67	256.97	43.61	294.89	617.34	422.10	599.03	341.23	167.04	109.89	2649.28
1996	879.88	307.91	46.85	349.07	722.16	498.67	716.90	415.31	194.33	132.24	2796.11
1997	955.28	358.81	49.44	405.34	805.85	559.51	802.19	476.95	218.35	149.01	2893.82
1998	1022.37	396.97	53.02	445.48	869.65	602.42	865.09	514.07	242.94	161.42	2659.68
1999	1022.31	428.79	56.91	487.34	929.73	647.96	925.44	551.86	262.63	175.14	2864.72
2000	1167.16	481.79	62.63	549.76	1036.76	729.17	1031.89	614.73	299.43	198.03	3077.97
2001	1286.42	522.60	68.47	598.14	1149.20	815.29	1140.30	673.89	343.80	222.31	2794.34
2002	1421.98	575.13	75.50	653.47	1284.49	941.89	1274.87	739.70	388.15	247.81	2915.32
2003	1646.23	642.53	83.57	755.20	1505.48	1135.07	1501.75	857.63	442.56	295.72	2860.02
2004	1937.88	731.34	92.95	900.11	1861.00	1358.38	1871.58	968.28	500.99	354.23	3053.58
2005	2768.14	811.89	110.71	1132.92	2265.55	1654.08	2285.68	1124.78	570.16	415.47	3459

第五章第二节　各区域人口原始数据（万人）

年份	广东	福建	海南	上海	江苏	浙江	山东	河北	北京	天津	台湾
1980	5230	2519	535.7	1146.52	5938.19	3926.6	7270	5168	838	758	1780.5
1981	5322.68	2563	546.74	1162.84	6010.24	3871.5	7395	5256	904.3	763	1813.6
1982	5415.35	2620	565.88	1180.51	6088.94	3924.3	7494	5356	919	778	1845.8
1983	5494.12	2668	576.3	1194.01	6134.99	3963.1	7564	5420	934	789	1873.3
1984	5576.62	2720	584.59	1204.78	6171.43	3993.1	7637	5487	947	799	1901.3
1985	5656.6	2769	593.42	1216.69	6213.48	4029.56	7695	5548	960	808	1925.8
1986	5740.7	2820	601.88	1232.33	6269.9	4070.07	7776	5627	975	819	1945.5
1987	5832.15	2875	610.22	1249.51	6348	4121.19	7958	5710	1067	831	1967.3
1988	5928.31	2929	621.51	1262.42	6438.27	4169.85	8061	5795	1081	843	1990.4
1989	6024.98	2984	632.96	1276.45	6535.85	4208.88	8160	5881	1037	856	2010.7
1990	6246.32	3037	645	1283.35	6766.9	4234.91	8493	6159	1086	884	2035.3
1991	6348.95	3079	656.37	1287.2	6843.7	4269.5	8570	6220	1094	909	2055.7
1992	6463.17	3116	666.34	1289.37	6911.2	4304	8610	6275	1102	920	2075.2
1993	6581.6	3150	676.49	1294.74	6967.27	4335	8642	6334	1112	928	2094.4
1994	6691.46	3183	686.62	1298.81	7020.54	4341.2	8671	6388	1125	935	2112.6
1995	6788.74	3237	696.98	1301.37	7066.02	4369.63	8705	6437	1251	942	2130.4
1996	6896.77	3261	708.24	1304.43	7110.16	4400.09	8738	6484	1259	948	2147.1
1997	7013.73	3282	719.31	1305.46	7147.86	4422.28	8785	6525	1240	953	2168.3
1998	7115.65	3299	728.86	1306.58	7182.46	4446.86	8838	6569	1246	957	2187.1
1999	7298.88	3316	738.26	1313.12	7213.13	4467.46	8882.8	6614	1257	959	2203.4
2000	7498.54	3410	742.38	1321.63	7327.24	4501.22	8997.3	6674	1382	1001	2221.6
2001	7565.33	3440	765.22	1327.14	7354.92	4519.84	9041	6699	1383	1004	2234
2002	7649.29	3466	774.24	1334.23	7380.97	4535.98	9082	6735	1423	1007	2245.3
2003	7723.42	3488	806.82	1341.77	7405.82	4551.58	9125	6769	1456	1011	2253.5
2004	7804.75	3511	814.22	1352.39	7432.5	4719.57	9180	6808.75	1493	1023.67	2261.5
2005	7886.93	3535	822.95	1360.26	7474.5	4898	9248	6850.8	1538	1043	2277

第五章第二节 各区域工业产值原始数据（亿美元）

年份	广东	福建	海南	上海	江苏	浙江	山东	河北	北京	天津	台湾
1980	66.43	23.12	1.88	152.96	108.46	52.76	75.11	68.60	60.91	46.93	183.89
1981	70.58	23.31	2.10	143.30	104.40	52.06	81.60	60.50	53.10	45.02	208.25
1982	71.53	22.68	2.13	131.73	98.02	49.46	88.22	56.97	52.73	42.05	203.39
1983	77.07	23.31	2.26	129.23	106.70	53.55	101.43	58.15	57.02	42.57	227.84
1984	80.60	24.23	2.87	118.34	107.60	54.42	103.34	62.67	56.16	41.24	265.54
1985	78.28	24.71	3.17	110.88	115.63	60.20	92.52	62.74	52.32	38.90	277.84
1986	74.11	23.80	2.87	97.32	108.99	68.17	83.82	60.03	48.00	35.48	367.54
1987	88.75	27.21	2.93	97.90	132.64	75.62	112.52	68.77	49.06	36.80	514.10
1988	123.63	38.10	3.80	116.35	157.66	105.31	129.71	86.89	59.45	42.87	539.16
1989	147.14	43.50	4.85	123.79	174.48	116.67	154.04	99.56	66.98	46.70	610.02
1990	128.74	36.47	4.21	100.90	144.78	98.27	132.29	81.01	54.85	37.52	626.43
1991	147.04	40.91	4.63	103.58	149.16	92.83	140.14	86.41	54.77	36.52	728.32
1992	199.52	52.87	6.95	122.83	202.95	118.48	181.17	103.93	62.72	41.82	797.31
1993	295.20	80.52	11.51	156.26	277.35	170.16	235.85	147.16	71.99	52.50	818.82
1994	260.13	85.80	9.71	132.65	253.72	161.05	220.50	122.19	57.99	46.88	869.30
1995	344.49	109.04	9.42	168.83	325.15	220.17	287.54	158.40	73.67	60.02	870.27
1996	393.22	128.19	9.78	190.34	369.74	264.63	338.06	200.21	82.17	70.29	935.15
1997	440.04	152.92	9.97	211.63	411.57	302.73	384.21	233.34	89.09	77.67	841.45
1998	482.17	169.23	10.95	223.12	439.67	327.22	417.56	251.76	95.04	79.72	894.16
1999	515.04	182.05	11.47	236	473.47	350.60	447.53	270.98	101.48	85.994	917.02
2000	588.13	206.70	12.38	261.36	535.84	368.43	510.56	309.23	113.97	99.07	882.58
2001	645.36	230.06	15.95	284.59	592.90	380.69	562.34	334.35	124.51	109.30	777.41
2002	717.12	260.96	17.65	309.86	677.12	432.52	641.48	368.01	156.88	121.05	807.84
2003	882.82	301.16	20.78	378.24	820.00	520.72	803.43	441.85	158.49	150.45	805.61
2004	1045.28	356.46	24.30	482.41	960.24	605.09	957.71	568.26	194.56	188.50	866.90
2005	1231.35	399.12	28.96	553.95	1141.01	696.07	1156.65	658.94	259.96	253.755	834.34

第五章第二节　各区域服务业产值原始数据（亿美元）

年份	广东	福建	海南	上海	江苏	浙江	山东	河北	北京	天津	台湾
1980	41.55	12.59	4.04	42.56	37.67	11.38	10.43	29.33	24.11	15.91	207.13
1981	44.40	15.58	4.31	40.96	36.73	13.12	12.24	28.36	23.47	15.25	239.55
1982	45.65	16.19	4.00	39.33	36.72	15.06	14.30	30.66	23.68	14.54	246.20
1983	48.21	17.43	4.15	42.00	38.69	18.37	17.75	33.52	29.17	16.04	266.27
1984	54.12	19.32	4.31	42.21	38.44	18.74	18.69	32.20	30.55	17.35	303.19
1985	59.83	20.36	4.14	41.40	39.70	18.17	16.93	31.38	29.17	16.53	320.72
1986	64.67	19.73	4.07	39.13	41.81	18.47	17.45	30.68	28.95	16.12	408.34
1987	76.35	23.84	4.76	42.85	48.84	22.11	20.55	34.47	32.22	17.04	581.68
1988	104.43	33.108	6.552	50.48	81.37	29.15	28.28	57.93	40.80	19.84	673.69
1989	126.27	42.17	8.05	53.30	90.45	32.92	28.39	66.80	43.87	21.41	858.08
1990	116.76	41.98	7.60	50.41	77.08	27.52	21.74	58.72	40.67	21.77	939.50
1991	130.50	43.87	8.57	58.07	86.86	45.88	61.84	70.50	49.19	22.37	1117.27
1992	159.82	54.07	16.18	73.03	112.96	55.23	77.27	81.28	57.03	27.27	1288.66
1993	203.28	71.16	19.80	99.46	157.85	106.08	114.89	93.93	68.58	34.40	1382.33
1994	183.32	66.51	16.21	90.51	139.08	96.87	138.88	79.184	59.11	31.85	1586.69
1995	238.09	92.27	18.52	118.68	190.60	133.31	192.56	107.23	83.62	42.59	1696.09
1996	277.60	115.09	19.81	150.12	236.32	160.77	234.54	130.79	102.13	53.82	1861.51
1997	323.39	136.34	21.22	184.57	272.63	179.88	273.83	151.71	119.02	62.97	1734.11
1998	352.96	154.05	22.84	212.89	307.23	198.95	298.98	166.82	137.44	72.76	1902.00
1999	383.92	170.79	24.14	241.68	335.06	221.04	330.44	183.54	150.58	80.57	2074.80
2000	458.23	189.45	26.51	278.35	376.36	264.39	368.10	205.89	174.58	90.07	2091.70
2001	519.72	205.19	28.14	303.23	425.52	313.31	413.71	229.13	208.04	103.53	1984.96
2002	575.96	224.39	30.19	332.95	479.96	376.95	465.45	256.07	241.41	116.62	2069.41
2003	631.30	247.25	32.43	365.73	551.81	450.16	516.49	284.61	272.51	134.13	2176.15
2004	696.97	280.90	36.45	430.76	627.43	512.75	580.03	333.85	310.51	153.04	2464.90
2005	791.05	310.20	46.24	567.87	737.83	603.50	680.32	413.18	571.32	186.15	2490.33